中公新書 2640

佐藤信之著

鉄道と政治

政友会、自民党の利益誘導から地方の自立へ

中央公論新社刊

はしがき

国が発展するということは、生産が増加して、人々の生活水準が向上することである。生産活動のためには原材料を輸送し、工場の従業員が通勤する必要があり、また人々の所得が向上するとレジャーや旅行をエンジョイできるようになる。いずれの場面でも、交通施設は中心的な役割を演じるのである。基本的に施設の整備は国や公共団体が責任を持ち、ときには経済・安全規制を課して民間事業者に任される。交通は、企業の生産活動や人々の消費活動に対して、社会的基盤（社会的インフラ）となる特徴を備えているのである。

明治時代、幹線交通は国、地域交通は地方が主体的に整備したが、整備の財源は地方に十分に配分されず、その不足を埋める形で住民の経済的・身体的な貢献（犠牲）が求められた。県知事などの地方長官は、国の交通政策に従って地域の道路整備を進め、地域の殖産興業を推進したが、基本的には内務省の官吏であり、住民の犠牲のもとに国策が優先された。

また幹線鉄道は、富国強兵政策のなかで、いったん火急のことがあればすぐに軍隊を動かせるように、国主導のもとで整備が進められた。一方で、地方の鉄道は、主に地域の資産家が中心になって企画し、それぞれの土地の資本力に応じて、馬力や人力を動力とする簡易な軌道や、生糸の生産など地場の産業規模が大きい場合には、蒸気鉄道が建設された。

やがて日本の資本主義が成熟すると、鉄道企業は優良な投資対象となり、財閥企業は幹線鉄道や炭鉱などの産業鉄道に投資し、都市の資産家は、都市内の軌道や郊外路線に投資した。たとえば甲州《こうしゅう》出身の雨宮敬次郎《あめみやけいじろう》は、現在の中央本線の建設に尽力し、都心部までの路線延長を画策した。その一方で、自ら各地に簡易な人車軌道や電気軌道を建設し、全国的な規模で事業を拡大した。地方の狭い砂利道を小さな蒸気機関車が客車を牽引《けんいん》したり、路面電車のような小型の電車が走る光景を現出させた。雨宮は鉄道資本家と呼ばれ、まだ自動車が登場する前の時代に、ローカルの交通手段の充実に貢献することになった。

この鉄道投資について、明治時代の政党政治家たちは、党勢拡大のために積極的に利用した。鉄道国有化以後の幹線鉄道については、国に鉄道の建設を陳情し、地域鉄道では政党人がプロジェクトを先導した。大正時代初期にかけては、立憲政友会《りっけんせいゆうかい》が地方や都市の区別なく鉄道整備を推進して、制限選挙下での、地域の資産家たちからなる有権者の支援を取り付けた。一方で、憲政会《けんせいかい》―立憲民政党《りっけんみんせいとう》も、幹線鉄道や都市鉄道のための支援制度を拡充し、大都市を中心に市内電車や郊外電車の経営者の支持を取り付けた。

戦後、占領政策のもとで農地改革や財閥解体、企業分割が進められ、戦前の保守政党の支持母体が弱体化した。それに代わってどぶ板選挙など、一般庶民に訴えかける選挙を通じて、政党は、支持を勝ち取っていった。そのために国の公共事業が重要な役割を担った。

地方では、県庁が事務局となってさまざまな期成会が組織されて、国に対して盛んに陳情活動を行った。政権与党は、陳情を受けて、関係省庁の官僚を通じて予算化し、制度が創設された。そして、地方自治体や農協、選挙地盤の財界団体や企業が選挙に動員された。

しかし、昭和50年代以降、国の財政状況が悪化するのにともない、予算規模が縮小され、ついに聖域とされていた公共事業までもが削減されるようになった。また、経済状況の変化に応じて、戦後の高度経済成長を支えた財政投融資や政府系金融機関などのさまざまな制度の見直しが進んだ。

戦前から続いた、選挙地盤の支持を確実にするための巧妙に仕組まれたシステムが崩れ、自民党の得票率が低下し、議席数が減っていった。


それにともない、地方自治体と国の関係も変わっていった。

明治時代には、府県知事は内務省の官僚であり、国政に基づいて府県の行政が実施された。戦後、知事が選挙で選ばれるようになり、国と県との上下関係はなくなったものの、政府与党と地方は、陳情と選挙活動を通じて利害関係が一致していた。

しかし、いまや、国の予算が厳しく新規事業の創設もままならない状況において、地方からの陳情に基づく予算策定という与党の支持システムが機能しなくなった。そうすると、地方は、一方的に政府与党の方針に従属する関係を続ける必要性が薄まった。地方自治体の首長は、いまや地元住民の利害を第一として、国の政策に対峙《たいじ》する立場を強めている。

その結果、整備新幹線は、もともと地方からの陳情によって事業化したのであり、国が地方に配慮して予算を確保してきたのであるが、それに対して、地元の利害関係を背にして、自治体の長は、事業の遂行を停滞させるような行動に出るようになった。

また、高度経済成長期には、日本は貧しく、全国的に社会資本が不足していたので、国が全国一律の整備を進めたのであるが、これも、いまやそれぞれの事情に応じて、地元第一の立場で、地方が主体的にプロジェクトを立ち上げるようになった。かつて国は方針を決定して各自治体に通達する「上意下達」で政策を進めたが、いまや地方が独自に政策を立案し、国は、これに対して、ときに新しい制度を創設して、サポートする立場に変わっている。たとえば、富山県と富山市のコンパクトシティ政策である。それ以前もコンパクトシティ政策はあったが、あまりうまくいっていなかった。富山市では、国の制度に先がけて進めたコンパクトシティ政策の結果、中心市街地の活性化が実現し、コンパクトな中心市街地と路面電車や路線バス、レンタル自転車による移動の普及により、市民の医療費負担が低減してきていると説明している。

なお、従来鉄道計画に対する政治の介入に視点を据えて解説する書籍は多かったが、本書は、まず政党や政治家に注目したうえで、その鉄道プロジェクトへのかかわり方に論を進める方法をとった。

最後に、原稿の最終チェックを交通環境整備ネットワーク会長の原潔《はらきよし》さんと、NPO法人ふくい路面電車とまちづくりの会（ROBA）事務局長の清水省吾《しみずしょうご》さんにお願いした。

目次

第3章　明治時代の政治と鉄道　39

第4章　都市鉄道の揺籃　73

第5章 大正デモクラシーから太平洋戦争まで

第6章　終戦から高度経済成長へ――133

第3部　新しい潮流　

第9章　インフラ整備における地方政治のプレゼンスの高まり——

第10章 国の役割と地方分権 283

第1部　政治と交通インフラ

第1章　長崎新幹線と佐賀県

新幹線・鉄道が迷惑施設に

鉄道にしろ新幹線にしろ、その整備は政治家にとって有権者の支持を確実にするための有力な手段であった。地方の住民が熱心に求め、政治家がそれを実現することで、子孫の時代まで支持を獲得できた。しかしいまや、政治家は一生懸命に新幹線の整備に取り組むものの、住民は必ずしも新幹線を望んでいないという、住民と政治家のミスマッチが生じてきたようである。

平成21年（２００９）、北陸《ほくりく》新幹線の建設費の地元追加負担について、新潟県の泉田裕彦《いずみだひろひこ》知事が拒否した。国は、新幹線は地方が望んだものとして地方の負担を当然としていたが、必ずしもそうではないことがわかった「事件」であった。

かつては、鉄道建設は政治家にとって支持を確固としたものにする手段であった。新幹線の時代になっても、同じく交通インフラ整備が政党の集票システムとして機能してきた。しかし、いまやその神通力が通用しない時代になった。

それまでにも新幹線の建設に対する地域の反対はあったが、たいていは騒音や振動といった公害に対する拒否であった。しかし、次第に利用効率のあまり高くない路線の建設に移っていくにしたがって、社会的な純便益が低下し、場合によっては地方負担を差し引くと、マイナスとなりかねないケースが登場している。

長崎新幹線のルート

長崎新幹線とは

令和4年度（2022年度）の開通に向けて現在建設中の長崎と佐賀県の武雄《たけお》温泉《おんせん》の間は、正式には九州新幹線（西九州ルート）と呼ぶ。開業するときっと長崎新幹線と呼ぶことになるのだろう。そこで、本書では「長崎新幹線」と表記することにする。

長崎〜武雄温泉間では、嬉野《うれしの》温泉にはじめて幹線鉄道が通るということもあって、佐賀県の一部では積極的に新幹線を歓迎している。しかし新幹線ができると並行在来線である長崎本線の肥前山口《ひぜんやまぐち》〜諫早《いさはや》間の経営の責任が自治体に任されることになる。長崎本線が有明海《ありあけかい》沿いを走る地域からは、新幹線は自分たちの地域を通らないのに、並行在来線の問題だけが降りかかってくるので迷惑だということになる。

この問題はＪＲ九州が引き続き並行在来線を運営することで一応の解決をみたが、今度はさらに、武雄温泉と新鳥栖《しんとす》の間もフル規格の新幹線で結ぼうという話になって、佐賀県は難しい立場に立たされることになった。地域のそれぞれで利害が異なり、長崎新幹線整備による時間短縮のメリットが小さいうえに、さらなる新幹線の建設費の負担と並行在来線の経営の両方の負担を求められるというのは理不尽と佐賀県は感じている。いったいどう交通整理すればよいのかということになる。

結局、上から降ってきたフル規格の新幹線では話がまとまらないので、いったん白紙に戻そうというのが現在の佐賀県の主張である。従来の中央主導による、既成事実の積み重ねを繰り返す、強引な政治プロセスによる地元不在の手法が問題の根源であるとして、佐賀県は強く抵抗しているのである。

長崎新幹線着工まで

ここで長崎新幹線着工までのいきさつについて述べよう。もともと長崎新幹線は昭和48年（１９７３）の整備新幹線５ルートのなかに含まれていたが、具体化したのは、平成10年（１９

98）2月3日、整備主体の日本鉄道建設公団による武雄温泉～新大村《しんおおむら》間の駅・ルートの公表に始まった。

平成12年12月18日の政府・与党申し合わせでは、同じく整備新幹線計画に含まれていた九州新幹線鹿児島ルートの全線フル規格化が決まった。長崎新幹線も環境影響評価終了後に工事実施計画の認可申請を行うことになるが、その後佐賀県内の自治体との調整が難航したため、環境影響評価書が佐賀県知事に提出されたのは平成14年1月8日まで遅れた。同日、建設主体である日本鉄道建設公団は、武雄温泉～長崎間の工事実施計画をスーパー特急方式で認可申請した。スーパー特急方式とは、施設自体は新幹線と同じフル規格で工事し、それに狭軌の線路を敷設して在来線と直通運転するというもので、在来線区間では最高速度130kmまでであるが、新線区間では160～200kmでの運転を想定した。

整備新幹線の着工には前提条件として、並行在来線のJRからの経営分離の地元合意が必要である。ただし、引き続きJRが運行を続ける場合はその限りではない。JR九州は、平成8年に長崎本線の肥前山口～諫早間を並行在来線とする意向を明らかにして、長崎県、佐賀県との間で「三者協議会」を発足させた。この区間の乗客の多くは特急列車の乗客で、ローカル客は1日1360人にすぎず、しかも定期券比率が高い。新幹線の開業で特急がなくなると、仮に第三セクターに移管するとして、十分な収益が見込めない。そのため、同じ佐賀・長崎両県を走る第三セクターの松浦《まつうら》鉄道を参考に、軽快気動車を導入してコスト削減を図る一方で、需

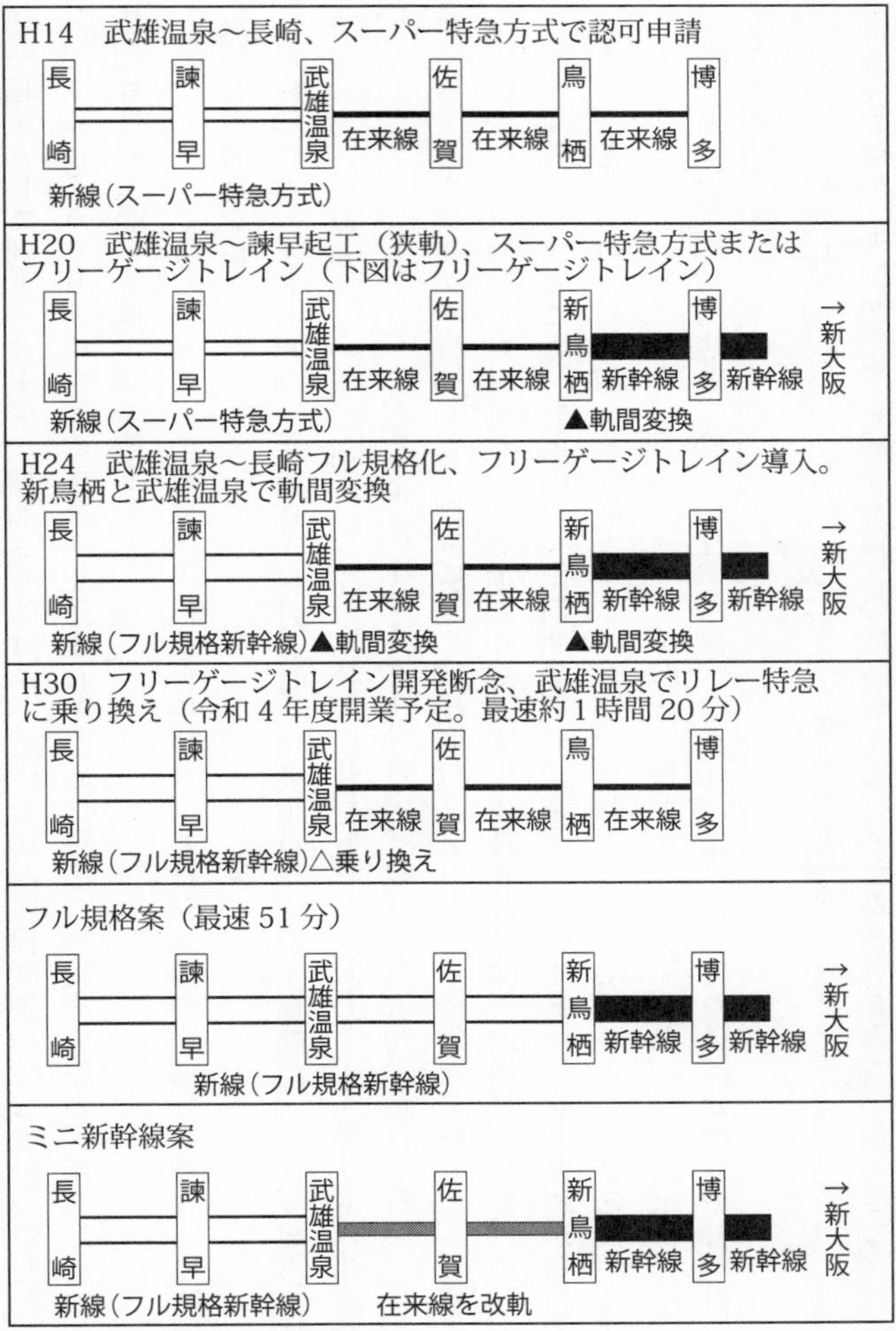

長崎新幹線の整備方法変遷

要喚起策として列車本数を倍に増加させるほか、新駅を10か所程度増やすことを想定した。これでも年に7000万円程度の損失が見込まれるため、将来の車両や施設の更新のために、16億円程度の基金の設置が必要であるとした。

これに対して鹿島《かしま》市などの佐賀県内の沿線自治体は、並行在来線の経営分離について強硬に反対して合意を拒否した。

最終的には、JR九州は、平成16年11月5日、肥前山口〜肥前鹿島《ひぜんかしま》間はインフラ部（下）を佐賀県と長崎県が設立する一般社団法人が保有・維持管理し、運行（上）はJR九州が行う「上下分離」とすること、新幹線の開業後も20年間は引き続きJR九州が運行を行い、特急列車も残すとの懐柔策を提示した。肥前鹿島〜諫早間はJR九州から経営を分離して、運営のあり方については両県で検討することが示された。同年12月8日には、追加策として、インフラの譲渡を無償とすること、肥前山口〜肥前鹿島間の営業損失は基本的にはJR九州が負担すること、特急列車は1日片道5本程度とすることが示された。また第三セクターに転換する区間にも、JR九州は臨時・季節列車、イベント列車の乗り入れを約束した。沿線自治体にJR九州が大幅に歩み寄った結果、12月9日、佐賀県知事は、並行在来線の経営分離はやむを得ないとの判断を表明した。

この間、平成15年12月11日には、与党整備新幹線建設促進プロジェクトチームは、3路線（北海道新幹線、北陸新幹線、長崎新幹線）の同時着工でいったん合意をみていた。このプロジェクトチームの座長は、長崎県選出の衆議院議員久間章生《きゅうまふみお》であった。翌年5月20日の自民党整備新幹線建設促進特別委員会（小里貞利《おざとさだとし》委員長）は、「可能なものは可能とし、無理なものは勇気を出して整理も必要だ」としたように、長崎新幹線に否定的な見解が示されることもあった。しかし、平成16年12月16日、政府・与党申し合わせでは、並行在来線区間の運営のあり方については、「長崎県の協力を得ながら佐賀県において検討を行うこととし、速やかに結論を出すこととする。調整が整った場合には、着工する」ことで合意し、長崎新幹線の工事着手が現実味を増していった。ただし、右で説明したとおり、沿線問題が解決していたわけではなかった。この合意では、軌間の違う新幹線と在来線を直通できるフリーゲージトレインの導入を目指すことが明記されたのも特徴であった。

しかし、県が理解を示したものの、その後も沿線自治体の強硬な反対が続いたため、平成17年度から毎年10億円ずつ予算に計上されたものの、実際には工事に取り掛かれなかった。

最終的に、平成19年12月16日、佐賀県、長崎県、ＪＲ九州の三者合意により、ＪＲ九州は、新幹線開業後20年間は肥前山口～諫早間の全区間を経営分離しないこととなった。ただし、「線路等の設備の修繕を行ったうえで、佐賀県・長崎県に14億円で資産譲渡を行う」というものので、肥前山口～肥前鹿島間の「上下分離」のスキームを全区間に拡大した内容である。これにより、経営分離をしないという解釈となり、着工の前提となる沿線の合意が不要になった。

なお、平成28年、資産譲渡は無償、ＪＲ九州は、開業3年間は一定のサービス水準（特急1日

14本程度）を維持し、23年間運行を継続することが確認された。

平成20年4月28日、武雄温泉〜諫早間の起工式となる。この段階では、新線には狭軌のレールが敷かれることになっていた。博多《はかた》から長崎まで従来の1時間45分が1時間24分に短縮、フリーゲージトレインが導入されるとさらに1時間19分にまで短縮するとした。なお、この段階

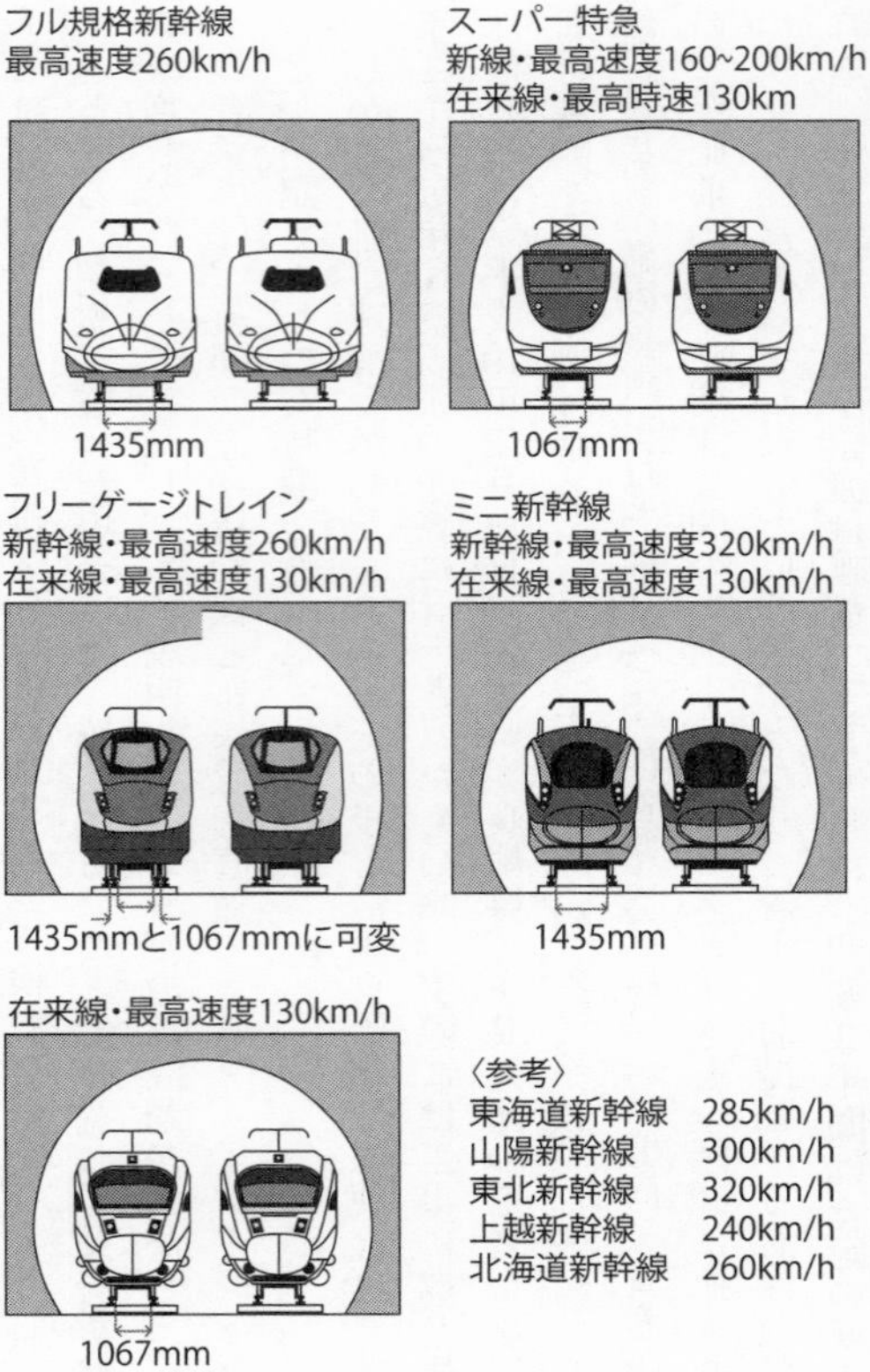

フリーゲージトレイン等の規格

でのフリーゲージトレインの軌間変換は新鳥栖だけであった。新線区間は狭軌であるが最高速度はスーパー特急と同じ200kmとしていた。総工事費は約2600億円である。

起工式で、当時自民党新幹線等鉄道調査会会長の久間章生は、「県民に宣伝してきた方式と違うものがよい」と発言して物議をかもした。つまりフリーゲージトレインではなくフル規格がよいという意味であった。

あにはからんや、民主党政権の最後の年である平成24年にはフル規格への格上げが決まった（平成23年12月整備新幹線問題検討会議で方針を決定）。

フリーゲージトレイン開発の挫折《ざせつ》

平成30年（2018）3月、国が主導して開発が続いていたフリーゲージトレインの開発が頓挫《とんざ》した。今後、都市鉄道では続けて実用化のための研究を行うが、新幹線での活用はこれで幕を引くことになった。

在来線と新線区間の境では軌間変換装置が設置されるが、時速20kmで通過しながら1分で軌間変換が完了するという触れ込みであった。ダイヤへの影響も小さいとされ、速達性も十分満足できるものとされていたが、実際には5分を必要とするなど、期待される性能を満たさない状況であった。長崎新幹線の場合、武雄温泉と新鳥栖で2度軌間変換装置を通過しなければならないため影響は大きかった。そればかりでなく、初期の段階から台車周りの構造が複雑であるため重量がかさみ、とくに在来線の線路への影響が危惧《きぐ》されたほか、新幹線区間でも最高時速270kmにとどまり、最高時速300kmで営業運転している山陽《さんよう》新幹線での高速走行に問題があった。

長崎~武雄温泉間の標準軌の工事も一部始まっている段階でのフリーゲージトレインの採用の断念により、狭軌の武雄温泉以東への直通運転が不可能となった。そのため、必然的に、武雄温泉で新幹線と在来線のリレー特急との乗り換え(リレー方式)を余儀なくされることになった。

武雄温泉駅は在来線の佐世保《させぼ》線のホームが片面1線(1番線)と島式1面2線(2、3番線)、新幹線が相対式2線で建設中であるが、佐世保線の3番線と新幹線の間の壁を撤去して、新幹線との乗り換えホームを整備する計画である。

かつての九州新幹線新八代《しんやつしろ》駅や現在の新潟駅と同じく同一ホームでの乗り換えが可能となる。しかし、JR九州は「リレー方式」が長期間続くことを危惧しており、長崎県も博多までの速達性を高めるために武雄温泉と新鳥栖の間もフル規格で新幹線を建設することを要望した。

導入形式の紆余《うよ》曲折《きょくせつ》

政府・与党は、長崎新幹線のプロジェクトが開始されたときから、最終的には全線フル規格での整備を目指していたと思われる。国鉄の分割民営化後に、地方からの強い圧力に対応して各地で新幹線の計画が再開されたが、大蔵省は膨大な金額になる整備費の圧縮を要求した。そこで運輸省は、フル規格のほかにフル規格の構造物に狭軌の線路を敷設するスーパー特急、在来線の狭軌の線路を拡幅して新幹線の車両が直通できるようにするミニ新幹線のバリエーションを提案した。これにより、いわば簡易型の新幹線により各地の新幹線が新規着工に向けて動き出すことになった。

しかし、そこには政治家がバックにいるわけで、小さな予算で事業を開始し、その後だましだましで計画は拡大し、なし崩し的にフル規格に変わっていくことになる。

ただ、長崎新幹線は少々違っていて、平成４年（１９９２）、ＪＲ九州が仮にフル規格により開業した場合の経営収支を試算したところ、赤字が予想された。そこで、代替案として新線区間を短縮してスーパー特急によるＡ～Ｄの４案を示しそれぞれの収支予測を発表した。もともとの計画は、大きく北に迂回《うかい》して早岐《はいき》を経由する計画であったが、Ａ案は、新線区間は武雄温泉から嬉野温泉・新大村・諫早を経由して長崎に至る現行ルートで、博多～武雄温泉間は在来線を利用して肥前山口～武雄温泉間を複線化。Ｂ案は、

平成４年時点での長崎新幹線のルート候補

早岐の東側の三河内《みかわち》から新大村・諫早を経由して長崎までを新設、博多から三河内までは在来線を利用することにして肥前山口～三河内間を複線化。C案は、早岐から新大村・諫早を経由して長崎まで新設、博多～早岐間は在来線を利用して肥前山口～武雄温泉間を複線化。D案が、武雄温泉から早岐・新大村・諫早を経由して長崎までを新設、博多～武雄温泉間は在来線を利用して肥前山口～武雄温泉間を複線化するというものであった。

同年、長崎県も長崎新幹線の整備に関する基本的な考え方を示したが、これはJR九州のA案をなぞったもので、あわせて佐世保線の肥前山口～佐世保間についても最高速度を130km化するとしていた。

つまり、長崎新幹線はフル規格ではなく、スーパー特急の採用で意見がまとまっていた。それも、新線区間は長崎側の末端区間だけであった。

東京や大阪からのビジネス客や観光客は飛行機の利用が多く、利用者は対福岡市が中心となることが予想される。博多までの距離が短いためフル規格である必要がなく、在来線のスピードアップで十分という考え方があったものと推測する。長崎本線はすでに最高時速130kmで運転しているため、短絡路線を建設して最高速度を160kmないし200km運転するというのが適当であるという考え方となったのだろう。基本的には、全線フル規格では採算化できないという試算結果があった。

かくしてスーパー特急による整備に決まることになったが、その後なし崩し的にフリーゲージトレインの導入、新線区間のフル規格化と変化していった。さらに、武雄温泉での乗り換えをともなう「リレー方式」と迷走することになった。

リレー方式

現在、佐賀県の武雄温泉と長崎の間を標準軌のフル規格新幹線として建設が進んでおり、令和４年度（２０２２年度）には開業する予定である。しかし、武雄温泉では在来線のリレー特急に乗り換えが必要であり、さらに広島や大阪に向かうには新鳥栖か博多で再度の乗り換えが必要となる。長崎〜博多間は最速1時間20分程度となる。

新幹線がフル規格で開業すると、長崎〜博多間で、現行最速1時間48分がわずか51分に短縮する。速達性により、旅客需要を誘発する効果が見込まれるが、暫定開業で武雄温泉での１回乗り換えによる抵抗は大きい。

東京から北陸に向かうには、かつては越後湯沢《えちごゆざわ》での乗り換えが必要であった。北陸新幹線の開業前は、所要時間では東京〜金沢間は東海道《とうかいどう》・山陽新幹線の東京〜岡山間と同じ程度であったが、岡山は飛行機に比べて新幹線の利用が多いのに対して、金沢は飛行機のほうが多かった。北陸新幹線が金沢まで開業すると、予想外に航空からの需要のシフトを招いたが、それにとどまらずに新たな需要を誘発する結果をもたらした。

北陸新幹線は、東海道新幹線に比べて観光目的の利用が多い。観光客は、目的地を選ぶのに交通手段の利便性が大きな要素となる。乗り換えなしに金沢まで行くことができるようになったことが旅客数の増加に反映したことは間違いないであろう。

新鳥栖〜武雄温泉間の新幹線整備

フリーゲージトレインの導入がなくなったことで、武雄温泉での乗り換えが必要となったが、これが長期化することは望ましくない。自然のこととして、新鳥栖〜武雄温泉間のフル規格での着工が浮上することになった。もともと採算性の問題から時間短縮効果の大きい末端部だけの工事になったが、政治的には福岡市までの整備が重要だった。全国新幹線鉄道整備法で基本計画が決定した全線の完成が政治的使命として意識され、武雄温泉から東に路線を伸ばして新鳥栖で九州新幹線に線路をつなぐという目標は与党にとって既定事実であった。問題は、武雄温泉〜新鳥栖間を「フル規格」で整備するのか、在来線の軌間を拡大して新幹線と直通運転を行う「ミニ新幹線」なのかに移っていた。

しかし、これにもまた佐賀県が強硬に抵抗することになる。反対するというよりも、むしろその前段として「検討する時間が十分でない」という認識であった。佐賀県の山口祥義《やまぐちよしのり》知事は元自治省の官僚で、各地の自治体に出向した経験がある。知事就任前は長崎県の総務部長の職に就いていたこともある。平成27年（2015）1月に佐賀県知事に就任し、平成30年12月に再選を果たすことになる。

うがった見方ではあるが、かつて山口知事は、官僚であり地方の幹部職員として、上から与えられたミッションを正確に完遂することが求められていた。それが合理的であるかどうかにかかわらず、官僚は、国会議員の意向をくみ取って、それを自治体に対して決定事項として指示しなければならない。そのような上意下達の構造のなかで、不条理を感じたのかもしれない。長崎新幹線の延伸が政治プロセスのなかで合意され、それを政府が実行に移す。その段階では、地方自治体は、決まったこととして受け入れるしかない。できることは、見返りを求める条件闘争しかない。

山口知事は、上からの一方的な指示には応じないこと、これは条件闘争ではないと語っている。

それに対して、国は佐賀県の費用負担の軽減策で懐柔を試みるのに終始した。

新鳥栖〜武雄温泉間の整備財源問題

整備新幹線の財源は、開業済み整備新幹線の貸付料がまず工事費に当てられ、残りを国が2、地方が1の比率で分担する。貸付料は、工事を始めた時点での営業中の路線のものであるので、事前に額を確定することができない。また、平成27年（2015）に北海道新幹線札幌延伸、北陸新幹線敦賀《つるが》延伸の開業時期を大幅に繰り上げた際に、将来の貸付料収入を前借りする形で借入金（民間資金8000億円と財政投融資）が充当されている。つまり、長崎新幹線の開業後の貸付料の一部もすでに使われているのである。

平成31年3月27日、国土交通省が与党検討委員会に報告した内容では、新鳥栖～武雄温泉間を全線フル規格で整備すると6200億円のところ、ミニ新幹線は1800億～2700億円である。そのほかフル規格であるものの単線とすると5400億円が見込まれ、複線で整備するのとあまり変わらないことが報告された。財源として長崎新幹線に対してJR九州が支払う貸付料を、現行の30年から50年に延長するとともにその全額を同路線新鳥栖延伸に充当すること、ただし、31年目からは、設備の更新が始まることから半額に減額されることが提案された。最終的に検討委員会ではフル規格複線で決着を目指すことで意見がまとまった。

これにより、佐賀県の負担額は、佐賀県の試算では、フル規格だと1000億円以上、ミニ新幹線でも数百億円とされたが、4月19日、国土交通省の寺田吉道《てらだよしみち》審議官は佐賀県を訪問し、与党検討委員会での山口知事からの意見聴取に先立って、佐賀県の実質負担額が660億円となることが説明された。

4月26日、与党検討委員会（山本幸三《やまもとこうぞう》委員長）が国会内で開かれ、山口佐賀県知事からの意見が聴取されたが、この場で、負担軽減策として長崎新幹線の貸付料は全額同線の建設費に充当すること、JR九州の貸付料の支払い期間を50年間に延長すること、受益の大きい長崎県の負担を増やすこと、特別会計などに財源を求めることが示された。これに対して、JR九州は受け入れる意向を表明したが、特別会計などに財源を求めることには財務省が反対した。

山口知事は、のちに記者会見の場で、佐賀県は新幹線を求めたことがないこと、県の負担額を削減する条件闘争をしているものと捉《とら》えられていることが不本意であることを表明している。佐賀県は、在来線を利用するスーパー特急やフリーゲージトレインに合意しただけで、フル規格化すれば在来線の駅を核としたまちづくりの見直しが必要となるとし、結論を出すには時間がかかるとした。またフル規格で新鳥栖まで開業する場合に、在来線の特急はどうなるかも心配なところであるとした。

平成31年4月の与党検討委員会で、山本委員長は、来年度の予算に環境影響評価の関連経費を盛り込むには夏までに整備方式の結論を出す必要があるとし、また令和元年（2019）6月に自民党と公明党は、参院選後の7月末に決定する方針を決めていた。本来は、選挙戦では長崎新幹線の新鳥栖延伸を論戦の焦点に据える思惑があったが、結局自民党候補の現職山下雄《やましたゆう》平《へい》候補は新幹線に触れず、対抗馬の国民民主党の犬塚直史《いぬづかただし》が与党を批判する材料に使っただけであった。

8月5日に開かれた与党検討委員会ではフル規格での整備が適当とする結論が出されたが、環境影響評価の前提となるルートについては、いったん「佐賀駅経由」を決めたものの最終的に委員長権限で削除された。そのうえで、国土交通省、JR九州、長崎県、佐賀県の四者協議の開催を働きかけたが、佐賀県は、フル規格が前提ならば四者協議に参加しないと釘《くぎ》を刺した。ルートが決まらなかったため、8月末の概算要求には環境影響評価に関する経費は盛り込まれなかったが、国土交通省と財務省は、四者協議を通じて環境が整えば予算化を図ることも可能であるとした。しかし、その後進展はなく、令和2年度（2020年度）の予算化は断念した。

佐賀県としては、もともとスーパー特急から始まった長崎新幹線の計画が、なし崩し的にフル規格化し、さらに新鳥栖までの延伸が決まっていったプロセスが、地方不在で決められていったことに対する不信があった。また、フル規格で新鳥栖まで開業すると並行在来線もまた新鳥栖ないし鳥栖まで伸びる可能性がある。そうするとまた佐賀県の負担が増える可能性があり、並行在来線の措置が決まらないなかでフル規格での新鳥栖までの建設には、たとえ追加負担がなくても、簡単に乗れる話ではなかった。

自治体が公共事業の実働部隊として人と金を無条件で提供する時代ではなくなった。自治体が公共事業の実現のために利害調整役になることもない。新しい時代の国と自治体のかかわりはより対等なものとなる。国は公共事業を進めるにあたって十分に説明し、理解を得る必要がある。

第2章　中央リニア新幹線と静岡県

整備新幹線・中央新幹線

東京と大阪を結ぶ中央新幹線は、昭和48年（1973）11月に基本計画が公示された新幹線の1つである。昭和53年にはAからCの3つのルートが提示され、長野県の建設促進協議会は諏訪《すわ》・伊那《いな》回りのBルートを求める決議をしていた。その後、北陸新幹線、九州新幹線、東北・北海道新幹線の建設が始まるなかで、中央新幹線の事業化の見込みは立たなかった。国が建設する限り着工の優先順位は低いとみて、JR東海《とうかい》は、平成19年（2007）12月に自己資金による建設を表明し、平成21年12月に国に対して3ルートを並べた4項目の調査報告書を提出。前原誠司《まえはらせいじ》国土交通大臣はルートの判断を交通政策審議会にゆだねた。平成23年5月に全国新幹線鉄道整備法に基づいて、国は、Cルートで整備計画を決定して、JR東海に建設を指示した。そして6月に環境影響評価の調査を開始した。

もともと中央本線に並行する新幹線として想定されていたので、長野県では当然甲府《こうふ》から諏訪を経由すると考え、国に対する誘致運動を展開したが、JR東海は輸送の限界に達した東海道新幹線の救済として考えていたので、直線的に結ぶことが必要であった。

昭和53年策定の３ルート

環境影響評価書

JR東海は、平成25年（２０１３）９月18日、環境影響評価準備書を発表した。当初10月ないし11月の予定であったのを1～2か月前倒しし、手続きを急いでいることを印象付けた。ルートのうち静岡県内はすべて南アルプストンネルで、地上には出ないが、工事のための建設ヤードと2つの非常口が計画された。10月5日に静岡市葵《あおい》区井川《いかわ》で説明会を開催したが、当時工事予定地はユネスコのエコパーク登録が予定されており、工事中には1日216台のトラックなどの工事車両が走行し、7か所のトンネル工事の残土処分地が予定され、自然破壊が危惧された。これに対してJR東海は、周辺部は手つかずの自然ではなく、経済被害に対しては金銭で補償すると説明した。またトンネル湧水《ゆうすい》により大井川《おおいがわ》の上流部の流量が毎秒2トン減少することを示したが、「環境への影響は少ない」との見解であった。

一方で、当時静岡県の最大の関心事であった静岡空港の地下に新幹線駅を設置することについては、川勝平太《かわかつへいた》知事は、リニアが開業する時期にあわせて新駅の開業を望む考えを表明するが、JR東海は、自治体との「話し合いのテーブルにも着かない」という頑《かたく》なな態度であったという(県議会企画文化観光委員会)。

静岡市内では、地元は静岡の市街地に直結する県道三《み》ツ峰落合《みねおちあい》線のトンネル設置を希望したが、JR東海は、川根本町《かわねほんちょう》接岨《せっそ》に抜ける市道閑蔵《かんぞう》線の整備を示し、約100億円と見込まれる工事費の半分を負担する用意があるとした。その後地元からの批判を受けて、平成30年6月20日に県道のトンネルを全額JR東海が負担することで決着した。このようにリニア静岡問題は、地元の要望に配慮せずに工事を強行しようとしたことで、問題を大きくしてしまったという側面もある。

その後、環境影響評価書の作成手続きに入り、前年に発表された準備書について、まずトンネルが通過する静岡市が意見書を静岡県に提出し、それに県の意見書を付けてJR東海に提出された。

静岡市は、JR東海が準備書で大井川の減水を「影響は少ない」としていた点について、大井川の減水量の毎秒2トンが、平均水量の17%に相当する大きな数字であるので「重大な懸念」があるとし、「流量の減少対策を講じること、保全措置を尽くしても減水となる場合は代替水源を確保し、利水団体と継続的に協議すること」を要望し、意見書に明記することを県に求めた。

山梨県、長野県、東京都は平成26年3月24日までに、その他4県も25日には意見書を提出した。各県ともに、共通してJR東海からの「情報量が少ない」という批判的な意見がみられた。

通常は数か月を要するところ、JR東海は、1か月後の4月23日に環境影響評価書を作成して縦覧の手続きに入った。準備書に対する静岡県の意見として、残土置き場7か所のうち2か所の再考を求めたが、JR東海は「安全性の確保に問題がない」とゼロ回答であった。大井川の流量の減少に対して、防水シート、薬剤注入などの保全措置を講じたうえで、水利用に影響が出る場合には、代替水源の確保で対応するとした。また影響の度合いに応じて、関係者と打ち合わせを行いながら、トンネル湧水をポンプでくみ上げるなどで大井川に戻す方法も検討するとした。そして国土交通省はこの評価書に対しては、7月18日、環境省の助言を受けたうえで意見書をまとめてJR東海に送付した。意見書の内容に対し修正を加えて8月に補正評価書が作成され、再度の縦覧手続きに入った。

環境省は、「事業の実施に伴う環境影響は枚挙にいとまがない」として厳しい意見書を付けたが、具体的な対策についてはJR東海に任せるとするにとどまった。また国土交通省も、着工を容認する内容の意見書となった。

JR東海は、縦覧期間中でも工事施行認可申請を提出し、秋のうちに工事に着手することを表明した。

工事施行認可

静岡県の川勝知事は、このころはまだJR東海に対して穏便な対応であった。平成26年（2014）6月26日までに、静岡市の市民団体「南アルプスとリニアを考える市民ネットワーク静岡」がリニア中央新幹線計画の凍結を国に要望するよう県に求めたところ、川勝知事は、法律に基づき推進されている事業であるので、凍結を「県として要望するのは適当ではない」としたうえで、工事が環境に与える影響については懸念しており、効果的な措置を強く求めるとした。

JR東海も、8月の修正後の評価書では地元からの要望を受け入れて、工事中からトンネル内の湧水をポンプでくみ上げて大井川に戻すこと、工事完了後も流量をモニターして恒久的対策を講ずることが加えられた。

工事施行認可は平成26年10月17日、静岡県以外の工事は12月17日に着手された。南アルプストンネルの山梨側と長野側は工事が始められたが、静岡県については、独自に大井川流域の市町との基本協定（後述）の締結が求められたため、この段階での着工はなかった。

なお、静岡県は、環境保全措置についてJRと協議するために、和田秀樹《わだひでき》静岡大学名誉教授を会長にして静岡県中央新幹線環境保全連絡会議を設置した。土木工学、水処理の専門家、住民代表など16人で構成する。一方、JR東海の側でも、トンネル工学、河川、地盤の専門家を招いて大井川水資源検討委員会を設置した。

平成27年11月、JR東海が設置した大井川水資源検討委員会は、導水路トンネルを設置するとともに、必要に応じて湧水をトンネル内を導水路トンネル取付位置までポンプアップすることにより中下流域の水資源利用への影響を回避することを示した。

JR東海は、環境影響評価の事後調査報告書の提出を求める静岡県の条例に基づき、平成29年1月17日に同報告書を提出している。

この間、静岡市長と県知事の感情的な対立から、リニア問題についても両者の考えの不一致を露呈させる一幕がみられた。田辺信宏《たなべのぶひろ》静岡市長は、先の工事用道路の問題で、平成30年6月20日、県道三ツ峰落合線をJR東海が全額負担して整備することで合意、さらにリニア問題で県と連携せず、単独でJR東海と基本合意した。これに対して川勝知事は、県道整備にとどまらず大井川の水量問題にも合意したことに対して、静岡市長に強く抗議した。

事後調査報告書

平成29年(2017)1月17日、JR東海が静岡県に事後調査報告書を提出し、静岡県環境影響評価審査会で審議された。大井川の減水問題については、トンネルが破砕帯を横切る区間があり、とくに西俣《にしまた》での流量減少が推定されるので、導水路トンネルの自然流下により椹島《さわらじま》で大井川に流すこと、毎秒2トンの減水は、RCライナー、覆工コンクリート、防水シートおよび薬液注入等を実施していない条件下での計算結果であるので、さまざまな環境保全工事を実施すると記述している。これに対して、４月３日、ＪＲ東海に対して、トンネル湧水の「全量を恒久的かつ確実に大井川に戻すことの早期表明」と「大井川利水調整協議会を構成する利水者との流量減少対策に関する基本協定の締結」を求める知事の意見書を提出した。ここで、基本協定の締結が、それ以後の本体工事に着手できない根拠になる。そして大井川中下流域の11利水者と流域８市２町の代表者および静岡県副知事により「大井川利水関係協議会」が設立された。

リニア新幹線ルートと大井川

平成30年10月19日、ＪＲ東海は金子《かねこ》慎《しん》社長会見で、「原則として静岡県内に湧出するトンネル湧水の全量を大井川に流す措置を実施する」ことを表明した。次第に地元への歩み寄りがみられるようになる。

静岡県は、11月21日、静岡県中央新幹線環境保全連絡会議に専門部会（地質構造・水

資源、生物多様性）を設置し、令和元年（２０１９）６月６日、ＪＲ東海に対して、専門部会委員の意見等を整理した中間意見書を提出した。

平成31年３月22日、ＪＲ東海の社長定例記者会見では、13日に静岡県中央新幹線環境保全連絡会議と打ち合わせしたことを明らかにし、ＪＲ東海は「トンネル工事で発生する湧水量の上限を設定し、それを超過した場合には工事を中断するとのリスク管理の方針を提示」（『静岡新聞』平成31年３月23日）した。これに対して県は一定の評価をしたという。ＪＲ東海は、さらに平成30年秋に静岡工区で始まった準備工事が終盤に近付いているので、「工事の間が途切れないように、次のステップに進みたい」とし、平成31年度にはトンネルの掘削を開始したいとした。

ＪＲ東海は、令和元年８月20日、静岡県中央新幹線環境保全連絡会議地質構造・水資源専門部会と意見交換をした。南アルプストンネルは、静岡県内をピークに長野と山梨の両方に下り勾配《こうばい》が続く形をしている。この両県側はすでに本体工事に入っているが、静岡県側に掘り進んだときに大井川水源の水が両県に流れ出ることになる。ＪＲ東海は、これを大井川に戻すのは難しいとの見解を示した。これに対して川勝知事は、「湧水を全部戻すということだった」ので、どのように技術的に約束を果たすのか注視するとしたが、利水関係者はいっそう不信感を募らせることになった。

とくに山梨側には地質が複雑な断層帯が存在しており、突発的な大規模出水の可能性もある。

9月30日、静岡県は、JR東海に「引き続き対話を要する事項」（47項目）を送付した。主要なものを挙げると、「トンネル湧水の県外流出」に関しては、現在の工法に代わる方法の比較検討、工事を止めるトンネル湧水量（毎秒3トン）の妥当性、「畑薙山《はたなぎさん》断層と並行する導水路トンネル」を建設しない根拠、流量回復の具体的な方法とその妥当性、「工事中に大量に噴き出る湧水への対応」に関しては、トンネル先端の地質を観察する方法、得られた地質データの公表時期と方法、「中下流域の地下水への影響」に関しては、工事の影響を見分ける方法と期間の明示、「工事で発生した濁水の処理」に関しては、法律より厳しい自主基準の設定、大量の湧水に対応できる処理施設の配置、「上流部の生態系への影響」に関しては、本格着工前の生態系を正確に把握、生息に影響が出る河川流量の設定と根拠、などについて回答を求めた。

県からは畑薙山断層に並行する導水路の建設が提案されたが、JR東海は、破砕帯断層に沿って10㎞あまりの導水路トンネルを建設するリスクを示した。また導水路内での湧水の問題も発生するとした。

国の新たな協議体

令和元年（2019）11月6日、川勝知事の定例記者会見で、国土交通省が主導する新たな協議体への参加の要請があったことを明らかにした。10月24日に川勝知事は県庁内で藤田耕三《ふじたこうぞう》国土交通省事務次官と会談して、参加には、JR東海が県に示した「水資源の保全に関する回答」に対する国の見解を文書で示すことを前提とするという条件を示した。国の新協議体の議論は、県とJR東海の間の議論が生かされなければならないとする。それに対して、国は、技術的な問題に踏み込まないとしているため、県とJR東海の間の調整に難航しているということであった。また、県は、メンバー構成の問題を指摘し環境省にもメンバーとしての参加を要求した。

10月31日には、国土交通省、県、JR東海の間での非公開会談があったが、『静岡新聞』令和元年11月7日によると、県の情報管理の不徹底をめぐって会談中に、水嶋智《みずしまさとる》鉄道局長が難波喬司《なんばたかし》副知事らを罵倒《ばとう》したという。知事は、「仕切る当人が器に欠ける」と批判して場外乱闘の様相を呈する。

国土交通省は、令和2年1月17日、静岡県に対して、新協議体として有識者会議(「リニア中央新幹線静岡工区有識者会議」)の設置等を正式に提案、県としては、環境省、文科省、農水省、経産省、厚労省などの関与が不可欠であること、JR東海と県の対話が促進され、中立性・公平性が担保されるものであれば、有識者会議への参加申し入れを受け入れるとした。

JR東海社長と県知事の直接会談

令和2年(2020)6月26日、静岡県庁において、川勝知事と金子JR東海社長によるトップ会談が行われた。JR東海から申し入れたという。

会談の最後に、金子社長がヤードでの準備工事の問題について尋ねると、川勝知事は「条例に基づいて進めるだけ。専門部会で結論を出す」、「事務的にやればよい」、「ヤード環境整備、整地やボーリングやってください」と、ＪＲ側には願ってもない発言が出た。

補足すると、５ha以上の開発には「静岡県自然環境保全条例」の規定により自治体との自然保護協定の締結が必要である。このリニア中央新幹線の場合、県の「中央新幹線環境保全連絡会議」で話し合うことが求められる。

連絡会議と分科会の議論に応じて、当初のＪＲの計画では、湧水を大井川に戻す方法としてポンプアップだけしか考えていなかったところから協議が始まり、自然流下により湧水を大井川に戻す導水路を追加することになり、さらに流量の減少分を戻すとしていたのを、湧水の全量を大井川に戻すという計画に変更されていった。またその過程では、ＪＲのトンネル建設による影響に関する推定モデルの信頼性など、専門的で深い議論が展開された。しかし、その都度ＪＲ東海が対応しても、また新しい課題が提起され、「ゴールポストが動かされる」ことがしばしばだとして、静岡県に対する不信感が醸成され、相互不信がつのっていった。

会談の最後の言葉は、知事がヤード工事に好意的との印象を与えることになったが、実務を担当する静岡県中央新幹線対策本部の本部長の副知事は急いでこれを訂正した。今回のヤード整備はトンネル本体工事と一体なので工事はさせないとの見解を発表した。

工事は平成30年（２０１８）９月に開始されているが、基本的に整地と作業員の宿舎の建設などの準備工事であった。しかし、ヤード整備が本体工事に直結するのではとの疑念が県に生じ中断。このときの工事は4・9haで、県の条例の対象ではなく工事は可能であった。今回は、この工事を再開したいというのである。しかし、開発面積も5haを超えるので、県の条例により協定の締結が求められることになった。しかし、JR東海の工事内容には、トンネル掘削のための爆薬の管理や、湧水の処理施設が含まれているために、これは準備工事の範囲を超えているので、認めるわけにはいかないということになったのである。

JR東海と静岡県の議論が平行線をたどることから、国土交通省が仲裁役として関与することになった。有識者や関係官庁の職員などを集めて「リニア中央新幹線静岡工区有識者会議」を設置し、第1回目の会議が令和2年4月27日に開催された。

6月26日のJR東海社長と県知事の会談に先立って、16日に知事と流域10市町とのリモート会議が行われた。JR東海の金子社長から熱心に会談の申し入れがあって会談することを決めたが、その前に流域の意見を聞いておきたいという趣旨であった。会議の内容は、県の連絡会議・分科会と国の有識者会議で協議が進められているので、結論が出る前に工事の可否を決めるのは筋違いというもの、検討の結果、工事の内容に注文が出た場合に、手戻《ても ど》り工事が発生するというもっともな意見であった。また川根本町では、建設土の処理施設が置かれる場所が軟弱な土地であり、去年の台風19号でも実際に土砂崩れが起きているので、対策が必要という意見であった。あくまでもリニアに反対はしていないというのが共通認識であった。

静岡県の真意は、会談のなかで知事が、天皇が富士山登山で天候が悪化したときに8合目で引き返したことを語り、国の有識者会議や県の連絡会議で、もし水が全量戻せない、流域に大きな影響があるという結論が出された場合には、金子社長には引き返す勇気があるかを問いかけたところにあると考える。金子社長は、これに対して問題を克服する技術はあるはずとだけ返答した。

問題の起源は、JR東海が静岡県の大井川流域の水に対する思い入れの深さを理解していなかったことにあるが、さらに議論がこじれたのはJR東海の説明が不親切であったのが原因である。お互いの不信感を払拭《ふっしょく》するには丁寧な説明しかない。

国土交通省は、期限としていた令和2年7月に影響が軽微なところから工事を開始することを提案したものの、静岡県は既定の方針どおりに拒否することを伝えた。これにより、JR東海は、令和9年度の開業は難しいことを公表した。

静岡工区の県とJRの意思疎通の障害となっていたのが、かつてJR東海が地質分析会社に委託して作成した資料の一般公開の問題である。トンネルの掘削にともなう大量湧水が予想されるとの記述があるとされた資料である。

JR東海は、この資料を平成30年10月から8か月間県の専門部会で議論するために県に貸し出していた。しかしそのまま一般公開しては、誤解を招きかねないとして非公開としていた。静岡県は公開を求めているが、これが有識者会議を通じて一般公開されたとしても、双方の認識が一致して問題が解決に向かうのかは疑わしい。両者の不信感は頂点に達し、簡単に和解できる様相ではない。

国の有識者会議では、静岡県からは47の課題が提起されているが、そのなかの「トンネル湧水の全量の大井川表流水への戻し方」と「トンネルによる大井川中下流域の地下水への影響」に絞って議論が始められた。

令和2年（2020）4月の第1回の会議では、冒頭JR東海の金子社長がリモートで発言したが、あらかじめ座長が「この会議の場は政治的議論の場ではなく、科学的・工学的な議論の場である」と念を押していたにもかかわらず、自らの主張を正当化する内容が含まれ、静岡県や大井川流域市町、利水関係者の総意として抗議を受けることになる。

JR東海の金子社長は、河川水量は減少しない、大井川中下流域の地下水に影響はない、「万が一影響が生じた場合には補償する」とした。そのうえで、静岡県の要求がハイレベルであり、その達成が着工の前提となるとしているが、そもそも環境影響評価法に基づき手続きを進めており、国土交通大臣から工事施工の許可を得ているということで、静岡県の主張は法の趣旨に反するという趣旨の発言をした。

それに対して、愛知県の環境影響審査会の会長を務めた委員から、名古屋での審議の場では、「JRが非常に工事を急いでおり、計画が煮詰まらない段階で議論を終わらざるを得なかった」事情を紹介した。そのうえで、「煮詰まった段階で事後評価に相当するアセスで工事を進めていくという考えが必要」と主張した。

環境アセスメントというのは、そもそも事前に公共事業による環境被害に対して検討して対策を行うための制度である。もともと公共事業は、事業遂行により環境が悪化するなど住民に被害が生じた場合に、事後的に補償する対処方法しかなかったため、しばしば住民から公害訴訟を提起された反省に基づいて制度化された。工事施工の認可を得ているとしても、計画を進めるなかで新しいデータが出てきた場合には、その影響を回避するために、対策を見直す必要があるのである。

令和3年3月22日までに10回の会議が開かれたが、「トンネル流量の全量を導水路トンネル等で大井川に戻せば」、南アルプスの山体に貯留されていた地下水の一部が湧水として流出する分だけ大井川の流量は増加して、「中下流域での河川の流量は維持される」こと、大井川の中下流域の地下水は、大井川の表流水が浸透したもので、流量が減ることはなく、地下水にも影響しないという、煮詰まらない議論に終始した。

事務局は「リニア中央新幹線静岡工区有識者会議におけるこれまでの議論について（素案）」を用意したが、委員からの指摘を受けて、次回あらためて改定したものを提示することになった。

静岡県知事は、任期が令和3年7月3日である。選挙戦ではリニア問題が争点となることが予想される。選挙の結果が出るまでは、この問題は膠着《こうちゃく》状態を続けるのかもしれない。

平成26年に準備工事を開始したが、令和9年に開業しようとすると、10年余しかない。金子社長は、トンネル工事に5年半が必要で、走行路の整備と試運転で2年を要するとすると、7年半前に工事に入る必要があると説明した。しかし、工事現場は、東を糸魚川《いといがわ》―静岡構造線、西を中央構造線に挟まれた地域で、3000m級の高山が連なる南アルプスのど真ん中である。工事が難しいばかりでなく、安全な工事には余裕のある工程が必須《ひっす》であるので、工期はどうしても10年は必要であろう。すでに令和9年の開業は難しいのである。

第2部　国・地方・民間

第3章　明治時代の政治と鉄道

今日の整備新幹線問題にみられるように、鉄道の整備には国と地方それぞれのレベルでの政治的な思惑が強く反映していた。明治以来経済の発展に応じて、その関係が微妙に変化し、さらに民間部門の成長により、この関係は複雑化していった。

まずは、政治の鉄道整備に対する影響の話に入る前に、明治維新からの政治の動向を説明する必要があるだろう。

1　富国強兵政策と鉄道

明治新政府の殖産興業政策

明治新政府は、日本の植民地化を防ぐために、欧米に伍《ご》する国力を蓄える「富国強兵」を進める必要があった。そのために、旧藩が持っていた軍事工場を接収して近代化を図るとともに、工場設備を移設して、東京と大阪にのちの砲兵工廠《こうしょう》を建設した。徴兵制のもとで各地に連隊が設置された。

また、殖産興業を進めるために、農商務省は各地に欧米の技術を導入して模範工場を建設した。たとえば幕府から引き継いだ長崎製鉄所のほか、群馬の富岡《とみおか》製糸場、東京の品川硝子《しながわがらす》などがある。

新政府は、東京への中央集権化を進めると同時に、各地の軍事施設との間の連絡や兵隊の円滑な移動、官営工場の原材料・製品の輸送のために、郵便制度や電信の整備とともに、東海道本線をはじめとする鉄道の全国規模での大規模な建設計画を実行した。

その後、維新期の経済の混乱を収束するために松方正義《まつかたまさよし》は緊縮財政を行い、同時に官営工場の民間払い下げを行って民間の工業・産業を育成したため、経済界の中核となる財閥が生まれる契機となった。一方で、緊縮財政のなかで、鉄道網の促成を図るために、旧藩主や士族に配分された金禄《きんろく》公債証書を出資させる形で、日本《にっぽん》鉄道上野《うえの》〜青森間、続いて財閥などの民間資本により山陽鉄道、九州鉄道、関西《かんさい》鉄道などの幹線鉄道が建設された。

明治前期の政治

明治6年（1873）、征韓論を唱えた西郷隆盛《さいごうたかもり》らと内政の充実を優先する大久保利通《おおくぼとしみち》らの対立から、西郷たちが下野するが、このとき下野した板垣退助《いたがきたいすけ》、後藤象二郎《ごとうしょうじろう》、副島種臣《そえじまたねおみ》、江《え》藤新平《とうしんぺい》などは愛国公党《あいこくこうとう》を結成し、また同志集会の場として銀座《ぎんざ》に幸福安全社《こうふくあんぜんしゃ》を設立して活動、新政府左院《さいん》に「民撰《みんせん》議院設立建白書」を提出した。時期尚早としてこれは退けられたが、これを契機に、特権を奪われた武士や地租の負担に苦しむ農民のシンパシーを得て、その後の自由民権運動に走らせることになる。また不平士族の新政府に対する反乱が各地で起こった。たとえば江藤新平は佐賀の乱を起こし、政府軍に鎮圧されて江藤は斬首《ざんしゅ》された。

旧土佐《とさ》藩の士族たちは明治6年に政治結社として東京に海南義社《かいなんぎしゃ》を設立し、翌年1月板垣や後藤が幸福安全社で行った演説会の活動と合同した。この政治結社は、自由民権運動の中心的役割を担うことになり、各地の民権運動を結集して愛国社《あいこくしゃ》の運動に発展した。

愛国社（愛国公党）はまもなくいったん消滅するが、明治11年に復活したあと、明治13年に国会期成同盟として政府に国会開設請願書を提出した。その翌年に「国会開設の勅諭」が出さ

板垣退助（国立国会図書館蔵）

大隈重信（国立国会図書館蔵）

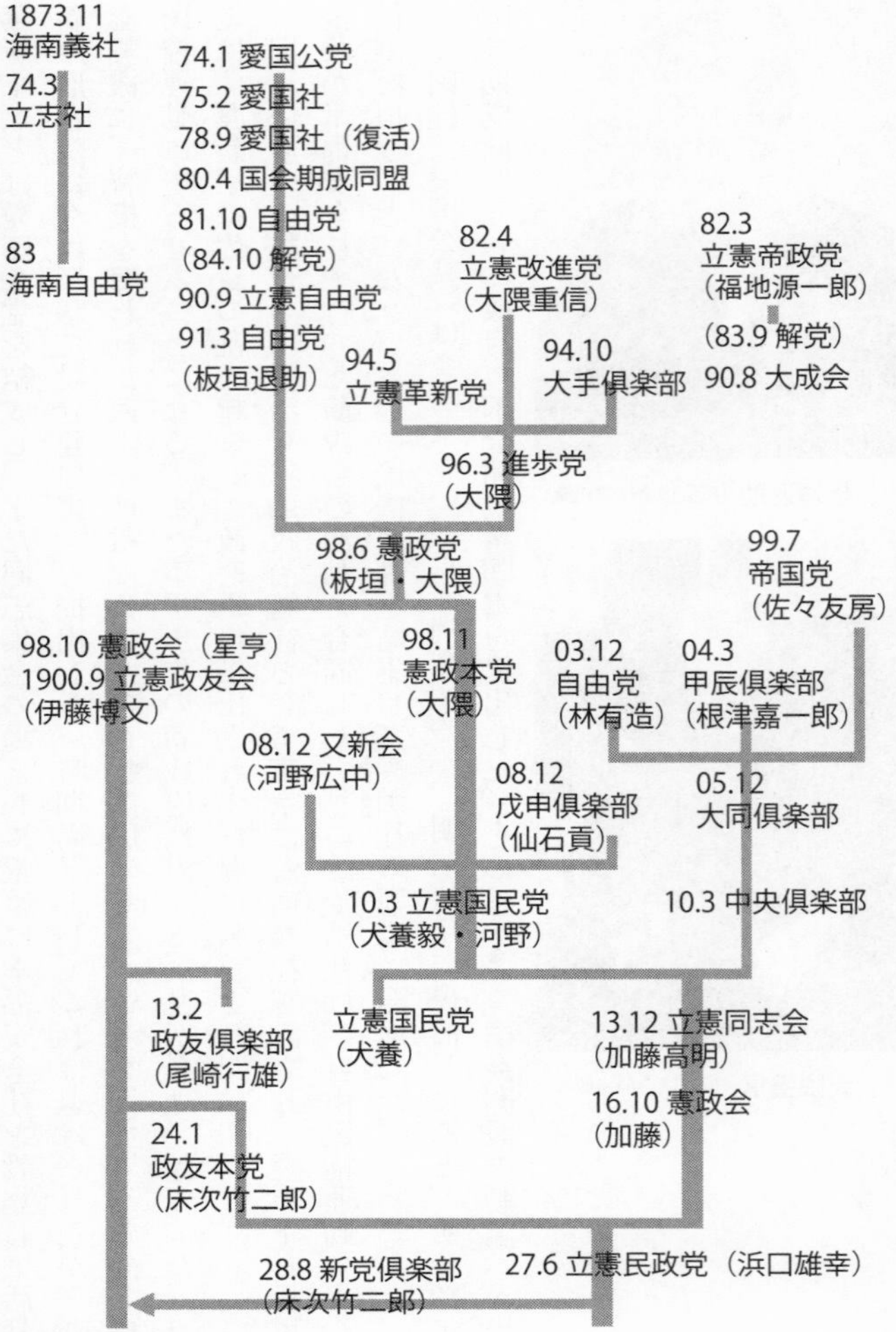
1873.11
海南義社
74.3
立志社
83
海南自由党
74.1 愛国公党
75.2 愛国社
78.9 愛国社（復活）
80.4 国会期成同盟
81.10 自由党
（84.10 解党）
90.9 立憲自由党
91.3 自由党
（板垣退助）
82.4
立憲改進党
（大隈重信）
94.5
立憲革新党
94.10
大手倶楽部
82.3
立憲帝政党
（福地源一郎）
（83.9 解党）
90.8 大成会
96.3 進歩党
（大隈）
98.6 憲政党
（板垣・大隈）
99.7
帝国党
（佐々友房）
98.10 憲政会（星亨）
1900.9 立憲政友会
（伊藤博文）
98.11
憲政本党
（大隈）
03.12
自由党
（林有造）
04.3
甲辰倶楽部
（根津嘉一郎）
08.12 又新会
（河野広中）
08.12
戊申倶楽部
（仙石貢）
05.12
大同倶楽部
10.3 立憲国民党
（犬養毅・河野）
10.3 中央倶楽部
13.2
政友倶楽部
（尾崎行雄）
立憲国民党
（犬養）
13.12 立憲同志会
（加藤高明）
16.10 憲政会
（加藤）
24.1
政友本党
（床次竹二郎）
28.8 新党倶楽部
（床次竹二郎）
27.6 立憲民政党（浜口雄幸）
戦前期政党の変遷

れて、明治23年の国会開設を宣言したのにともない、愛国社は政治結社として自由党《じゆうとう》を創設した。その後、全国に自由民権運動が広がり、尖鋭化《せんえいか》していった。明治7年板垣が高知で設立した立志社《りっししゃ》は、この自由党の結成に中心的な役割を担い、明治15年に自由党の地方組織として海南自由党に名称を変えた。自由党の活動に対して、政府は強権をもって弾圧を加え、多くの犠牲者を出すことになり、ついに明治17年に解党することになった。

一方、国会開設に関する政府内の対立による「明治14年の政変」で即時議会開設を主張して下野した大隈重信《おおくましげのぶ》は、明治15年に立憲改進党《りっけんかいしんとう》を結党して、大隈は代表の総理、河野敏鎌《こうのとがま》が副総理に就任、明治29年に立憲革新党《りっけんかくしんとう》・大手倶楽部《おおてくらぶ》などと合同して進歩党《しんぽとう》を創立、立憲改進党は発展的に解消した。

大日本帝国憲法

明治22年（１８８９）2月に大日本帝国憲法が発布となった。議会は衆議院と貴族院の二院制をとるが、貴族院は皇族議員、華族議員、勅選議員、多額納税者議員で構成され、選挙で選ばれるものではなかった。衆議院議員選挙は、直接国税の納税額による極端な制限選挙で、国民の１・１４％にしか選挙権が与えられなかった。

翌年7月に第1回衆議院議員選挙が実施され、11月に帝国議会が開設された。衆議院議員の政党構成は立憲自由党《りっけんじゆうとう》１３０名、大成会《たいせいかい》（院内会派）79名、立憲改進党41名、国民自由党《こくみんじゆうとう》5名、無所属45名であった。

国民待望の議会開設ではあったが、いまだ民主主義の意味もわからない時代で、情実、郷里に左右され、買収、供応、脅迫が横行した。

鉄道敷設法

明治政府は鉄道を、近代的で中央集権的な政府を確立するうえで、枢要な社会システムとして認識していた。明治5年（1872）に新橋《しんばし》～横浜間、明治7年に大阪～神戸間の鉄道を完成させて以降、国は東海道本線などの幹線鉄道の整備を進めていった。しかし、明治の初期は、富国強兵、殖産興業のために巨額な資金が必要であり、実際に市中に過大な貨幣供給を行った結果、インフレが高進し、経済が混乱した。そのため、大蔵卿《おおくらきょう》松方正義は、日本銀行を開設して唯一の発券銀行とし、それまでの各地の国立銀行で発行していた紙幣を回収した。これはデフレ政策であり、景気は一気に低迷することになる。

経済が安定しない状況のなかで、政府は、民間資金（金禄公債証書）を活用して国が鉄道を建設・運営する手法を案出して、日本鉄道を設立させた。

明治22年に東海道本線が全通し、明治24年には日本鉄道も上野～青森間を開業して、順調に幹線鉄道網の整備は進んでいた。

その段階で、さらに鉄道の建設を促進するために、それまで民間資本が利潤と配当目的でその都度適地に鉄道を建設していたのを、国がかかわって計画的に鉄道網を整備する方針に転換した。

初代鉄道頭《てつどうのかみ》で当時鉄道庁長官の井上勝《いのうえまさる》は、頑固に国による鉄道整備を主張し、明治24年7月に「鉄道政略ニ関スル議」を内務大臣に提出した。井上の考えでは、民間資本がかかわるのは、日本鉄道のような民間が建設して国が運営するような場合に限定していた。

明治25年、全国の鉄道網整備のマスタープランとして、鉄道敷設法が制定された。整備すべき路線のリストを挙げ、そのうち中央線東京・横浜地方から名古屋間、北陸線敦賀〜富山間、北越線直江津《なおえつ》または前橋・豊野《とよの》から新潟間、奥羽《おうう》線福島〜青森間、山陽線三原《みはら》〜下関《しものせき》間および海田市《かいたいち》〜呉《くれ》間、九州線佐賀〜長崎および佐世保間、熊本〜三角《みすみ》間、近畿線京都または土山《つちやま》〜舞鶴《まいづる》間、大阪または高田《たかだ》・八木《やぎ》から和歌山間、山陰《さんいん》山陽連絡線姫路《ひめじ》または岡山・倉敷《くらしき》から境《さかい》間を第1期線に指定した。

なお、北海道は開拓地として特殊な条件下にあったので、別に「北海道鉄道敷設法」が制定された。

国による鉄道建設促進の考え方が示されたことから、各地の代表者が東京に集まって「鉄道期成同盟会」を結成、立憲改進党党首大隈重信、自由党党首板垣退助、松方正義総理大臣などに鉄道建設について意見を質《ただ》した。

このような動きが進展して、各地に鉄道建設に対する陳情組織として期成会が組織されていった。地方からの陳情を受けて国が動く公共事業の決定メカニズムが形づくられた。

たとえば、中央線沿線では松本《まつもと》や諏訪の製糸業者が中央鉄道期成蚕糸業連合会を組織して、政府に対して「対中央鉄道蚕糸業者意見」を提出した。

鉄道敷設法では、鉄道の予定線に関して審議するために、内務大臣の諮問機関として、鉄道会議が設置された。

鉄道国有法

一方、すでに全国に開業していた私鉄の国有化の動きがあった。景気が悪化した時期には国有論が勢いを増し、景気が良いときには国有化反対の意見がまさった。

明治20年代初頭の景気の後退期には、民間の鉄道経営者は国有化を求めたが、このときは、すでに述べたように政府主導による鉄道網整備計画として鉄道敷設法を制定するという形で、国は反応した。

明治30年代に入ったときにまた景気の後退が起きたが、このときは「鉄道国有法案」と「私設鉄道買収法案」が審議されたものの、審議未了で廃案となった。しかし、日清《にっしん》戦争の原因となった朝鮮半島での利権争いは、このころにはロシアの南下政策という形で脅威が増大していた。軍部は、いったん火急の折に素早く軍隊を動かすために全国を一元的に経営する鉄道システムを望んだ。

明治31年（1898）6月に自由党と進歩党が合同して憲政党《けんせいとう》となったが、その年の11月には大隈派が分離して憲政本党《けんせいほんとう》を設立した。残った憲政党は、明治33年9月に伊藤博文《いとうひろぶみ》が設立した立憲政友会に吸収された。

その憲政党は、明治33年3月の党報号外で、「特ニ軍備上急要ナルヲ以《もっ》テ既ニ与論ノ是認スル所トナルモ財政及経済上ノ関係最モ重大ナルニ因《よ》リ極メテ慎重精密ナル調査ヲ要ス乃《すなわ》チ調査委員会ニ於イテハ科ヲ分テ必要ノ事項ヲ調査シ特ニ財源ノ調査ニ力ヲ尽セリ而《しか》シテ其買収スヘキ線路ハ鉄道ノ経絡ニ於テ幹線ニ属スル者ヲ国有トスル必要ヲ認メ先ヅ日本、西成《にしなり》、北海道炭礦《ほっかいどうたんこう》、北越《ほくえつ》、甲武《こうぶ》、関西、山陽、九州、京都ノ九線路ヲ選定シ其《その》買上ニ要スル代償ノ総額ヲ凡《およそ》二億円トシ其財源ハ公債証書ヲ発行シテ之《これ》ヲ会社ニ交付シ証書ト株券ヲ交換スルモノトス」と説明した。

東京商業会議所も明治31年と34年に鉄道国有化の建議書を提出した。会頭の渋沢栄一《しぶさわえいいち》は、もともと民営主義をとっていたが、鉄道事業を地域独占で経営させる場合、私的独占は利潤を目的にして、利益の上がるものだけにしか投資しようとしないという考えから、国有論を容認する立場に変わっていた。それに対して、両毛《りょうもう》鉄道（現両毛線小山《おやま》～前橋間）を経営していた田口卯吉《たぐちうきち》は、純粋市場経済のなかで事業を行うことで、より効率的な経営が可能になるという趣旨の発言をして国有化に反対した。

政府は、明治38年に鉄道国有化法の素案を作成し、明治39年に最終的な法案にまとめられた。

明治39年の鉄道国有法で国有化された17社

買収鉄道名	鉄道長（km）	主な路線（現存する路線のみ、線名・駅名は現在のもの。*は現存せず）
①北海道炭礦鉄道	329.8	室蘭—岩見沢（室蘭本線の一部）／小樽—岩見沢—砂川—空知太*（函館本線の一部）／追分—新夕張（石勝線の一部）
②北海道鉄道	255.9	函館—小樽（函館本線の一部）
③日本鉄道	1385.3	上野—青森（東北本線・いわて銀河鉄道線・青い森鉄道線）／品川—新宿—田端（山手線）／池袋—赤羽（埼京線の一部）／日暮里—岩沼（常磐線）／大宮—前橋—小山（高崎線、上越線の一部、両毛線）／小山—友部（水戸線）／宇都宮—日光（日光線）／八戸—本八戸（八戸線の一部）
④岩越鉄道	79.7	郡山—喜多方（磐越西線の一部）
⑤甲武鉄道	44.7	御茶ノ水—八王子（中央本線の一部）
⑥総武鉄道	117.8	両国—銚子（総武本線の一部）
⑦房総鉄道	63.4	千葉—大原（外房線の一部）／大網—東金（東金線の一部）
⑧北越鉄道	138.1	直江津—新潟（信越本線の一部）
⑨七尾鉄道	55.4	津幡—七尾（七尾線の一部）
⑩関西鉄道	442.9	名古屋—奈良—JR難波（関西本線）／柘植—草津（草津線）／亀山—津（紀勢本線の一部）／加茂—放出—京橋（片町線）、京都—木津（奈良線）／奈良—桜井—王寺（桜井線）／大阪—京橋—天王寺（大阪環状線の一部）／高田—和歌山（和歌山線）
⑪参宮鉄道	42.0	津—伊勢市（紀勢本線・参宮線の一部）
⑫京都鉄道	35.7	京都—園部（山陰本線の一部）
⑬西成鉄道	7.4	大阪—西九条—桜島（大阪環状線の一部、桜島線）
⑭阪鶴鉄道	113.1	尼崎—福知山（福知山線）
⑮山陽鉄道	667.7	神戸—下関（山陽本線）／兵庫—和田岬（山陽本線支線）／姫路—和田山（播但線）／高松—琴平（予讃線・土讃線の一部）／海田市—呉（呉線の一部）／厚狭—南大嶺（美祢線の一部）
⑯徳島鉄道	34.6	徳島—川田—船戸*（徳島本線の一部）
⑰九州鉄道	712.6	門司港—八代（鹿児島本線）／吉塚—篠栗（篠栗線の一部）／宇土—三角（三角線）／鳥栖—肥前山口、諫早—長崎（長崎本線の一部）／肥前山口—佐世保（佐世保線）／早岐—諫早（大村線）／久保田—西唐津（唐津線）／有田—伊万里（松浦鉄道の一部）／小倉—柳ヶ浦（日豊本線の一部）／田川伊田—西添田（日田彦山線の一部）／田川後藤寺—起行*、新飯塚—上三緒（後藤寺線の一部）／若松—飯塚—桂川（筑豊本線の一部）／直方—田川伊田（平成筑豊鉄道伊田線）／行橋—田川伊田（平成筑豊鉄道田川線）／田川後藤寺—糸田（平成筑豊鉄道糸田線の一部）

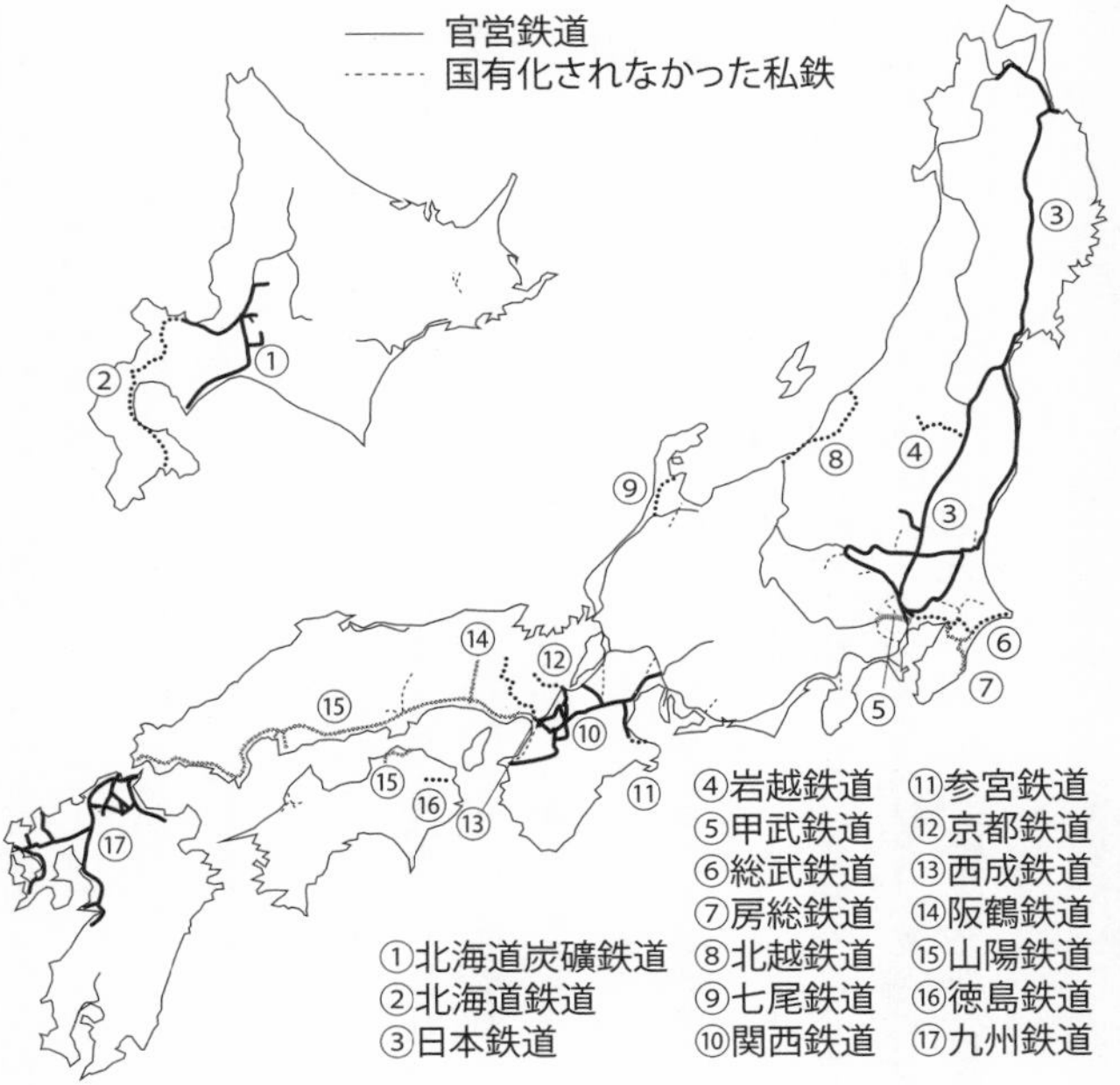

買収対象を当初17社としていたが、いったん32社に拡大したのちに、また17社に縮小された。政友会の西園寺《さいおんじ》公望《きんもち》内閣により、明治39年３月に成立し公布され、同年と翌年にかけて全国の幹線私鉄の国有化を実行した。

軽便鉄道法、軽便鉄道補助法

このように幹線鉄道の国有主義を示した一方で、地域の鉄道は地域の弱小資本でも創業できるように法律的な手当てを行った。

政府は、明治43年（１９１０）２月に軽便《けいべん》鉄道法案を第26回帝国議会に提出した。同年４月21日に公布され、８月３日に施行された。

当時実施されていた私設鉄道法が、主として国有鉄道に伍する規格を有する幹線鉄道を対象としていたため、地方交通路線整備のためには規定が厳格に過ぎた。そのため、私設鉄道法とは別に規定を緩めた軽便鉄道法の制定につながったのである。軽便鉄道法では、仮免許の必要を省き、また軌間の選択を自由にし、路線規格を簡易にするとともに、運賃額の上限を撤廃した。

政友会と憲政本党

立憲政友会は、地方と都市のバランスを強調していたが、党勢拡大のために地方での公共事業に力を入れ、また鉄道や電気、水道などの公益事業の経営を行う党員も多かった。国鉄のローカル線建設を推進し、党員が鉄道会社を設立するなど、新線建設に力を入れたため、「建主改従」政策と呼ばれた。これがのちの保守政党による「利益誘導政策」につながることになる。

憲政本党は、藩閥政治に協力的である政友会に反対する立場から、又新会《ゆうしんかい》、戊申倶楽部《ぼしんくらぶ》と合同して立憲国民党《りっけんこくみんとう》を結党した。大正2年（1913）には加藤高明《かとうたかあき》の派閥が分離して立憲同志会《りっけんどうしかい》を組織、大正5年には憲政会と改称した。憲政会は、立憲改進党の流れで都市資産家を支持母体とし、大都市の財界サロンの利益を代表し、のちの大手私鉄の設立に影響を与えた。また国レベルでは幹線輸送力の増長を主張し、「改主建従」政策と呼ばれた。

2　明治時代の内務官僚としての行政官

今日の整備新幹線問題の背景には、明治以来、国の出先機関という地方の位置づけの残滓《ざんし》を取り除こうとする、地方からの問題提起があるのではないかと思う。ここでは、そのような国と地方の関係を、公共事業の具体的な事例から考えてみたい。

明治時代初めの地方行政官は、内務省の役人として、新しい国を築くという気概にあふれて官僚を目指した人物が多い。国家が富国強兵を目標に動き出すと、その手段として国の近代化・工業化と地方の産業振興を目的とした殖産興業政策を推進した。そのためには、中央と地方を結ぶ鉄道網を整備し、地方では毛細血管のように道路網を建設した。しかし、もともと車を使う文化がなかったため、道路は砂で舗装されただけで、雨が降れば泥となり、車両の通行を阻害した。また、地方の山間部では、外と結ぶにはトンネルを穿《うが》ち、橋を架ける必要があった。完成するまでには、巨額の費用と時間を必要とした。

明治の中期は、現在につながる地方の幹線道路網の整備が大きく前進した時期であり、それには内務省の官僚でもある多くの地方官の貢献があった。たとえば、宮城県令の松平正直《まつだいらまさなお》、兵庫県令神田孝平《かんだたかひら》、山梨県令藤村紫朗《ふじむらしろう》などである。ここでは、自由民権運動を弾圧したことで悪評を受けることになる三島通庸《みしまみちつね》と、千葉県や宮崎県で県営鉄道を建設した有吉忠一《ありよしちゅういち》の2人を紹介する。

3　三島通庸の場合

山形県令に就任

三島通庸は、薩摩《さつま》の出身で、明治5年（1872）に教部《きょうぶ》省《しょう》に出仕して教部大丞《きょうぶだいじょう》の職を得た。明治7年には教部大丞のまま酒田《さかた》県の県令に就任した。当時はまだ廃藩置県後まもなくで、旧藩の領域に新たに県が置かれたため、現在より細分化していた。翌年に県庁が鶴岡《つるおか》に移転して鶴岡県に、明治9年に鶴岡県、置賜《おきたま》県、旧山形県が合併して新しく山形県となる。

三島通庸が整備した道路

当時の地方、とくに東北地方の道路事情は劣悪で、地方の殖産興業に先だって道路網の整備が喫緊の問題であった。三島が計画した道路は、庄内《しょうない》から秋田県へ向かう三崎新道《みさきしんどう》、村山《むらやま》から最上《もがみ》に通ずる猿羽根《さばね》新道、これをさらに秋田県に伸ばす金山《かねやま》・塩根《しおね》・雄勝《おがち》新道、仙台に向かい野蒜新港《のびるしんこう》につながる関山《せきやま》新道など22路線であった（幕内満雄《まくうちみつお》『評伝三島通庸』）。

とくに三島が力を入れたのが山形県と東京を最短で結ぶ栗子《くりこ》新道であった。山形県側の刈安《かりやす》新道と福島県側の中野《なかの》新道を結ぶ延長480間（約864m）の栗子山隧道《くりこやまずいどう》を含む区間である。当時は、トンネル掘削技術が未熟で、このような長いトンネルを掘削するには困難をともなったが、三島は、それまで世界に3台しかなかったというアメリカで開発された蒸気式の穿孔機《せんこうき》を輸入して、短期間で完成させることができた。明治14年10月3日には折から東北巡幸中の明治天皇臨席のもとで開通式が挙行された。明治天皇から100万円の下賜金があり、この道路に「万世大路《ばんせいたいろ》」という名称が与えられた。

現在の栗子山隧道　右が明治期の隧道入り口、左は昭和のもの（写真・米沢市）

竣工当時の大峠隧道（『福島県下諸景写真会津方部土木事業の景』）（福島県立図書館蔵）

山形県と東京を結ぶ国政上でも重要な道路であったが、国が負担（官費）したのは工事費の27％にすぎず、県の負担分となる地方費に至っては7％にすぎなかった。大半は沿道の町村が負担する協議費で、全体の60％を占めていた。また不足分については、住民の寄付金が当てられたが、住民には工事の労働力の提供も要求され、働けないものは代わりに金銭を支払わなければならなかった。つまり、沿道の住民による直接・間接の貢献によって建設されたのであった。

山形の近代化に対する三島の貢献を記念して、山形市の旧県庁から旧師範学校までの道を「三島通り」と呼んでいる。

福島県令に赴任

三島は、明治15年（1882）2月17日、福島県令として赴任した。福島県でも土木工事に精力を傾注し、越後《えちご》街道、野州《やしゅう》街道、羽州《うしゅう》街道からなるいわゆる「会津三方《あいづさんぽう》街道」を建設した。

羽州街道は、若松町《わかまつ》（現会津若松市《あいづわかまつ》）を起点に、喜多方《きたかた》・大峠《おおとうげ》を経て米沢《よねざわ》・山形までで、野州街道は、田島《たじま》・山王峠《さんのうとうげ》・今市《いまいち》から栃木《とちぎ》までで、栃木からは東京まで奥羽《おうう》街道がつながっていた。さらに越後街道は、西会津の野沢《のざわ》から鳥井峠《とりいとうげ》、水原《すいばら》を経て新潟までである。

新道を建設し、古い街道を拡幅して、荷馬車が通れる道路に改修した。この街道が完成すると、東北の道路網は充実し物流を活性化するので、地元の商業主などは待ち焦がれた工事であった。しかし、その建設が沿道の住民に過重な負担を強いるものであったため、各地で反対運動が展開することになった。

会津三方道路には、国庫から９万８０００円が投入されたが、残り38万２０００円は町村費や寄付金の形で会津地方の住民が負担した。そのうえ満15歳以上60歳以下の男女は１か月に１日の賦役が課され、それが２年間続いた。しかも、賦役に従事できない場合には、男は１日15銭、女は１日10銭の代夫賃を支払わなければならなかった。無断で休んだ場合には、高額の罰金が科された。

この三島の強引な建設に対する沿道の不満と、折からの自由民権運動が結びついて、現在まで語り継がれる騒擾《そうじょう》の状況を生み出した。

板垣退助が始めた自由党の活動は、政府による弾圧を経験するなかで、全国に活動が拡大していった。福島には、中通《なかどお》りに福島部、会津に会津部が設置されたが、福島部を率いたのは三《み》春《はる》の河野広中《こうのひろなか》で、福島県会の議長であった。政府の伊藤博文や井上馨《いのうえかおる》は立憲帝政党《りっけんていせいとう》を作って自由党の活動に対抗する勢力を組織し、ときに刃傷沙汰《にんじょうざた》に発展することもあった。

明治15年度の福島県予算が県会に提出されたが、採決で賛否同数となったため河野議長が反対票を投じることで最終的に否決された。しかし道路開鑿《かいさく》による社会的便益を信ずる三島は、内務卿《ないむきょう》から一部修正した明治15年予算の承認を受けることで、県会の決議にもかかわらず超然として道路の建設に取り掛かった。さらにこの遅れた期間について代夫賃を取り立てたが、支払うことができない者に対して差し押さえ、公売を強行した。このような強硬な措置に対して、自由党員は工事差し止めの訴訟を提起するが、政府による自由党の弾圧が強化されるなかで河野ら活動家の中心人物が相次いで逮捕されることにより、一時は熾烈《しれつ》化した自由民権運動は衰えを見せることになった。

さらには、政府によるあからさまな弾圧によって活動が抑え込まれ、ついには明治17年に自由党は解党となった。

会津三方道路は、明治18年に完成し、車馬の通行の便を大きく改善したが、一方で内務官僚の県令による住民への圧政という裏面史を現出することになり、今も「福島事件」として記録されているところである。

栃木県令を兼務

明治16年(1883)10月、三島は福島県令のまま栃木県令の辞令が交付され、栃木町にあった県庁に登庁した。日本鉄道が開通して宇都宮《うつのみや》駅ができることが決定すると、街道筋の結節点であった栃木町よりも宇都宮が人口・経済活動で上回り、県庁の宇都宮移転の議論が高まっていった。当然宇都宮の住民は強力に移転を主張し、栃木町はそれに強く抵抗した。

それが三島県令赴任を機に話が急展開して、明治17年に県庁の宇都宮への移転が実現した。

三島が中央政府との密な関係を利用して強引に実現したものとされる。

三島は、栃木でも土木工事で業績を残した。東京と東北を結ぶ第一の幹線道路である陸羽《りくう》街道の改修である。宇都宮から氏家《うじいえ》まで新道を建設し、那須野ヶ原《なすのはら》を横断して福島県境に向かった。その那須野ヶ原では、塩原《しおばら》から山王峠に向かう塩原新道と交差し、山王峠では会津三方道路の1つ野州街道につながって、陸羽街道から会津への新しいルートとなった。先代の藤川為親《ふじかわためちか》県令時代に計画されたが、松方デフレ財政によって建設が始められなかったものである。

三島県令が赴任して、明治17年1月に塩原新道の工事に着手することになるが、これは薩摩出身の三島の人脈に負うところが大きい。政府の中枢とのつながりを利用して、国の予算を獲得した。

同年10月、開道式が挙行されたが、2つの街道の交差する地点に、三島の長男弥太郎《やたろう》名義の肇耕社《ちょうこうしゃ》が広大な土地を取得して三島農場を開設した。三島が山形県令であったときに、松方正義から有望な土地としてアドバイスを受けていた土地であった。今でいえば公共事業により自己の利益を図ったわけなので、法律的にも道義的にも不正なのであるが、明治時代には絶対的な権限を持つ薩摩閥の内務省の官僚とあって、私利私欲と受け取られかねないこのような行動でも、社会は受け入れざるを得なかったのである。

その後、内務省土木局長、警視総監に就任し、順調に出世していったが、明治21年、脳溢血《のういっけつ》で死亡する。享年54の若さであった。

4　有吉忠一の場合

千葉県知事に就任

有吉忠一は、千葉県知事と宮崎県知事としてそれぞれ県営鉄道を整備したことを特徴としている。三島通庸よりも一世代後の行政官であり、すでに帝国議会も設置されて政党人が政治を決めていく時代になっていたが、いまだに地方議会では維新の志士の残党や自由民権派の活動家が活躍している時代で、県政に対する批判が渦巻いていた。

有吉忠一も、議会での批判に辟易《へきえき》して、政党に対しても良い印象を持っていなかった。そういう意味では、明治新政府によくみられた、新しい国家を作り上げる社会的な使命に燃えたプロの行政官であった。

千葉県の道路

明治時代の千葉の交通機関は、明治27年（1894）に市川《いちかわ》～佐倉《さくら》間に総武《そうぶ》鉄道（現JR総武本線）が開業したが、陸上交通はまだ馬車や徒歩の時代であった。道路の状態は、土壌が関東ローム層で、ふだんは固く締まっているが、雨が降ると水を含んで泥道となった。足は泥にのめり込み、馬車の車輪は泥にはまって動けなくなった。

千葉県は、四面を川海で囲まれているため、県内の移動でも、むしろ船が利用された。江戸《えど》川《がわ》から利根川《とねがわ》には蒸気動力の川船が走り、東京湾には外洋型の蒸気船が就航していた。

道路は、明治18年の内務省告示で、国道として千葉県庁から市川までの13号線と松戸《まつど》から我《あ》孫子《びこ》を抜けて茨城県につながる14号線が指定されたが、車両がようやくすれ違える程度の未舗装の道路であった。さかのぼること明治９年には、内務省は、重要な道路の報告を求め、これを仮定県道に指定したが、千葉県内では、市川〜関宿《せきやど》間、南行徳欠真間《みなみぎょうとくかけまま》〜滑川《なめがわ》間、中山《なかやま》〜銚《ちょう》子《し》間など10線１７１里（約６７２km）であった。これらが県道に指定されたが、明治16年４月に八幡宿《やわたしゅく》〜鶴舞町《つるまいまち》間が県道に格上げしたのをはじめ、県道への里道《りどう》の編入が進められ、明治36年度末には県道の総延長は２９６里（約１１６２km）にまで拡大した。

また、沿道町村が維持、管理に当たった里道については、明治16年、とくに重要な路線を枢要里道に指定し、県がその費用の一部を負担することとなったが、当初91路線２２１里（約８６８km）であったのが、明治36年度末には総延長４３０里（約１６８９km）まで増加した。

関東ローム層からなる路面は、車両の通行の便を図るために、大量の砂利を確保して、毎年投入し続けなければならなかった。

明治12年から37年までの間に県が施行した改築は、国県道について、砂利の投入ありが２１１里（約８２９km）、砂利の投入なしが30里（約１１９km）で、これに要した費用は再度の改修工事分を含み２２４万円である。

また、県の補助事業として実施する枢要里道の改築が、明治16年から37年までに砂利の投入ありが119里（約467㎞）、砂利の投入なしが82里（約322㎞）である。総延長に対して約半分の改築が行われたことになる。

このように、県は精力的に道路の改修に取り組んできていたが、県会では、路線改修や県道への編入の決定について、利益を受けない他の地域を代表する議員からは「我田引水」として盛んに攻撃される場面もみられた。また、枢要里道を県道へ編入させるべく、毎年 夥《おびただ》しい量の請願が県会に提出された。

そこで、いったん全県にわたって道路を詳細に調査し、その結果に基づいて、大局的見地に立った道路行政が求められた。

明治34年度通常県会に、「道路ニ関スル意見書」が提出された。将来の道路改修については、「一定ノ方針ヲ定メ以テ之ヲ企画スルノ必要ヲ認メタリ之ガ方針ヲ定ムルニ付テハ全般ノ道路ニ対シ測量調査ヲ為スノ必要アリト認ム理事者ハ明治三十四年度ヨリ三ケ年間ニ於テ之ヲ実行スルモノトシ当期ニ於テ之ニ要スル費額予算ヲ提出セラレムコトヲ望ム」という内容である。この意見書は議決されて、明治33年12月20日付けで千葉県知事阿部《あべ》浩《ひろし》宛提出された。

道路調査の結果、改修に要する額は合計57万5398円と計算された。初年度分として5618円が承認された。

この改修の必要な路線については、政府が帝国議会に提出する予定となっている道路法の成立を待って実施するとしていたが、政府は一向に法案を提出せず、道路の改修工事に着手できずにいた。また、県会には毎年里道の県道への昇格について意見書が提出されたが、これについても明治36年に１里（約４㎞）の里道が県道に編入されて以来、県道への昇格は行われていなかった。

軌道システムの導入

有吉忠一が千葉県知事に赴任したのは明治41年（１９０８）３月８日のことである。知事はさっそく道路改修に取り掛かったが、予算の制約があるため、より即効性のある施策として、線路の幅だけ整地すればよい軌道システムの導入を思いついた。鉄道や軌道ではなく、あえて軌道システムと記述するのは、国の法律に基づいて建設されるのではなく、あくまでも道路の改修事業として道路にレールを敷いたものであったからである。

明治41年11月18日に開会された明治42年度通常県会では、茂原《もばら》～長南《ちょうなん》間軌道の敷設が提案された。翌年度の県会において冒頭での有吉知事による予算編成趣旨説明のなかで説明がなされたが、それによると、「長南茂原間ノ軌道ノ如キモノヲ敷設シタナラバ幾分カ道路修繕費ヲ大イニ節約シ得ルコトガアリハシナイカト云《い》フ考カラ彼《か》ノ計画ヲ立テタヤウナ次第デアリマス」という。この軌道計画は道路改修の代用であるということである。

この軌道の建設費は、土木費中の道路橋梁《きょうりょう》費に含められていた。また、その維持費についても同じく道路橋梁費により支出されることになっていたようである。ただし、維持費については、明治41年度県会土木費第一読会《どっかい》で議員より質問があったが、有吉知事は「公表スルコトノ出来ナイ事柄デアリマスカラ」として秘密会としたため詳細は不明である。しかし、明治43年度土木費第二読会において、道路橋梁費のなかの保存費の明細として、道路保存費とともに軌道保存費についての記述がみられるところから、軌道維持が道路の維持と同様に土木費によって支弁されていたということがわかる。

茂原長南間人車軌道

茂原と長南の間に人車《じんしゃ》軌道（土木工事用のトロッコで馬車のような客車を人が押した）が開通したのは、明治42年11月のことであった。房総《ぼうそう》線（現JR外房《そとぼう》線）の茂原駅前を起点にして、長南町《ちょうなんまち》の台向《だいむかい》までの2里28町13間（約9km）の単線軌道が県道上に敷設された。途中茂原町・鷲巣《わしのす》・須田《すだ》・米満《よねみち》の4停留場を設置、終点の台向には事務所のほか倉庫と車庫が置かれた。貨物と旅客を扱い、客車と貨車は県が用意した。

長南で生産された叺《かます》むしろが弾薬・兵糧の運搬に必需な包装資材であったため、軍事面での輸送路の整備の要請があった。建設には鉄道連隊の応援を得て、資材も軍から借用したものであったと記録されている。

また、県の土木出張所が補修に当たったが、県は運行や経営には関与せず、地元に軌道運輸車両組合を組織させ、これに一切を任せた。軌道としてよりも、道路の付属物としての扱いをされていた。そのため、軌道法による特許を取得していない。

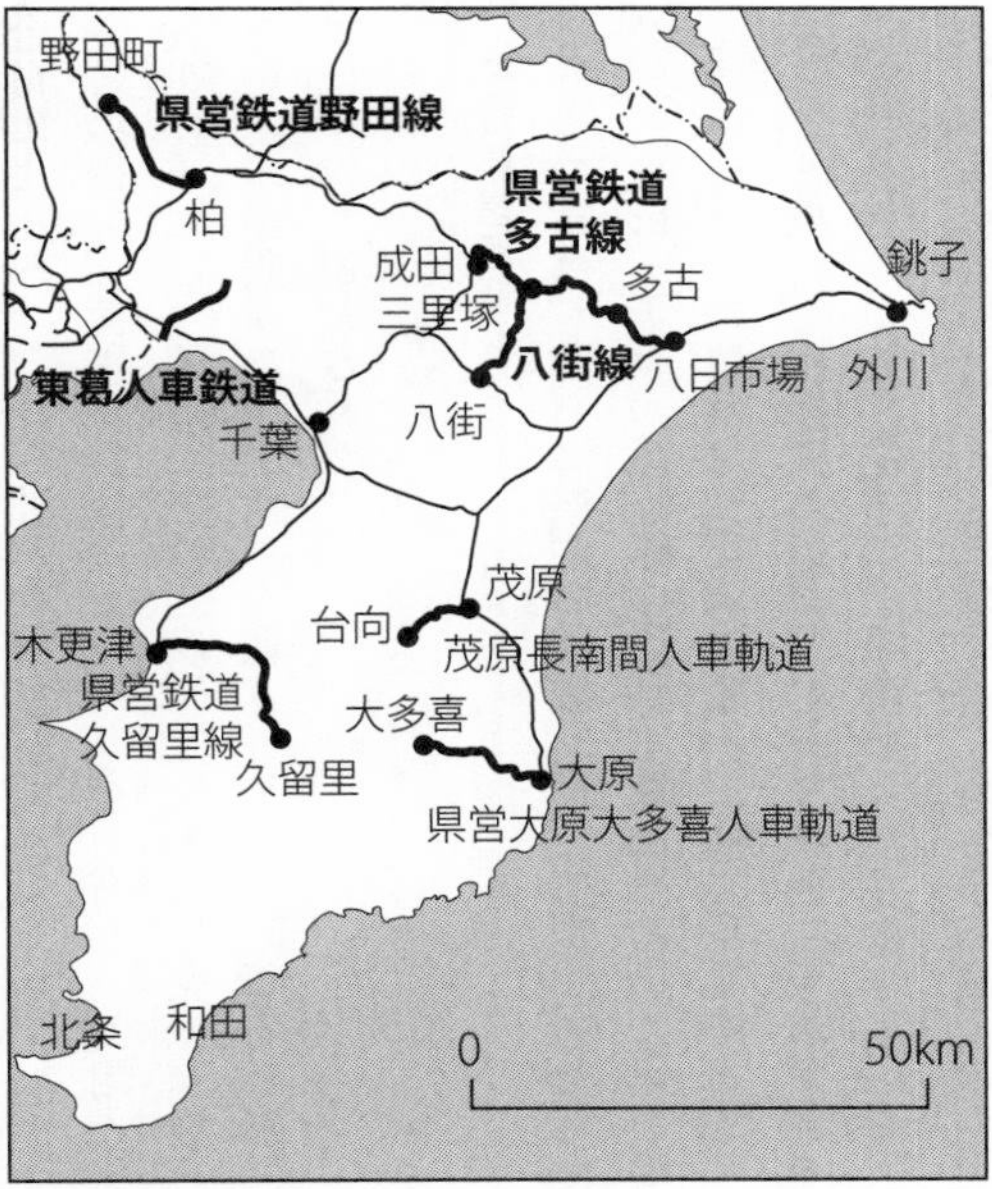

千葉県営鉄道

人車軌道の経営は、大正の半ばを過ぎたころから悪化の一途をたどる。人車（客車）は大正13年（1924）ころに運行をやめ、頼りの貨物もまた年々減少した。これは、叺むしろの需要者である軍がトラックによる輸送への切り替えを強く求めたためである。当時は関東大震災後の復興景気で賑《にぎ》わい、人車の押し夫もほかに良い仕事がいくらでもあった。荷主も喜んでトラックを使ったという。大正14年には組合を解散して、組合員によるトロッコの運行を停止した。

この後も、荷主が自分のトロッコを所有し、使用人を使って荷を運んでいたという。しかし、大正15年には、線路が破損し腐朽したので、県は交通上危険であるとして予算1万円を計上し、県の土木出張所の土工たちが取り外した。陸軍省から借り受けて使用していたレール400本はすべて返却された。

千葉県営鉄道

有吉知事は、さらに県内の地域交通を拡充するために、千葉県営鉄道を計画することになる。全国的には、近世の流通路の代替や鉱山や石切り場の輸送手段として軌道システムの整備が進んでいたが、千葉県は、正式に免許・特許を取得して、公営事業として整備しようというのである。当時は、一般的には地方の地主や商工業者が資金を出し合って会社を設立し、鉄道・軌道を開業させたのであるが、千葉県の場合は、もともと米作偏重の農業地帯が大半であり、地場の資本の蓄積が十分でなかったため、銚子や成田《なりた》、船橋《ふなばし》以外では、鉄道・軌道を民間で建設しようという機運が生まれなかった。

有吉知事は、最初千葉~木更津《きさらづ》間の鉄道建設を計画したが、これが国有鉄道によって建設されることに決すると、次に成田~三里塚《さんりづか》間、木更津~久留里《くるり》間、大原《おおはら》~大多喜《おおたき》間、柏《かしわ》~野田《のだ》間、北条《ほうじょう》~和田《わだ》間、銚子~外川《とかわ》間について県営鉄道の敷設の適否を検討した。その結果、明治43

年（1910）8月3日には、まず成田～多古《たこ》間と柏～野田間の軽便鉄道敷設の申請が提出された。

千葉県営鉄道は、軽便鉄道法によって免許された最初の事例であった。同法公布にあわせて同年6月、臨時県会が招集されて、県営鉄道敷設について議決された。そして、同法施行の日を待って申請を提出することになる。この県営鉄道2線の建設資金は総額41万円とし、そのうち40万円が県債により、残り1万円が沿線からの寄付によることとした。また、管理規定を定め、特別会計が設けられた。

成田～多古間の路線は、鉄道連隊と協定を結んで、連隊の資材を借用して、連隊の手によって建設された。鉄道連隊としては、資材を無償で提供する代わりに将校以下の訓練に使う目論見《もくろみ》であった。その方針に添って、「公共団体ノ鉄道ニ従事スル件」について勅令を発布して、例外的に軍隊による公共鉄道の運行を実現した。

成田～三里塚間および三里塚貨物支線が明治44年7月5日に開業、続いて三里塚～多古間および栗山川《くりやまがわ》荷扱所線が同年10月5日に開業した。さらに、大正2年（1913）の秋期大演習で建設された千葉～三里塚間の鉄道施設の一部を使用して、翌年5月18日に八街《やちまた》～三里塚間の軽便鉄道を開業した（軌間600㎜）。

一方、柏～野田間の路線も、立案当初は鉄道連隊の資材を借用して建設する計画であった。しかし、軍用資材によれば軌間が600㎜の超狭軌となり、国鉄線との貨車の直通ができないため、この路線の輸送力に頼ろうとしていた野田の醬油《しょうゆ》醸造業者から変更の陳情を受けた。さらに、醸造業者たちは、県債20万円の引き受けも約束したところから、軌間1067㎜の軽便鉄道の建設が実現することになる。建設資材については、鉄道院より中古資材を購入して建設費を節約した。柏〜野田町《のだまち》（現野田《のだ》市）間の開通は明治44年5月9日のことである。この軽便鉄道の開通に当たって、その実現に功績のあった有吉知事の名を残すため、野田町駅に隣接する地区の名称を「有吉町」と命名して記念した。

千葉県は、続いて第2期線として、木更津〜久留里間と大原〜大多喜間の路線を計画して、明治44年6月7日に県会議決書を添えて出願した。この議決書によれば、第2期線の建設費は、明治44年度に39万5000円の県債を起こして充当することにしていた。

木更津〜久留里間は明治44年7月18日に軽便鉄道法により免許、大原〜大多喜間は同月15日に軌道条例により特許となる。前者は軌間762㎜の蒸気動力による軽便鉄道であるが、後者は軌間610㎜の人車軌道であった。

明治43年、有吉知事が大多喜を視察に訪問したとき、大原〜大多喜間の鉄道建設の請願に対して内諾を与えていた。しかし、知事が告森良《こつもりりょう》に代わると、「地形の関係上鉄橋多く多大の工費を要する為、軽便鉄道の敷設は県の財政上到底之を許さず、然《しかれ》ども町民の熱望を考慮し、人車ならば敷設せんと県の意向を内示され、逐に之に従うの余儀なきに」至る。木更津〜久留里間は大正元年12月28日、大原〜大多喜間は同月15日に開業した。

県営鉄道の建設資金は、県債を主に地元に引き受けさせて調達したが、地元の資金力次第で建設される鉄道の規格が決まった。

宮崎県知事に就任

有吉忠一は、明治43年（1910）朝鮮総督府総務部長官として外地での要職を経験したのち、明治44年、宮崎県知事に転じた。内務省官僚としてキャリアを積んでいった。

その宮崎県でも県営鉄道を建設した。

九州の鉄道網の建設は、鹿児島本線と筑豊《ちくほう》の炭鉱地域から始まった。次第に鹿児島本線が南へ路線を延伸したが、宮崎県の鉄道は、大分からのコースが宗太郎《そうたろう》越えの難所があって計画路線にも上がらなかった。

明治39年日向《ひゅうが》鉄道期成同盟が設立され、明治41年には宮崎町（現宮崎市）の堤長発《つつみちょうはつ》ほか7名により衆議院に対して「宮崎県下縦貫鉄道促成ノ件」との陳情書が提出された。これは正式に採択され、帝国鉄道庁は吉松《よしまつ》（現鹿児島県湧水町《ゆうすいちょう》）・小林《こばやし》・宮崎のルートを見分。明治42年5月には後藤新平《ごとうしんぺい》総裁が宮崎県に出向いて現地を視察した。JR九州が肥薩《ひさつ》線の観光特急に「しんぺい」と名づけたのはこの件に由来している。かくして翌年には吉松から宮崎までの当時の宮崎線の工事が始まった。

一方、明治44年、有吉忠一が宮崎県知事として赴任すると、国が幹線鉄道の建設に向けて一歩進むことになったタイミングで、宮崎県でも自ら鉄道を建設する計画が立てられた。

宮崎県は南北に長い形状をしており、主要な都市は、中央の宮崎と北の延岡《のべおか》、南の油津《あぶらつ》と南北に並んでいる。この宮崎と油津に軽便鉄道の敷設を計画し、明治45年2月10日に宮崎線宮崎〜妻《つま》間の区間と飫肥《おび》線油津〜飫肥間の軽便鉄道の免許を取得した。油津、飫肥ともに現在の日南《にちなん》市の市内にあり、油津は日向灘《ひゅうがなだ》に面した港湾都市である。宮崎線は国鉄と同じ軌間1067㎜で、飫肥線は軌間762㎜。宮崎線は国鉄が計画していた日豊《にっぽう》本線の一部であり、当然国による買収が予想されたため、国鉄と同じ規格で建設された。

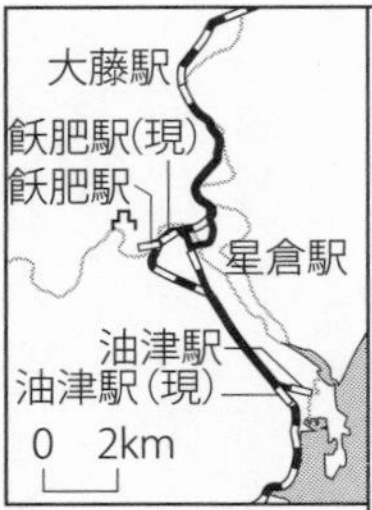

宮崎県営鉄道

飫肥線は、県都から離れた山間地の路線であるため、建設の容易な軌間762㎜が採用されたが、それには有吉知事の経歴が大きく関係していた。宮崎県知事の前に朝鮮総督府に勤めていたが、朝鮮半島ではソウルとプサンの間の鉄道を建設することを目的に渋沢栄一らが発起して京釜《けいふ》鉄道が設立された。建設を急ぐために当初軍用鉄道の資材を活用して762㎜の軽便鉄道で建設し、のちに標準軌に改築する予定であった。しかし、検討した結果最初から標準軌で建設したほうが安上がりということになり、軽便鉄道の資材が不要になった。

明治37年に日本とロシアは朝鮮半島と中国東北部の利権を求めて日露《にちろ》戦争が始まるが、日本軍がロシア軍を北方に押し出すことで、占領地の鉄道経営を行う必要ができた。のちの南満《みなみまん》州《しゅう》鉄道となる東清《とうしん》鉄道の支線・南下線は、軌間を1067㎜に改軌したうえで国内から車両を転用した。さらに東清鉄道の奉天《ほうてん》（現瀋陽《しんよう》）から朝鮮国境の間に軍用鉄道を建設したが、これに京釜鉄道の軌間762㎜の建設資材が利用された。終戦後東清鉄道南下線とともに南満州鉄道に引き継がれることになる。日清間での満州善後条約（満州に関する日清条約）の締結により恒久的施設に改造することになり、明治42年に標準軌（1435㎜）への改造工事に着手した。

たまたまこの鉄道資材が不要になっており、朝鮮総督府の部長としてこの情報を持っていた有吉知事が、南満州鉄道から譲り受けて宮崎の鉄道建設（飫肥線）に利用したのである。

妻線（宮崎線）は大正元年（1912）9月26日に着工し、大正2年12月15日に宮崎〜福島《ふくしま》町《まち》間を開業した。現在日豊本線の一部となっている区間である。続いて翌年中に福島町から妻までを完成させた。また宮崎から南に向け、川口《かわぐち》までの貨物線も完成している。全国の鉄道網から孤立しているため、海運との結節が必要だったのである。

続いて、大正4年に鉄道院が宮崎～清武《きよたけ》まで、翌年にはさらに大久保《おおくぼ》までの線路を完成して、宮崎県に運営を委託した。大正5年10月に鉄道院が宮崎線を吉松から清武（大久保駅を廃止）まで完成したのにともない、委託を解除している。また、大正6年9月には宮崎～妻間と宮崎～川口間の貨物線が国有化された。宮崎から福島町間が日豊本線の建設線のルートに含まれるためであるが、宮崎県では妻線全線を一体的に運行する利便性を訴えて全線の国有化を求め、これが実現したのである。これにより吉松から宮崎までの列車がそのまま妻まで直通運転することになった。

一方、飫肥線は、大正2年8月18日に油津～飫肥間を開業した。港のある油津と内陸部を結ぶ路線で、主に飫肥杉など林産資源などの貨物輸送で活躍することになる。昭和7年（1932）には星倉《ほしくら》～大藤《おおふじ》間の貨物専用の軌道線が運行を開始し、昭和16年10月には国鉄日南《にちなん》線の建設にともない廃止された。線路用地の一部は日南《にちなん》線に利用され、国から補償を受けた。

また、大正2年10月、宮崎線の赤江《あかえ》（現南宮崎《みなみみやざき》）を起点に青島《あおしま》を経て内海《うちうみ》まで、宮崎軽便鉄道が開業した。大正9年、地方鉄道法施行と軽便鉄道法廃止により宮崎鉄道に改称。昭和18年には陸運統制令により県内の鉄道・バスが統合されて宮崎交通に変わった。昭和37年、国鉄日南線の建設にともない廃止され、鉄道用地のほとんどは日南線の建設に利用された。

知事と公共事業

三島通庸が、道路建設に対する住民への過大な負担により反発を招き、福島では熾烈な自由民権運動との闘争を招来した。それに対して、有吉忠一は、特段の抵抗もなく、大規模な公共事業を遂行した。この違いは何なのかと考察すると、１つは三島の知事時代が明治10年代の自由民権運動の最盛期であり、政府への抵抗が三島の行政へと集中したということがいえる。それに対して、有吉は明治30年代以降で、帝国議会が開設され、立憲自由党や立憲改進党などの政党が生まれて、主義主張を戦わせる場が生まれていた。また、三島は道路の開削に固執したのに対して、有吉は軌道システムという、より容易に交通を改善する方法を採用したことが挙げられる。三島と有吉は、ともにその開発行政に対する地域社会の評価は高く、いずれもその名を地名に残しているという点でも共通しているが、一方で三島が「鬼県令」と悪名を残したのは、三島が薩摩の出身で、早く近代化した新政府の官僚が、遅れている東北の住民を啓蒙《けいもう》しようという「愚民思想」が背景にあった。正しい目的のためには手段を選ばず、住民に過重な負担を強いることで、結果的に強い反発を受けることになった。また、那須野ヶ原の改修計画の計画地で２つの街道の交差する場所に三島農場を開設して私腹を肥やしたことも、官僚として「選ばれた階級」であるという思い上がりが感じられる。

有吉は、大正時代に入って神奈川県知事、兵庫県知事、さらに大正14年（1925）には震災後の横浜市長に就任して復興事業を手掛けた。大正デモクラシーの時代に、議会を通じて政党による県政批判が激化し、行政が停滞することもみられた。そのため有吉は、議会を支配していた憲政会や立憲政友会の扱いにてこずった。昭和5年（1930）に勅選貴族院議員に選ばれ政治の世界に入ったものの、既成の二大政党には属さなかった。

第4章　都市鉄道の揺籃

交通インフラは地方部では、国の支援のもとで行政が中心になって整備されたケースが多かったが、大都市ではむしろ民間の力が大きかった。国会が開設され政党が生まれると、国の許認可事業では、政党員が計画・経営に深くかかわり、政党の勢力の拡大に利用された。明治中期に立憲改進党、明治末から立憲政友会と立憲民政党が競って都市内の鉄道・軌道を建設した。

1　東京の市街軌道

東京馬車鉄道／2代目東京電車鉄道

東京での都市鉄道のはじまりは、明治15年（1882）に開業した東京馬車鉄道の新橋～日本橋《にほんばし》～浅草《あさくさ》～日本橋間である。2頭立ての馬車がレールの上を走るもので、それ以前の乗合馬車に比べて飛躍的に大型化した。この馬車が、明治5年の大火で作り替えられたアーク灯のともる銀座のレンガ街のなかを走った。

東京馬車鉄道は、薩摩藩出身の谷元道之《たにもとみちゆき》や種田誠一《たねだせいいち》が中心になって設立された。いずれもアメリカに留学経験があるが、谷元は帰国後海軍省に就職して官の世界に奉じたが、種田は、民間の道を選択して第三十三国立銀行の支配人となった。谷元も「明治14年政変」で海軍省を辞し、2人は東京馬車鉄道の創設に尽力した。谷元は、明治23年第1回衆議院議員選挙に立候補して当選したが、翌年議会が解散されると、再出馬を求められたものの議会の阿鼻叫喚《あびきょうかん》ぶりに嫌気がさして固辞した。

東京馬車鉄道は明治23年ころには経営が厳しくなるが、創業者2人の会社からの個人的な借金が17万円という巨額に及ぶことが判明して、不正を疑われて経営から退くことになる。代わって「政変」で下野して立憲改進党の掌事《しょうじ》を務めていた代議士の牟田口元学《むたぐちげんがく》が経営を引き継ぎ、これを同じく「政変」で下野して愛媛県会議員から明治23年に代議士になった中野武営《なかのぶえい》が補佐した。また甲州財閥の一人の若尾逸平《わかおいっぺい》も株式を取得して、経営に参加した。

明治23年には、東京馬車鉄道を電車化する計画が起こった。同年の5月に上野公園で開かれた第3回内国勧業博覧会で東京電灯《でんとう》がアメリカから輸入したスプレーグ式の電車の展示運行を行ったところ、電車に対する国内での関心が一気に高まることになった。馬車のような畜力の最大の問題点は、所かまわずまき散らす糞尿《ふんにょう》の処理であった。それに生き物であるので、健康管理にも手間がかかった。電車化が実現するのはまだ10年余先のことであった。

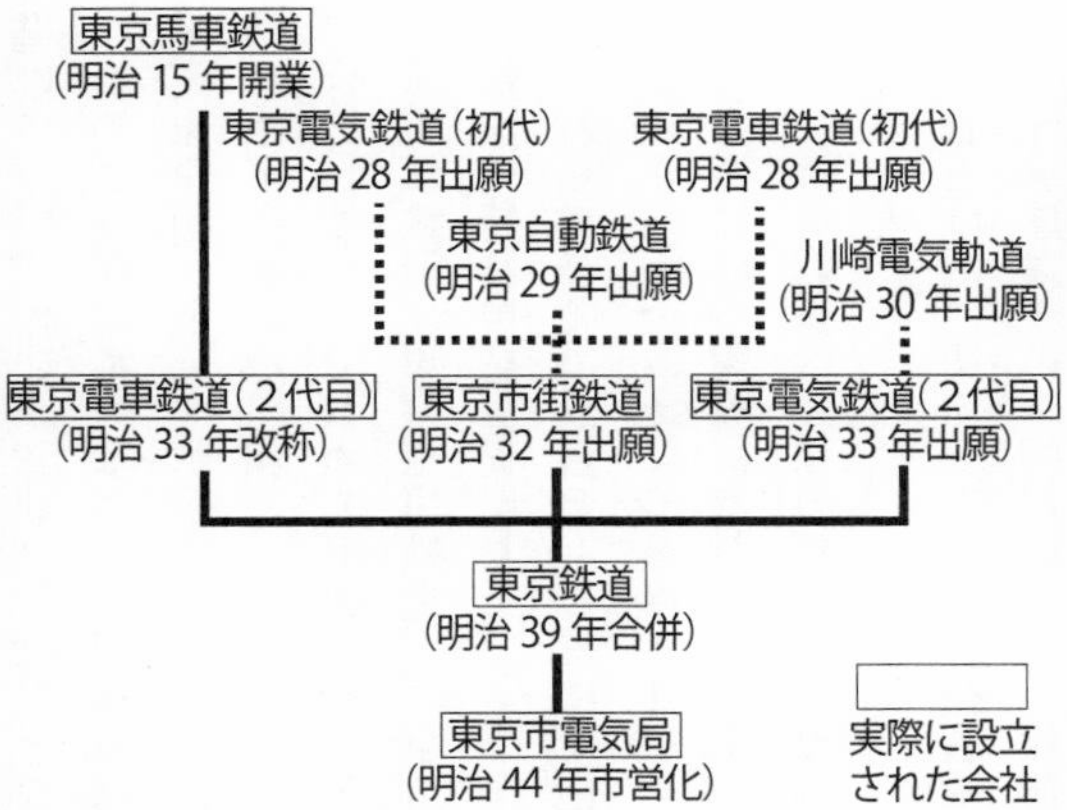

東京の市街鉄道の変遷

3社体制の成立

東京馬車鉄道は、明治33年（1900）10月に2代目東京電車鉄道に社名を変更し、明治36年8月から翌年の3月にかけて順次電車の運行を開始した。この電車化の動きに刺激されて、同社を含む3つのグループが電車敷設に名乗り出ることになる。

東京の市街電車は、東京電車鉄道のほかに、雨宮敬次郎など甲州財閥と呼ばれる新興財閥の一派、大倉《おおくら》財閥の一派、東京電灯の技師の藤岡市助《ふじおかいちすけ》、京《けい》浜《ひん》電気鉄道の創立者立川勇次郎《たちかわゆうじろう》の一派の三派がそれぞれ電気鉄道を出願した。これが明治28年に合同して初代東京電気鉄道となる。しかし一本化がなってすぐ、今度は元自由民権の闘士で当時は立憲自由党の政治家となっていた利光鶴松《としみつつるまつ》や井上敬《いのうえけい》次郎《じろう》などの空気圧搾式の東京自動鉄道、三井《みつい》財閥の藤山雷太《ふじやまらいた》、中上川彦次郎《なかみがわひこじろう》の初代東京電車鉄道が発起されて、再び三者鼎立《ていりつ》の状況となった。

このような混乱のなかで、内務省は公営事業とすることを提案したが、東京自動鉄道はもともと東京市が軌道を敷設する計画を立てたものの、当時の市会や市参事会はその機運になかったため市会議員が出願することになったという経緯があった。そこで内務省は出願会社に対して合併したうえで改めて出願すれば考慮してよいということになった。そして明治32年7月、東京電気鉄道、東京電車鉄道、東京自動鉄道は合同して東京市街鉄道となり、8月に改めて軌道敷設の特許申請を提出した。

これらの多くの鉄道会社以外にも泡沫的《ほうまつてき》な計画は夥しかった。また会社の設立は国から特許状が交付されたあと、資本金の1割の払い込みが済んでいることが必要なので、先に挙げた会社のなかには、実際には設立まで至っていなかったものもある。

この複雑な統合により設立された東京市街鉄道は、明治36年、数寄屋橋《すきやばし》〜神田橋《かんだばし》間をはじめて開業した。

これとは別に明治30年、渋谷《しぶや》村広尾《ひろお》と大森《おおもり》を結ぶ川崎《かわさき》電気軌道の特許申請があった。発起人は、元薩摩藩士の森岡昌純《もりおかまさずみ》、元土佐藩士近藤康平、元長州《ちょうしゅう》藩士の岡田治衛武《おかだちえむ》である。明治33年の3社合同により空いていた「東京電気鉄道」の名称に明治33年に改め、明治37年、外濠《そとぼり》線土橋《どばし》〜御茶ノ水《おちゃのみず》橋間を完成した。

話を整理すると、東京の市街電車の建設に最初に意欲を見せたのは、鉄道に特化した甲州財閥など新興財閥や、電気鉄道の普及に使命感を持っていた藤岡らの技術者であった。続いて、大隈重信の「明治14年の政変」で下野した反藩閥官僚たちによる立憲改進党や、国会での対抗勢力であった立憲自由党などの政治家が参入した。さらに、山陽鉄道などの幹線鉄道にかかわっていた三井財閥も加わって、首都東京の都市内軌道は政治・経済の各勢力による草刈り場と化していた。

東京の市内電車の路線網は、旧東京馬車鉄道が電化した東京電車鉄道のほか東京市街鉄道、東京電気鉄道の3社に分かれていた。会社間での乗り継ぎには割引制度はなく、均一運賃を再度支払う必要があるなど不便であった。

三社合併して設立された東京鉄道　アメリカからのツアー客を歓迎する装飾電車

そのため、東京電車鉄道と東京電気鉄道の合併話が起こったが、株式の交換比率で対立し、最終的に破談となった。続いて、明治36年7月、内相の意向を受けて、東京府知事千家《せんげ》尊福《たかとみ》と渋沢栄一は東京電車鉄道と東京市街鉄道の合併を仲介し、仮契約まで漕《こ》ぎつけた。しかし、その後市街鉄道の株主のなかに合併に反対する者が現れて裁判沙汰に展開したことで、内務省は両社の合併に対して「聞き届け難し」との判断を示し、これも実現しなかった。

その後も内務省は、3社に対して合併の検討を求めた。とくに各社1乗車3銭で、乗り継ぐ場合に割高になったことを問題視した。そこで3社は明治39年3月に入り、共通運賃制度として1乗車（無料で乗り継ぎ）5銭への値上げを東京府に申請した。市民は納得せず、ついには3月15日、日比谷《ひびや》公園での騒擾事件に発展し、さらに電車が投石で破壊された。府知事は東京市会に諮問したが、これに対して東京市会は値上げを4銭に修正して東京府知事に答申した。この事件がきっかけで3社の合併は一気に進むことになった。

東京鉄道／東京市

合併の方法は、新たに東京鉄道を設立して、それに3社が軌道事業を譲渡するというもので、明治39年（1906）9月11日に東京鉄道は創立総会を開催したが、そこで取締役に牟田口元学、井上敬次郎、安藤保太郎《あんどうやすたろう》、川田鷹、岡田治衛武、吉田幸作、浜政弘《はままさひろ》、佐竹作太郎《さたけさくたろう》、利光鶴松、中野武営、小野金六《おのきんろく》、根津嘉一郎《ねづかいちろう》、監査役に袴田喜四郎、佐藤幹一、佐々木慎思郎《ささきしんしろう》、飯田巽を選任し、さらに牟田口を社長、井上、安藤を常務取締役に指名した。

その後、さらに市営案が提起され、買収価格と公債による支払いについて逓信《ていしん》大臣から疑義が提起される場面があったものの、最終的に東京市による東京鉄道買収が決定した。そして、明治44年8月、東京市電気局が設置され、市営化した。

2　郊外路線の登場

明治32年（1899）に開業した京浜電気鉄道（当初大師《だいし》電気軌道として開業。現京浜急行電鉄）に続いて明治40年（1907）に玉川《たまがわ》電気鉄道（現東京急行電鉄）が開業。その後京成《けいせい》電気軌道（現京成電鉄）、京王《けいおう》電気軌道（現京王電鉄）が設立された。東京や大阪などの大都市では電鉄ブームが起こっていた。

政治的背景

国会では、立憲自由党と立憲改進党の2党が対立していたが、それぞれ自由党、進歩党と党名を変更したあと、明治31年（1898）6月に伊藤内閣の地租増徴に反対して進歩党は与党から外れ、野党の自由党と合同して新たに憲政党を名乗り、隈板《わいはん》内閣を成立させた。しかし、これは選挙対策の意味もあり、選挙後の11月には閣僚人事の対立から大隈重信が独立して憲政本党を設立した。明治33年、伊藤博文は自派の官僚を中心に立憲政友会を設立したが、これに憲政党の残りの議員も参加した。

立憲政友会は、「国家の利益」を優先する立場をとり、それに対して大隈の憲政本党は「国民の利益」を標榜《ひょうぼう》して対立したが、立憲政友会は、党勢拡大のために利益誘導政策を推進したために、「国益よりも私益を優先している」として批判を浴びた。

しかし、明治時代を通して、国は、富国強兵政策のもとで軍事費に予算を傾注したため、幹線鉄道や主要港湾の整備などは整備が進んでいたものの、都市内や地方での生活関連社会資本の整備が遅れていた。立憲政友会の党員は、各地で鉄道会社や電灯会社を設立して、地方の近代化に尽力した。富国強兵政策で見落とされていた部分の改善を目指していたわけで、必ずしも批判されるべきものではなかった。

立憲政友会は、国鉄の路線網を地方部に拡大するとともに、大都市では、郊外私鉄の建設を進めた。東京において、鉄道網の整備に貢献した立憲政友会の衆議院議員に、本多貞次郎《ほんだていじろう》、井上篤太郎《いのうえとくたろう》、利光鶴松がいた。

なお、政友会の西園寺公望と交代で内閣を組織し超然主義をとっていた桂太郎《かつらたろう》は、憲政擁護運動を進める立憲政友会などに対抗して新党結成を構想。大正2年（1913）、桂の死後、立憲同志会として実現した。これが大正5年には、憲政会と党名を変えた。それ以降、昭和2年（1927）の立憲民政党への発展を経て、戦前の二大政党制が確立することになる。

本多貞次郎

本多貞次郎は、安政《あんせい》5年（1858）、栃木県の宇都宮で生まれた。父親は宇都宮藩の藩士本多良之助《りょうのすけ》である。明治15年（1882）に工部省に採用されて官設鉄道の工事監督の仕事に就く。その後、尾張《おわり》炭鉱、中央炭鉱を設立して起業家として頭角を現した。その一方で鉄道技術者としても、明治36年に東京市街鉄道に入社して工務課長の職に就き、鉄道技術の知識を蓄積していった。のちに大正6年（1917）に千葉県会議員、大正9年に衆議院議員に当選した。立憲政友会の所属で、選挙区は東葛飾《ひがしかつしか》郡の千葉3区であった。大正13年、床次竹二郎《とこなみたけじろう》が立憲政友会から離脱して政友本党《せいゆうほんとう》を結成すると、本多もこれに従って同党に移り、昭和2年（1927）に憲政会と政友本党が合同して立憲民政党となると、千葉県支部長に就任した。翌年には床次竹二郎が新党倶楽部を設立、さらに立憲政友会に合流すると本多もこれに続いた。

井上篤太郎

井上篤太郎は、神奈川県愛甲《あいこう》郡三田《さんだ》村の出身で、三多摩《さんたま》壮士の運動に参加して、明治21年（1888）には保安条例により東京からの3年間の退去を命じられたこともある。明治28年には神奈川県会議員となる。三多摩壮士は、自由民権運動のなかで登場し、のちに自由党、憲政会、政友会の地方組織と化していった。大正元年（1912）には衆議院議員選挙に立憲政友会から立候補して当選した。

明治33年、富士紡績《ふじぼうせき》（明治39年富士瓦斯《ガス》紡績に改称）に入社して、のちに社長となる和田豊治《わだとよじ》の知遇を得て、同社が経営参加していた玉川電気鉄道、京王電気軌道に招かれて取締役に就任した。富士瓦斯紡績は、発電所を持ち神奈川県や東京都内に電力を供給しており、玉川電鉄と京王電軌は大口の需要家でもあった。

利光鶴松

利光鶴松は、のちの小田原《おだわら》急行鉄道（現小田急電鉄）の創立者で、もともと鬼怒川《きぬがわ》にダムを建設した鬼怒川水力電気の創業者（明治43年〔1910〕）である。発電しても需要がなければ経営が成り立たないため、東京市電への供給契約を締結したほか、自ら電気鉄道の建設を計画した。

利光鶴松は政治家としても活躍し、明治23年に立憲自由党（翌年自由党）に入党。明治29年東京市会議員、明治31年3月衆議院議員となる。同年6月には自由党と進歩党が合同して憲政党となり、その幹事に就任した。利光は、旧自由党の星亨《ほしとおる》の派閥に属し、10月に大隈重信が憲政本党を設立して分裂したが、利光はそのまま憲政党に残った。憲政党は、明治33年に伊藤博文が組織した立憲政友会に合流した。

東京と成田を結ぶ鉄道

明治時代、地域鉄道は、神社仏閣を目的地に建設された。参拝は都会の庶民のささやかな娯楽であり、参拝客は確実な需要であった。成田山新勝寺《なりたさんしんしょうじ》は、江戸時代に深川《ふかがわ》に別院を設けて庶民の信仰の対象として定着していた。

成田への鉄道は、明治30年（1897）1月19日、成田山新勝寺も出資する成田鉄道が佐倉〜成田間を開業（現JR成田線）。佐倉では総武鉄道に接続し、東京の本所《ほんじょ》まで線路がつながった。このときは、総武鉄道への成田鉄道の客車の直通はなく、佐倉での乗り換えが必要であった。続いて、明治34年には、成田鉄道は第二のルートとして成田から日本鉄道海岸線《かいがん》（現JR常磐線《じょうばん》）の我孫子までのルートを開業し、上野まで1日4往復の直通運転を開始。さらに明治35年3月20日には総武鉄道の両国橋《りょうごくばし》までについても4往復を直通運転した。総武鉄道の客車との併結ではなく単独編成での直通である。

明治36年、飯村丈三郎《いいむらじょうざぶろう》らが東京と成田を結ぶ鉄道を発起して、軌道条例により敷設特許を出願した。現在の京成電鉄の前身である。

発起人は、飯村のほか、郷誠之助《ごうせいのすけ》、川崎八右衛門《かわさきはちえもん》、本多弘などが名を連ねる。

京成電気軌道の設立

東京と成田を結ぶ電気鉄道は、飯村丈三郎らが発起したもののほかに、2つのグループが出願して、3社での競願事案となった。

1つは、東京市街鉄道を経営していた利光鶴松、野中万助らの発起になるもので、そのほか井上敬次郎や本多貞次郎も発起人として名を連ねた。

もう1つは、元内務次官で宮城県知事、熊本県知事を務めた松平正直のほか、内藤義雄、鈴

京成電気軌道開業当時の高砂駅（『京成電鉄五十五年史』）

木峯吉ら貴衆議院議員２００余名が出願したもの。

この競願事案に対して、内務大臣原敬《はらたかし》（立憲政友会）は代議士小山田信蔵《おやまだしんぞう》（立憲政友会）を介し、三派の合同を条件に特許を与えるとの内意を伝えた。

各派は協議会を開いて合併の決議を行い、新しく創立委員会が設置された。委員長は、当時内務次官の松平正直、専務委員は本多貞次郎、委員は内藤義雄、鈴木峯吉、飯村丈三郎、藤田昆直、内田直三である。株式は、各派平等に２万株ずつ配分された。

明治40年（１９０７）５月28日に特許申請が提出されたが、発起人は、飯村丈三郎、郷誠之助、久能木《くのき》宇兵衛、野中万助、利光鶴松、井上敬次郎、本多貞次郎、小山田信蔵、内藤義雄らであった。立憲政友会のメンバーとその支持者が中心となっていた。

折からの不況により合同メンバーの株式の棄権が続出し、残ったのは市街鉄道派のほか飯村派が郷、飯村、川崎、本多の４人と内藤派（議会派）の５人だけで、これでは資本金額を満たすことができないため、建設費３００万円に対して全額を資本金で賄うことを予定していたのを、１５０万円に変更し、不足分は社債の発行や借入金で賄うこととした。

中心となる利光ら市街鉄道派が必要な払い込みをしたうえで、再度の株式募集に着手したが、飯村派は申し込み証拠金だけを払い込んで発起人辞退、内藤派は払い込みの延期と手形での支払いを申し入れた。最終的に、沿線の集客施設である成田山新勝寺、中山法華経寺《なかやまほけきょうじ》、柴又題経寺《しばまただいきょうじ》からの支援を受けて、ようやくのことで明治42年6月30日、創立総会を開催した。

帝釈《たいしゃく》人車鉄道の柴又〜金町《かなまち》間を買収して大正元年（1912）4月に人車の運行を開始。11月に押上《おしあげ》〜市川（現江戸川《えどがわ》）、曲金《まがりかね》（現京成高砂《けいせいたかさご》）〜柴又間で電車の運行を開始した。大正15年12月、成田まで開業した。

玉川電気鉄道

玉川電気鉄道は、多摩川《たまがわ》で採取された砂利を運ぶために計画した渋谷〜玉川間の電気軌道である。軌間は1067㎜、主に併用軌道。明治29年（1896）に渡辺熊之進と沿線の有力者の田中築閣が、玉川砂利電気鉄道として三宅坂《みやけざか》〜玉川間を出願した。その後特許状が交付されたことで、明治36年10月に玉川電気鉄道を設立した。社長は欠員で、専務取締役に渡辺が就任した。歴史の古い大山道《おおやまみち》に敷設するのであるが、幅員が狭いため軌道敷を敷設するためには拡幅が必要であった。明治38年にはその道路拡幅のための用地買収に難航して工事が遅滞したため、この責任を取って渡辺熊之進専務が引責辞任、後任者として東京地所の青山幸宜《あおやまゆきよし》子爵が取締役から専務に昇格した。

明治39年2月、工事に着手したが、なお資金不足は続いており、当時駒沢《こまざわ》で住宅地を建設していた東京信託に出資を要請。明治39年10月、臨時株主総会で東京信託の永松達吾《ながまつたつご》が専務に就任した。さらに専務は、明治42年には津田興二《つだこうじ》に代わり、沿線での電灯供給を副業として力を入れることを決めて、富士瓦斯紡績と提携して出資を受けた。その際井上篤太郎が取締役に加わった。

明治40年3月に道玄坂上《どうげんざかうえ》〜三軒茶屋《さんげんぢゃや》開業。軌間は1067㎜であったが、大正9年(1920)に市電に直通するために1372㎜に改軌している。

京王電気軌道

京王電気軌道は、明治38年(1905)に渡辺熊之進ら17名により日本電気鉄道として出願された蒲田《かまた》〜調布《ちょうふ》〜府中《ふちゅう》〜立川《たちかわ》間、新宿《しんじゅく》〜府中間のうち、新宿〜府中間が現在の路線の起源である。新宿で、当時の東京鉄道に車両を直通するために軌間を1372㎜とした。翌年8月、社名を武蔵《むさし》電気軌道に変更したうえで、新宿〜府中間の路線を立川を経由して八王子《はちおうじ》まで延伸することとした。経由地が違うものの、現行路線と起終点が同じになった。そのほか府中で分岐して国分寺《こくぶんじ》まで、立川で分岐して中古新田までの支線と調布〜蒲田間を出願した。明治40年6月に調布〜蒲田間を除いて軌道条例により特許状が交付された。

明治43年4月、創立総会が開催され、正式な社名が京王電気軌道と決定。社長には鬼怒川水力電気取締役の川田鷹、専務取締役には同じく鬼怒川水力電気社長の利光丈平《じょうへい》が承認された。当初は、立憲政友会の利光鶴松が経営する鬼怒川水力電気が主導権を握っていたわけである。

明治45年6月に工事に着手し、大正2年（1913）4月に笹塚《ささづか》〜調布間の軌道と新宿〜笹塚間と調布〜国分寺間のバスの運行を開始した。路線が甲州街道沿いの比較的人口が集積する地域を通ることから、配電事業も兼業した。戦前はむしろこの兼業のほうが収益を上げた。

営業開始後の営業成績が芳《かんば》しくなく、欠損を累積する状況が続いたため、当初の執行部は総辞職を余儀なくされ、森村《もりむら》銀行の支援に期待して後任の推薦を要請した。森村財閥に属する富士瓦斯紡績の和田豊治（社長・相談役）は、専務取締役として小田切忠四郎、取締役に藤井諸照を推薦した。これは大正3年5月の臨時株主総会で承認された。しかしこれで経営の改善とはならず、川田社長は海外旅行のため、小田切専務は病気を理由に任を退き、大正4年6月の株主総会で藤井諸照が取締役会長に、玉川電気鉄道の取締役兼支配人の井上篤太郎が専務取締役に承認された。利用客は大正2年下期13万人余りであったのが、路線延伸や新執行陣の積極策により、大正6年上期には100万人まで増加した。

3　大阪の電気鉄道の立役者、岩下清周

本節では岩下清周《いわしたきよちか》を軸に、大阪での鉄道の整備の歴史を紹介する。

大阪財界の大物としては岩下清周が突出した存在であった。阪急は、創業者として小林一三《こばやしいちぞう》をクローズアップさせているが、阪急の前身の箕面有馬《みのおありま》電気鉄道は株式の払い込みが不調なために、小林が頼ったのが岩下清周であった。岩下の北浜《きたはま》銀行が出資を肩代わりしなければ今の阪急はなかったといえる。その貢献に応えて、箕面有馬電気軌道（改称）の初代社長には岩下清周が就任した。しかし、阪急の『75年の歩み』（昭和57年〔1982〕）以降、会社の歴史から、岩下社長の存在が消えてしまっているのが残念なことである。

生まれ育ち

岩下清周の生まれは信州《しんしゅう》の松代《まつしろ》である。近くの青木《あおき》村では五島慶太《ごとうけいた》、甲州では小林一三が生まれている。

数え18歳で上京して築地《つきじ》英学塾（現立教《りっきょう》大学）で学び、その後商法講習所（現一橋《ひとつばし》大学）、三菱《みつびし》商業学校に進んだ。その教員で所長をしていた矢野二郎《やのじろう》が三井物産の益田孝《ますだたかし》に引き合わせた。益田は、才気に満ちた個性の光る多彩な人材を求めていた。

三井物産は、井上馨の先収《せんしゅう》会社を起源としている。

井上は、明治7年（1874）、外国貿易を目的として先収会社を設立した。まだ商社という言葉のなかった時代で、現在の商社の走りである。社長は井上馨、副社長益田孝、そのほか岡田平蔵《おかだへいぞう》、木村正幹《きむらまさもと》、吉富簡一《よしとみかんいち》、藤田伝三郎《ふじたでんざぶろう》が関係した。

井上馨は、明治9年から11年の間、欧米に外遊してロンドンに滞在していた。井上の滞在場所には、ロンドンに留学していた若者が集まり、談論風発の場となっていた。そこには若いころの三井の中上川彦次郎や、外交官として井上馨外務卿のもとで活躍することになる青木《あおき》周《しゅう》蔵《ぞう》などがいた。

明治8年、井上が政府に復帰するにあたって先収会社を閉じることになり、益田と吉富が残務整理を行った。

同じころ、大蔵卿大隈重信から三井の大番頭の三野村利左衛門《みのむらりざえもん》に対して、「三井で商売をやってもらえないか」との打診があり、三井物産を組織して益田に担当させることにし、先収会社の業務を引き継いだ。

岩下清周（国立国会図書館蔵）

益田は、先収会社に、大阪で公事宿《くじやど》を経営していた馬越恭平《まごしきょうへい》をかかわらせ、三井物産に入れて横浜支店長に就けている。相当の自信家だったとのことで、岩下とともに、この時代の三井物産には、才能を持ち知識が豊富であるが、世間的にはなかなか受け入れられない、鼻持ちならない人材がそろっていたようである。

岩下は、この馬越の推薦で海外勤務を経験することになり、明治14年にニューヨーク支店、明治

16年にパリ支店に赴任した。パリ支店在任中は、在住の多くの日本人と交流することになったが、なかでも原敬と知り合ったことは岩下ののちの人生に大きな影響を与えた。

原敬は、現在の盛岡市内本宮《もとみや》で盛岡藩の家老を経験した家の子として生まれた。盛岡藩は戊辰《ぼしん》戦争で新政府と戦って敗れ、賠償金の支払いを要求されたために、士族の原家も屋敷・家財のすべてを失った。

幼い原は藩校の「作人館《さくじんかん》」、南部《なんぶ》家が盛岡藩の青年の教育のために東京に設立した「共慣義塾《きょうかんぎじゅく》」に入学したが、学費が支払えずに退学。明治5年には学費が必要ないカトリック神学校で勉強を続けた。さらに明治9年には司法省法学校に入学したが、寄宿舎の待遇改善の運動に参加したとのことで退学処分にあい、中江兆民《なかえちょうみん》の仏学塾《ふつがくじゅく》に移った。

明治12年に、『郵便報知新聞《ゆうびんほうちしんぶん》』に記者として就職。明治15年に外務省に転職。明治18年には外務書記官に任じられて明治22年まで駐フランス公使館員として赴任した。

信頼されていた陸奥宗光《むつむねみつ》大臣の辞任により原も外務省を退職したが、それ以降不遇な月日を重ねることになる。

パリで親しくしていた岩下の紹介で、明治30年、『大阪毎日新聞』に入社、翌年には社長に就任した。岩下は、続いて明治34年には北浜銀行頭取に原を抜擢《ばってき》した。帝国大学の初代総長でもあった渡辺洪基《わたなべこうき》のあとを継いだもの。ちなみに初代頭取は、久原《くはら》財閥を育てた久原房之助《くはらふさのすけ》の父親であり、藤田《ふじた》財閥の成立に貢献した大阪財界の立役者久原庄三郎《しょうざぶろう》であった。

北浜銀行は、大阪株式取引所の理事長であった磯野小右衛門《いそのこえもん》が藤田組《ふじたぐみ》の藤田伝三郎《でんざぶろう》の助けで設立した銀行である。大阪株式取引所の機関銀行としようという目論見があった。明治30年1月に創立され、大阪でも大手の第百三十銀行が日清戦争中に経営破綻《はたん》して閉鎖されたが、この従業員をそのまま北浜銀行に移籍させた。創立委員に岩下清周も参加し、伝三郎の意を受けて東奔西走、銀行設立に向けて駆けずり回った。開業後、岩下は経営の実権を任されて、かねてよりの「工業立国論」を実践するために、担保主義によらずに、将来性に対して融資を行った。担保価値以上の融資を貸し越し（オーバーローン）というが、岩下は、当時の銀行の慣例にこだわらず、大阪の工業の発展のために積極的に貸し越しを行った。北浜銀行は、岩下と親しい桂太郎が西園寺公望と交互に内閣を組閣した、いわゆる「桂園《けいえん》時代」が全盛期であった。

桂太郎は、パリの岩下の自宅へ集まったメンバーの一人であった。明治18年、桂に突然の帰国命令が伝えられた。そこで、パリでの借金の始末をしなければならなかったが、金額が大きく持ち金では不足していた。気が引けるものの岩下に借金を願い出たのである。しかし岩下も手元に600円しかなかったため、三井銀行で貸し付けることになった。

岩下清周の帰国

岩下清周はフランスからの帰国後、持論の工業立国論実現のために奔走するが、それを理解するには当時の日本は未熟であった。本社のデスクワークは彼にとっては不足であった。岩下は、明治21年（1888）、三井物産を退職する決断をした。

岩下清周は三井物産退職後、品川電灯などいくつかの会社を創立するなど、工業立国論の実践に努めたが、米穀取引所の理事に就任したところで、岩下が相場師に走ったら大変だと周りの者をやきもきさせた。そのころ、パリでの友人、中上川が三井に入って三井高保《たかやす》総長に次ぐ副長の地位にあったが、岩下は、中上川の世話で三井銀行入りをした。

大阪支店の支店長をしていたときに、部下に小林一三がいた。岩下は強烈な個性で知られていたが、それにも増して小林は強烈であった。当時の放蕩《ほうとう》ぶりを自著で告白している。岩下のもとで、工業立国論の教えに従って、大阪の産業界の発展のために貸し越しを承知で気前よく資金を提供した。明治30年、岩下は中上川と衝突して三井銀行を退社、北浜銀行を設立する。

北浜銀行

北浜銀行が関係した鉄道・軌道会社には、西成鉄道、箕面有馬電気軌道、大阪電気軌道（現近鐵日本鉄道）、阪堺《はんかい》電気軌道、南満州鉄道、阪神《はんしん》電気鉄道、広島瓦斯《がす》電軌（現広島電鉄）があった。また才賀《さいが》電気商会、鬼怒川水力発電といった電気鉄道発展の基礎を作った会社や、めずらしいところでは森永《もりなが》製菓がある。

箕面有馬電気鉄道は、明治39年（1906）1月15日に発起人会が開かれたが、このときの発起人は、土居通夫《どいみちお》、野田卯太郎《のだうたろう》、弘道輔、速水太郎《はやみたろう》、池田貫兵衛《いけだかんべえ》、米沢吉次郎、田艇吉《でんていきち》で、田が発起人総代に選ばれた。その後明治40年6月30日に小林一三が発起人に追加された。

　箕面有馬電気軌道と社名を変え、明治40年10月1日に大阪商業会議所で創立総会が開催された。取締役に井上保《いのうえやす》次郎《じろう》、松方幸《まつかたこう》次郎《じろう》、志方勢七《しかたせいしち》、藤本清《ふじもとせい》兵衛《べえ》、小林一三が決まり、小林が専務取締役に選任された。また監査役には、野田卯太郎、平賀敏、速水太郎が就任した。この時点では社長は空席にしてあったが、明治41年10月19日、臨時株主総会を開いて岩下清周を取締役に指名したうえで、取締役会で互選により社長に就任した。その後、北浜銀行の疑獄事件で岩下の辞任があり、大正4年（1915）1月11日に取締役社長は小林が三井銀行名古屋支店に転じたときに支店長をしていた平賀敏に代わった。

北浜銀行本店（『明治大正建築写真聚覧』）（国立国会図書館蔵）

大阪電気軌道

　次に、岩下は、大阪と奈良を結ぶ、現在の近鉄《きんてつ》奈良線の建設計画にかかわることになる。しかし、これが財界人としての人生の終焉《しゅうえん》を招く原因となった。

　大阪と奈良の間には、関西鉄道（現ＪＲ関西本線）が営業していたが、大阪の東方に屏風《びょうぶ》のように立ちはだかる生駒《いこま》山系を越えられず、南側を大きく迂回《うかい》していた。明治39年（１９０６）に関西鉄道が国有化されると、より短い距離で大阪と奈良を結ぶ鉄道路線の申請が相次いだ。

まず、明治39年5月に土居通夫らが出願した、大阪松屋町《まつやまち》から暗峠《くらがりとうげ》を通って奈良街道をたどり、郡山《こおりやま》を経て猿沢池《さるさわのいけ》までの路線、同日竹内綱《たけうちつな》らが出願した、奈良市三条通菊水楼《さんじょうどおりきくすいろう》前を起点に、北生駒《きたいこま》村菜畑《なばた》から生駒山《いこまやま》の鞍部《あんぶ》を北で越えて大阪府北河内《きたかわち》郡四条《しじょう》村に至り、さらに今福《いまふく》付近を通って中野《なかの》村で旧淀川《よどがわ》を渡り、曽根崎《そねざき》村に来て国鉄大阪駅と結ぶ路線、同年9月石川市兵衛らが出願した、大阪玉造《たまつくり》駅から東進して生駒山脈を一部トンネルで抜き、奈良市三条町に至る路線の３つである。鉄道は投資効率が良く、資産家の良好な投資対象になっていたため、良い路線が確保できれば、自然と資金は集まった。そのような路線に、先に唾《つば》をつけておこうと、出願が殺到したのである。

申請を受けた大阪府と奈良県は、この３つの申請の合同を図ることになるが、とくに問題もなく合意に至り、明治39年11月に合併について調印となった。仮の社名を奈良電気鉄道とし、資本金は２５０万円とした。合同した発起人のなかから、七里清介ほか5名が総代に選任された。

路線敷設の申請は、明治40年４月30日、内務大臣原敬より特許が下付された。さっそく七里の自宅に創立事務所が置かれ、さらに金森又一郎《かなもりまたいちろう》が発起人に参加した。

明治43年３月、発起人総会が開催されたが、発起人は竹内綱、大林芳五郎《おおばやしよしごろう》、広岡恵三《ひろおかけいぞう》、森久兵衛、玉田金三郎、野村徳七《のむらとくしち》、山沢保太郎、朝田喜三郎、七里清介、金森又一郎の10名で、創立委員長は広岡恵三、常務は金森又一郎と決まる。

同年9月16日、大阪商業会議所で創立総会が開かれ、正式の社名を大阪電気軌道、資本金を3000万円と決定した。また、社長は、加島《かじま》銀行頭取の広岡恵三（NHK連続テレビ小説「あさが来た」の主人公「あさ」の夫新二郎のモデル）、専務取締役は七里清介、取締役は岩下清周、速水太郎、玉田金三郎、守山又三、金森又一郎（兼支配人）、監査役は野村徳七、森久兵衛、山沢保太郎である。

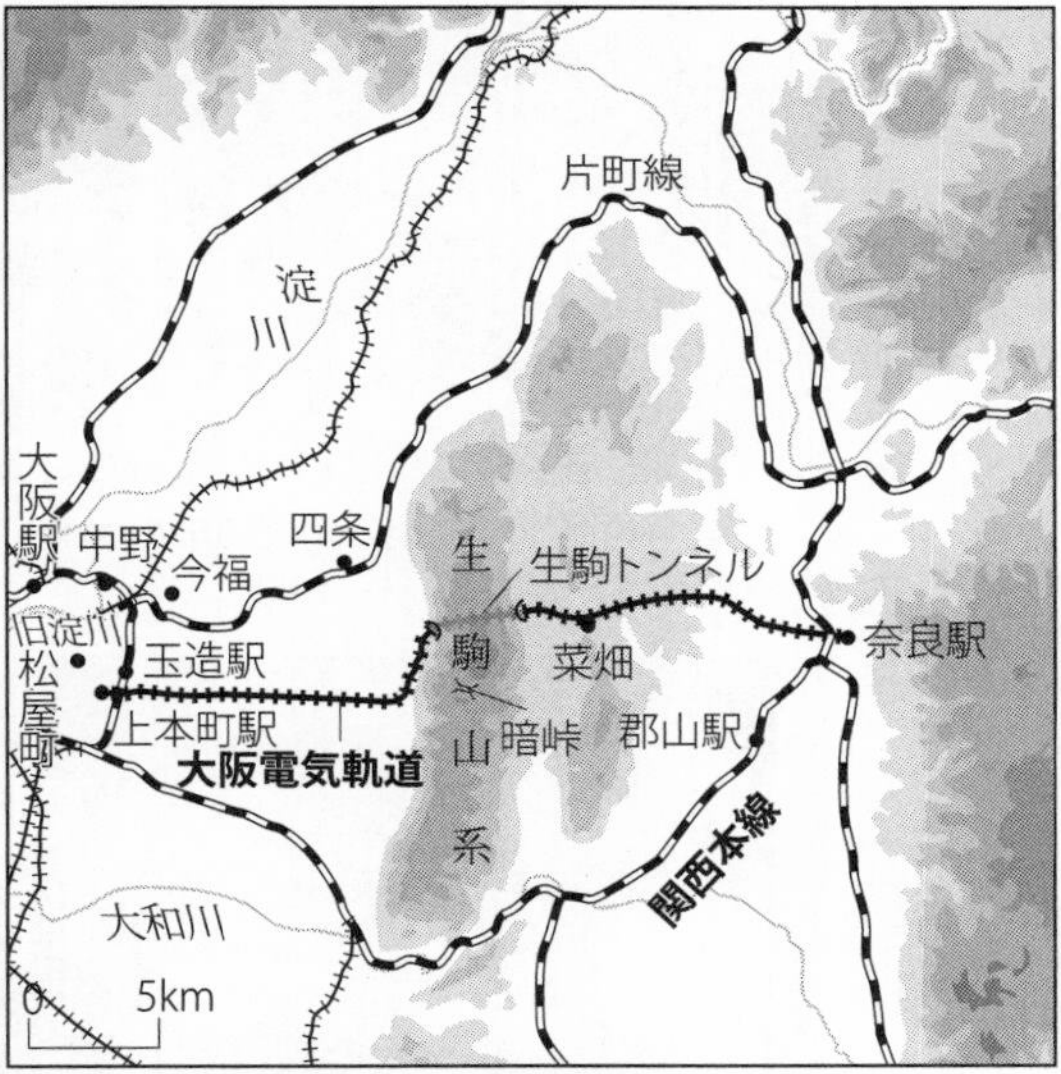

大正３年の大阪～奈良間の鉄道

　なお、生駒山系をどういう形で越えるのかが議論になったが、案としてはインクラインの上り下りで生駒を越える方法と、単純にトンネルを掘る方法の2つが検討された。インクラインは、急坂をウインチを使って車両を引き上

工事中の生駒トンネル（『50年のあゆみ』近畿日本鉄道）

上本町の大軌ビル（絵葉書）

げる方法である。

金森又一郎は、『岩下清周伝』のなかで、「いよいよ工事に着手するに当って、生駒山を越えるか、または隧道を貫通するかという問題で社内の意見がまとまらず、この両案を比較研究の結果隧道によって貫通することに決したのであるが、その際翁は、『これは断じて隧道とすべきものだ』と強硬な意見を主張され、その他の建設工事にしても『最初にウント金をかけて完全なものを建設せねばならぬ。これがため３００万円の会社が６００万円の金を費《つか》ったところでそれはあえて問題でない。要は後日に悔を残さぬことである』と、極めて強く言われ」たと、回顧している。

大阪電気軌道は、明治44年6月、工事に着手。生駒トンネルは３３８８ｍの長大トンネルで、アメリカから輸入した掘削機械が投入されたものの、技術が未熟な時代であったため、相当な難工事であった。また工費もかさみ、資本金３００万円に対して、生駒トンネルだけで、着工から1年半で255万円を投入していた。工費の支払いも遅れがちで、支払手形で当てる始末であった。施工した大林組の大林芳五郎は、岩下が今西林三郎《いまにしりんざぶろう》から紹介されたのであるが、今西は三菱商業学校で岩下と同窓で、当時から知り合っていた。その今西の紹介ということもあり、すぐに岩下は大林と打ち解けた。直感的に肌があったようである。親分肌の大林は、大軌の発起人にも参加して、岩下に対して献身した。

そのようなときに、悪いことは重なるようで、大正2年（1913）1月26日午後3時20分生駒トンネルで落盤事故が発生した。坑道東口から約700mの地点で18mあまりの区間が陥没し、切り端との間に153人が閉じ込められた。大林芳五郎も現場に駆け付け、不断の救出活動の結果、監督1名と作業員19名を除いて無事救出された。「大軌は工事を中止し、解散のほかあるまい」との噂《うわさ》が飛び交った。

この事故によって、資金事情はますます深刻度を増してしまった。債権者には必死に説明し、一定の理解と同情を得たところで、建設を続けるための財源の手当てが図られた。

大正2年4月株金払い込みの残額45万円の徴収、6月第1回社債として200万円を発行、さらに9月には第2回社債として100万円を発行と矢継ぎ早に資金を調達し、これにより資本金と合わせて600万円の工事財源が確保されたことになる。工事は、大正3年4月18日に竣工《しゅんこう》し、同30日に大阪～奈良間を開業した。

結局、建設費総額は、当初予算の570万円をはるかに超えて820万円に達した。そのほかに短期負債170万円と数十万円の未払金があった。不足分として、大正3年春に4万株200万円の優先株の発行を決定したが、実際に応募があったのは1割にすぎない4000株にとどまった。運行を開始しても旅客数が伸びず、運輸収入は予想を大きく下回った。乗車券の印刷費も滞るという状況で、赤字が膨らむばかりであった。この窮状の責任を取る形で、大正元年12月に広岡恵三社長が辞任した。翌年11月に岩下清周が2代目の社長に就任するが、社長不在の間、七里専務が過労から倒れて入院し、ひとり金森取締役兼支配人が孤軍奮闘することになる。

大正3年4月、通称「赤新聞」と呼ばれた『大阪日日新聞』は、大阪電気軌道の増資失敗を報じ、北浜銀行による同社への融資の放漫ぶりをたたいた。これにより北浜銀行は取り付け騒ぎに巻き込まれることになった。

もと日銀大阪支店長で大阪財界を仕切っていた片岡直輝《かたおかなおてる》は、北浜銀行が経営破綻すると大阪経済への影響が甚大だと考え、問題の解決に向けて渡辺千代三郎《わたなべちよさぶろう》とともに介入することになる。そして、北浜銀行の取り付け騒ぎの原因になっている赤新聞の問題に対して、東京にいる岩下に了解を取らずに、新聞記事の差し止めを求め大阪府知事とともに新聞の主宰者と交渉した。そのうえで、東京の岩下に打電して、大阪に戻って新聞社との交渉を進言した。岩下は、片岡の言葉に従って大阪日日新聞社を訪れ、記事停止の交渉をして合意した。これでいったんは収束することができたが、この責任を取って岩下は頭取を辞任した。杉村正太郎が新頭取に就任したが、杉村が、放漫な貸し付けにより銀行が巨額の損失を出したことを発表したため再び取り付けが起こった。大正3年8月、臨時総会で事業継続は困難とし臨時休業。杉村頭取の解任を決議した。続いて、大正3年11月、高倉藤平《たかくらとうへい》が頭取に就任し、銀行の再建に取り組むことになる。

この間、大阪の弁護士森下亀太郎《もりしたかめたろう》が大阪地方裁判所検事局に告発したことから、大正4年2月14日午前6時、紀尾井町《きおいちょう》の自宅にいた岩下は逮捕された。

大正4年2月23日、大阪地方裁判所検事局から起訴されたが、岩下に対する罪状は、背任横領、文書偽造行使および商法違反である。

岩下は、最終的に大正10年11月、懲役3年が確定し、大正12年4月、中野《なかの》刑務所に服役することになる。夙川《しゅくがわ》の屋敷は友人に譲渡、紀尾井町の屋敷は北浜銀行に引き渡して、刑を終えてからは富士の裾野《すその》へ隠棲《いんせい》して、経済界からは完全に引退した。

北浜銀行は大正8年に摂陽《せつよう》銀行に改称し、のちの三和《さんわ》銀行（現三菱ＵＦＪ銀行）の源流の1つになったという。

弁護士の資格を持つ脚本家海原卓《かいばらたく》の『世評正しからず』（平成9年〔1997〕）は、この『大阪日日新聞』による執拗《しつよう》な攻撃から、その後逮捕、有罪判決を受けるまでの流れは、反政友会の政治的な動きがあると推論する。岩下が原敬に経済的な支援をしており、反対政党にとっては邪魔な存在だったというのである。

岩下は、明治41年に衆議院議員となるが、大正3年12月に辞職するまで一貫して無所属かあるいは小会派にこだわった。原敬など政友会の重要人物との交際があるため、政治的な攻撃を避けようという意図があったのかもしれない。しかしそれは効果がなかったということになる。なお、岩下は立憲同志会の桂太郎とも交際があったので、原と桂でバランスをとって無所属としていたという話もある。桂は、原と同じパリでのつながりであるが、桂には、武藤山治《むとうさんじ》や和田豊治などの財界人を引き合わせるなど、献身的に振る舞った。

その後、大阪電気軌道は、大林芳五郎から片岡に対して再建への協力が要請され、社長を務める阪堺電気軌道から杉山清次郎《すぎやませいじろう》を送り込んで技師長とした。杉山のもとで、大軌の問題点が調査され、再建のための視点が整理された。

大正4年4月に社債の債権者総会を大阪商業会議所で開催し、債権整理について協議。7月には臨時株主総会で債権整理に関する覚書の承認を得た。その内容は、100万円の減資、優先株250万円の発行、物上担保付社債300万円の募集により資金を調達して、社債、手形、その他の負債の元金を整理。9月末までの延滞利子を含めて総額550万円を処理するというもの。これによって危機は回避されることになるのであった。

片岡は、さらに社長への就任を打診されたが、これは断っている。このとき、片岡は、相互に並行路線となっていた阪堺電気軌道と南海《なんかい》鉄道の合併を進めており、大軌に専念できない事情があった。両者は、大正4年6月に対等合併し南海鉄道が存続会社となった。社長には片岡が就任した。

株主代表の宮崎敬介らと債権者代表の三井物産の藤野亀之助《ふじのかめのすけ》、大林組白杉嘉明三《しらすぎかめぞう》などは、片岡に重役の人選を依頼。片岡は大槻龍治《おおつきりゅうじ》を推薦した。大槻龍治は、仙台生まれで、農商務省、府県の参事官、書記官、大臣秘書官を歴任、大阪税関長をしていたときに片岡と面識があった。大正4年8月、大槻龍治を社長とする役員の改選が行われた。

4　日本電気鉄道と鉄道広軌改築論

日本《にほん》電気鉄道は、東京と大阪の間に標準軌の線路を建設して、電車で高速運転しようという壮大な計画であった。安田善次郎《やすだぜんじろう》の後援のもと、立川勇次郎、藤岡市助、笠井愛次郎が立ち上げた。明治40年（1907）1月には帝国ホテルで、安田善次郎、大谷嘉兵衛《おおたにかひょうえ》、原六郎《はらろくろう》、中沢彦吉《なかざわひこきち》、菊池長五郎、雨宮敬次郎、藤岡市助、笠井愛次郎など約20名が主催して、貴衆議院議員や実業家200余人を招待し、計画を披露した。

憲政本党→立憲同志会→憲政会の幹線重視の鉄道政策を反映した民間の鉄道計画である。私設鉄道法に基づき、西園寺内閣のもと逓信省《ていしんしょう》に出願したが、3月、逓信大臣の山県伊三郎《やまがたいさぶろう》は、鉄道国有法の趣旨に反するとして却下した。

一方、国においても明治20年代から陸軍を交えて広軌改築案が論争となり、明治29年には軌制取調委員会が設置され、調査を開始した。しかしその後軍部は鉄道国有化に力点を移したため、明治42年には軌制取調委員会は解散した。

広軌改築は、東海道本線が対象に想定されていたので、日本電気鉄道の考えは、政府による広軌改築案の流れとみえなくもない。

日本電気鉄道が却下されたのち、国の広軌改築計画は、鉄道院総裁に任命された後藤新平が、幹線鉄道の広軌化の議論を再燃させた。南満州鉄道の総裁を経験した後藤新平は、国内も大陸と一体となる鉄道に改築しようという大望を抱いたのであった。

明治43年、鉄道会議で東海道本線や山陽本線などの幹線を広軌化する案が可決され、明治44年4月に鉄道院は広軌鉄道改築準備委員会を設置した。しかし、同年8月に立憲政友会の原敬が鉄道院総裁に就任すると、広軌化計画を中止してしまった。立憲同志会（のち憲政会）と政友会は、鉄道政策で対立していた。立憲同志会は幹線鉄道の増強改築を目指し（改主建従政策）、立憲政友会は地方の鉄道網の整備を推進した（建主改従政策）。政権が変わるたびに広軌改築論は、再開と中止を繰り返した。

大正3年（1914）、立憲同志会の第2次大隈内閣が成立すると、鉄道院総裁仙石貢《せんごくみつぐ》は、広軌鉄道改築取調委員会での調査を再開。大正5年にこの大隈内閣が退陣すると広軌案は中止となった。しかし後継内閣は、政党を背景としない超然内閣の寺内正毅《てらうちまさたけ》内閣が成立、後藤新平が内務大臣と鉄道院総裁を兼務することとなった。そこで、技師長の島安次郎《しまやすじろう》に命じて広軌案を作成させ、大正6年5月から8月までの間、横浜線原町田《はらまちだ》（現町田《まちだ》）～橋本《はしもと》間に3線軌条と4線軌条を設置して、実際の車両を使って広軌の試験を行った。この試験が良好だったため、鉄道院は、大正8年から12年にかけて順次本州各路線を改軌するという国有鉄道軌間変更案を作成した。これも大正7年に政友会の原敬内閣が成立し、床次竹二郎が鉄道院総裁に就任すると、打ち切られてしまった。

第5章　大正デモクラシーから太平洋戦争まで

1　政党政治の出現

原内閣の成立

第1次世界大戦中のインフレで米の価格が上昇、大正7年（1918）7月、富山県の魚津《うおづ》町《まち》（現魚津市）で生活に困った人々による米よこせの米騒動が勃発《ぼっぱつ》した。混乱の責任を取って寺内正毅内閣が総辞職し9月に立憲政友会の原敬が組閣、陸・海軍大臣と外務大臣以外の大臣が国会議員であるはじめての政党内閣となった。新たな原内閣は、国防の充実、産業の奨励、教育の振興、交通機関の整備を挙げた。とくに鉄道建設・改良に力を入れた。

その財源について「鉄道建設改良の計画は、政友会政務調査会幹部来談に付、財源は公債に因《よ》る原則故《ゆえ》募債力の許す範囲に於《おい》て計画を立つる方針に付、即《すなわ》ち我党の主張を貫徹すべき考えなることを告げたり」（『原敬日記』首相時代篇上）と、公債発行により調達可能な範囲で、建設・改良計画を立案することを指示したという。

　このような立憲政友会の鉄道重視の政策に対しては、野党から鉄道の私物化としてしばしば攻撃の対象になった。

　大正7年に原敬が首相に就任すると、原の地元で山田《やまだ》線の工事に着手した。これに対して議会では、地元への利益誘導の「我田引鉄」だとして批判を受けた。

　山田線は、明治25年（1892）の鉄道敷設法でも盛り込まれ、計画自体は歴史が古い。しかし路線は北上《きたかみ》山地を横断するもので、ほぼ全線にわたって最大25‰（パーミル）の急勾配となるのに加えて、いくつもの隧道の掘削が必要であった。つまり技術的に難しい工事となることが予想されたために着工が遅れていたのである。山田線は大正12年10月に盛岡～上米内《かみよない》間を開業して以降逐次延伸して、昭和14年（1939）9月に全線を完成した。これにより馬車ないし船を使うしか

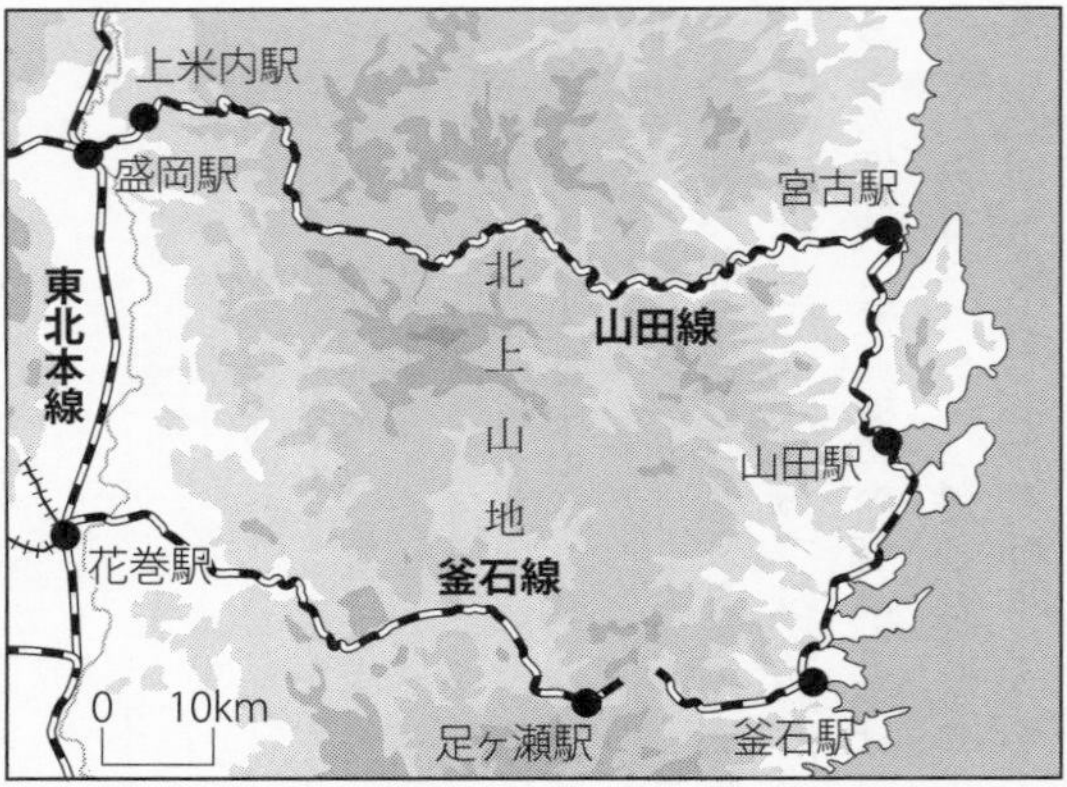

山田線全線開業時の鉄道

なかった三陸《さんりく》地方の宮古《みやこ》、釜石《かまいし》が、外界と近代交通機関により結ばれたことになる。「猿を乗せるのか」と批判されたともいわれる山田線であるが、運行を開始すると需要は旺盛《おうせい》で、昭和31年度の数字であるが、総収入が2億4000万円を超え、盛岡鉄道管理局管内では東北本線に次いで第2位の収入額であった。首都圏でも、横浜線と川越《かわごえ》線の収入額が3億円あまりなので、ほぼ互角の実績を上げていたことになる。とくに宮古〜釜石間は、1日9往復の運行で、平均乗車率（昭和28年度）が下り109％、上り122％に達した。

立憲政友会の鉄道敷設法改正

石丸重美《いしまるしげみ》鉄道次官は、原首相に対して、「毎年少しばかりの新線建設を計画して与党内の反発を受けるよりも完全な鉄道網を計画して法律化することが得策」と進言した。明治25年（1892）の鉄道敷設法の予定路線はほぼ完成し、それ以外の路線を建設しようとすると、個々に国会の審議が必要であった。そこで、鉄道敷設法を改正し、別表の予定路線のリストを拡充することにした。そして、大正10年（1921）1月17日、第28回鉄道会議に鉄道敷設法改正案を上程した。原案どおり可決されたため帝国議会に送られた。予定路線の選定が非常に政治的であり、貴族院では賛否両論の議員が入り乱れて混乱状態を呈したため審議未了のまま会期切れとなった。

大正10年11月4日、原首相が東京駅の丸《まる》の内《うち》南口で暗殺された。犯人は山手線の大塚《おおつか》駅の転《てん》轍手《てつしゅ》であった。原敬の鉄道政策に反発したとされたが、背後関係などわからずじまいであった。同年11月13日、政友会の高橋是清《たかはしこれきよ》が後継内閣を組織し、鉄道大臣は元田肇《もとだはじめ》が留任した。鉄道敷設法は、第45回帝国議会に提出され、大正11年2月7日に衆議院で可決されたのにともない貴族院に回付され、3月22日、一部修正を条件に可決した。法律に工事期限と建設費の規定がなかったことが議論の焦点となったが、膨大な予定路線を盛り込んでいたため、物理的に無理な話であった。かくして、大正11年4月11日、改正鉄道敷設法は公布となった。なお、北海道鉄道敷設法を統合して、予定線の対象を全国に広げた。ただし、樺太《からふと》、台湾《たいわん》、朝鮮は含まない。

この鉄道敷設法の審議に当たって、政友会のなかには「今日自動車が段々進歩発達して来る時に、斯《こ》ふ云《い》ふ短距離の鉄道を造ることは、鉄道建設の上に於て甚だ不得策であつて寧《むし》ろ危険の事だと考へます」として、短距離にはバス路線を開設すべきという意見もみられた。

大正11年7月27日には、新しい鉄道会議官制が公布された。これにより鉄道会議は、鉄道大臣の諮問機関となり、その構成は、鉄道大臣が議長となり、40人以内の議員、必要に応じて臨時議員が参加した。議員にも多くの政治家が参加したため、依然として党利党略に利用されることが多かった。

憲政会の鉄道政策

大正13年（1924）6月、憲政会の加藤高明《かとうたかあき》が首相に就任、鉄道大臣は仙石貢である。それまでの超然政治の清浦奎吾《きようらけいご》首相が、護憲三派による内閣不信任案提出を察知して総辞職したのを受けての就任である。1月の時点で護憲三派を構成する政友会から床次竹二郎ら149人が分かれて政友本党を結成して清浦側についていた。5月10日の総選挙の結果、政友本党が大幅に議席を伸ばしたものの、第一党は憲政会がとったことで、同党の加藤高明が政権を奪取したのであった。

憲政会の堀内良平《ほりうちりょうへい》は、昭和2年（1927）、「日本に於ける鉄道と自動車の将来」と題する講演をしたが、それによると大正2年に鉄道の旅客数が1億8800万人であったのが大正13年度には6億3500万人と3倍半の増加があった。貨物の輸送量についても、大正2年の3600万トンが、大正13年には7000万トンと倍に増加した。

それに対して、東海道本線は複線化していたが、その他は単線が多く、単線の場合の限界が片道30回であるところ、現状は片道回数が30回以上の区間が545マイル（約877㎞）、複線についても限界が片道70回であるところ、現状は片道60回以上が120マイル（約193㎞）となっていて、輸送が輻輳《ふくそう》してすでに限界に達していると説明した。この問題は、政友会の建主改従政策によるものと主張した。これが憲政会の内部でのコンセンサスを得た議論であった。

憲政会は、床次竹二郎らの政友本党と合流して昭和2年に立憲民政党となる。浜口雄幸《はまぐちおさち》が総裁、若槻礼次郎《わかつきれいじろう》、床次竹二郎が顧問に就任した。これにより、立憲政友会と立憲民政党の二大政党制が確立した。

立憲政友会は、利益誘導政策で地方の地主層の支持を獲得し、それに対して立憲民政党は都市の企業経営者の支持に特徴がある。しかし、時代は、昭和恐慌から大陸での戦線の拡大へと続き、政治家の関心も、不況対策と大陸政策に向かっていった。次第に、両党の違いは消えていった。

憲政会の仙石鉄道大臣がとった政策は、自動連結器の導入による貨物列車の編成両数の増加、機関車の大型化と7トン積みの小型貨車を廃止したことなどである。大正13年12月、前月に陸軍の大演習があったために一般の貨物の滞貨が著しく、その分も重なって、貨物が著しく増加したという。当時の貨物輸送を端的に示す事例として、先の堀内良平の講演では、「昨年でありましたが東海道の或《あ》る駅に於て、空貨車にプレミアムが付いたと云ふ話があります。それはどう云ふことかと云へば」10軒の運送店が貨車を1両ずつ要求したとして、実際に届くのは「僅《わず》か一両か二両しか割り当てが来ない、それを競争する為《ため》に、一両の空貨車にプレミアムが五十円とか、六十円とか、付いて売買されたと云ふ話さへあります」と窮状を説明する。そこでいかにすべきかというと「今の東海道線は貨物線にするのが宜《よろ》しい。而《しか》して短距離客は、此《この》貨物列車に客車を連結して運転をなし、此の外に東京、神戸間に広軌にして高速度の電気鉄道を敷設して、遠距離旅客は皆之で運ぶことにしたい。私の考へでは、政府は国有鉄道の建設を打切りとして、今後の建設は全部民間会社に許可して実施せしめたらよからう」と論じた。

2　鉄道行政の改革

鉄道省の設置

鉄道行政は、内閣直属の鉄道院が担当していたが、大正9年（1920）5月15日、鉄道省に格上げされた。鉄道省は、第1次桂太郎内閣で陸軍大臣を務め、初代朝鮮総督であった寺内正毅の内閣のときに最初の構想があり、大正7年に立憲政友会総裁の原敬が首相に就いてから具体化した。時の鉄道院総裁は床次竹二郎で、官制の立案、官制勅令、閣議決定、枢密院への諮問を経て、大正9年5月12日に枢密院本会議で承認された。

国有鉄道という現業部門を持つと同時に、私鉄や軌道の監督とあわせて、交通行政のすべてを担当するということで、業務量が肥大化していた。また、第1次世界大戦中から都市や地方あわせて鉄道・軌道の出願が相次ぎ、それに対応するために行政組織の改革と体制の強化が必要になった。

鉄道計画は、政党にとって票獲得の重要な手段となった。内閣が代わるごとに鉄道計画が変わるという状況で、監督業務の強化を図るために、加藤高明内閣は、大正13年8月、鉄道省にも政務次官と参事官を置くことになり、政策の作成実行は政務次官、参事官を通じて政府と議会との連携が図られることになった。

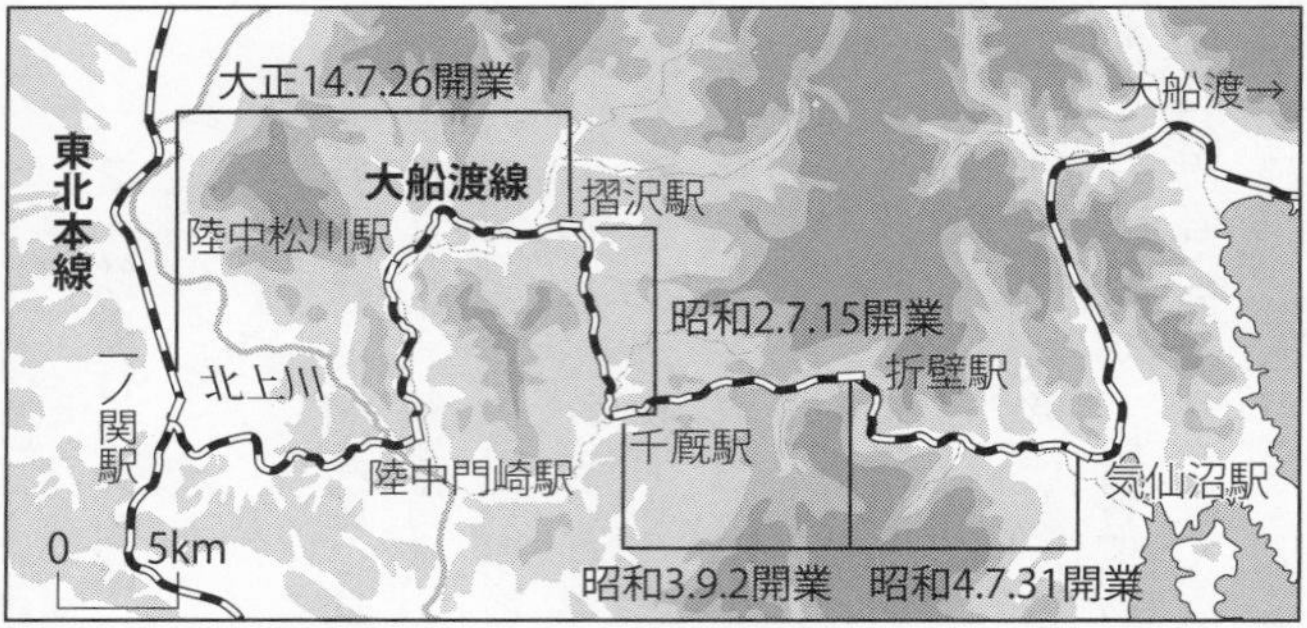

大船渡線の開業

政治により計画が変転した事例として大船渡《おおふなと》線が有名である。当初は一関《いちのせき》から東進して気仙沼《けせんぬま》まで直線的に結ぶ計画であったが、大正９年に当選した立憲政友会の佐藤《さとう》良平《りょうへい》は陸中門崎《りくちゅうかんざき》から北へ進路を変え、陸中松川《りくちゅうまつかわ》、摺沢《すりさわ》を経由してそのまま東進して大船渡に至る路線への変更を実現した。これではルートから外れる千厩《せんまや》地区は憲政会に働きかけて路線の再度の変更を働きかけ、最終的に現在の摺沢と千厩を通る路線に落ち着いた。陸中門崎～千厩間は四角形の三辺を通り、分水嶺《ぶんすいれい》を越えている。その線形から鍋蔓《なべづる》線と呼ばれることになる。

大正14年７月に一関～摺沢間が開業し、昭和４年（１９２９）に気仙沼に達した。

昭和31年度、大船渡線内で一番の乗降客数である気仙沼駅が１日２７１８人であるのに対して、鍋蔓線区間の摺沢が同じく１５３３人、陸中松川は１１１９人、一関～気仙沼間で最も乗降客が多い千厩が１８８７人であった。政治路線としてネガティブに捉えられているが、２つの水系沿いの集落を巡ることで利便性が向上して、旅客数も増加したものと思われる。政党間の競争が結果的に沿線の便益を向上することになったポジティブな事例として理解したい。

地方鉄道法の制定

大正8年（1919）4月10日に地方鉄道法が制定され、8月15日に施行された。それまでは私設鉄道法と軽便鉄道法の二本立てで、私設鉄道法は明治時代に制定された、幹線鉄道の監督にふさわしい重厚な制度で、申請には鉄道敷設法の予定線として国会の審議が必要であった。そのため私設鉄道法が適用された鉄道は減少し、大正7年に東武《とうぶ》鉄道、東上《とうじょう》鉄道（現東武鉄道東上線）、成田鉄道、南海鉄道、博多湾《はかたわん》鉄道が国に買収されたり軽便鉄道法に変更され、全滅した。それに対して、軽便鉄道法は、地方のローカル線を念頭に置いた制度で、8か条しかない簡単なものであった。手続きや要件が緩和されていた一方で、都市間路線や大都市の電鉄にはそぐわない内容になっていた。そのため地方鉄道法が制定されたのである。この法律は、その後昭和62年（1987）まで私鉄を監督する法規として生き続けた。

鉄道建設の動向

大正7年（1918）に成立した立憲政友会の原敬内閣では鉄道の建設費、改良費ともに大幅な増額を実施した。大正8年度の建設費は3538万円（前年度1692万円）、改良費は1

億423万円（前年度5482万円）であった。その後も建設費が6000万円程度、改良費は1億2000万円程度で推移した。大正14年度には建設費が4477万円に削減された一方で、改良費は1億5020万円に増額された。これは護憲三派による加藤高明内閣で憲政会が鉄道政策の主導権を握った結果というが、むしろ関東大震災による復興と都市の外延化による東京近郊路線の輸送力増強が反映しているものと思われる。昭和元年度（1926年度）には憲政会の若槻内閣のもとで、建設費4795万円、改良費8362万円と、緊縮財政政策の影響で、建設費ばかりでなく改良費も大幅に減額された。政友会の田中義一《たなかぎいち》が首相になると一時的に建設費が増額されたが、その後は戦時体制への突入により、鉄道予算は削られていった。とくに昭和5年度の改良費は、前年度の6094万円から2978万円と半減以下であった。

なお大正9年度の国の一般会計決算は13億6000万円である。ただし鉄道の建設費は特別会計なので含まれない。

全国の国鉄の鉄道網は、大正8年ころには幹線がほぼ完成して、その後の新線建設はローカル線に移っていった。軽便鉄道法の時代には、国鉄の新線についても軽便鉄道法に準じた「軽便線」の規格を設けて国会での審議を省略していたが、大正8年に軽便鉄道法が廃止されたのにともない軽便線の規格がなくなった。さらに昭和に入ると国有鉄道建設規定を改正して、線路の規格を甲乙丙の3種に分け、さらに昭和7年に建設規定第1条の例外に「特ニ簡易ナル構造ノ鉄道」を加えた。しかしこれを特例としたことから「簡易でチープなもの」との誤解がみられたため、甲乙丙の線路規格のなかで整理することとして、丙線のなかに簡易線の規格を含めることになる。

3　民政党の鉄道経営者

根津嘉一郎

立憲民政党の代議士のなかから代表的な鉄道経営者を挙げるとすると、根津嘉一郎と堤康次郎《つつみやすじろう》であろう。どちらも政治家になることを夢見て東京に出てきて、まず実業の世界で実績を上げ、その後に政治家として大成する人物である。

根津嘉一郎（国立国会図書館蔵）

初代根津嘉一郎（死去後、長男が二代目を襲名）は、山梨県正徳寺村《しょうとくじ》（現山梨市）の出身で、明治10年（1877）に山梨郡役所に書記として就職してからは、自由民権運動にかかわることになる。明治22年に村会議員に選ばれ、さらに明治24年には県会議員と県参事会員となった。

県会ではとくに治水事業と交通路の整備に尽力した。治水については、明治13年に治水工事費が地方負担となったため、地方税が高額となり治水工事も停滞することになった。そこで根津も加わって大河川の治水工事を国直轄工事にするべく陳情した。道路については、県会で、駿州東往還《すんしゅうひがしおうかん》道路改修の予算を通過させたほか、明治24年には、渡辺信、小田切謙明《おだぎりけんめい》、佐竹作太郎とともに鉄道期成同盟会を結成して、中央線の敷設運動を展開した。

その後村長に就任したが、地元の発展には東京に出るしかないと思い立った。

東京ではまず株式の取引で財産を成して、明治31年、岡田治衛武とともに徴兵保険（成人になった男子が徴兵されたときに保険金が支払われる保険。日清・日露戦争を契機に普及した）を創立して取締役に就任、のちに富国《ふこく》徴兵保険を設立して社長に就任した。

次に、甲州の先輩若尾逸平に「株式は『あかり』と『のりもの』に限る」と入れ知恵され、手を出したのが東京電灯である。若尾逸平、若尾民造《たみぞう》、佐竹作太郎、小野金六、田中総一郎といった甲州系の錚々《そうそう》たる面々とともに根津も840株を購入した。この縁で、東京市街鉄道の経営にも携わることになる。

鉄道にかかわることになるのは、明治32年、房総鉄道の取締役となったのが最初で、そのほか富士身延《ふじみのぶ》鉄道（現JR身延線）、京津《けいしん》電気軌道（現京阪《けいはん》電気鉄道）、東京地下鉄道（現東京地下鉄）、西武《せいぶ》鉄道、高野《こうや》登山鉄道、南海鉄道など多くの鉄道会社の役員を務めた。

そのなかで、明治38年に請われて社長に就任した東武鉄道が、根津の生涯のメインの仕事となった。

東武鉄道は、明治32年の創業当初は良かったものの次第に経営が厳しくなっていた。根津が社長を引き受けてからは、順調に業績を伸ばし、その勢いで路線網を拡張していった。

政治活動については、明治37年、衆議院総選挙で当選して佐竹作太郎、広瀬久政《ひろせひさまさ》、望月小太《もちづきこた》郎《ろう》、天野薫平と甲辰倶楽部《こうしんくらぶ》を組織して代表に就任。翌年林有造《はやしゆうぞう》の自由党、佐々友房《さっさともふさ》の帝国党《ていこくとう》と合同して大同倶楽部《だいどうくらぶ》となる。その後中央倶楽部《ちゅうおうくらぶ》を経て、大正2年（1913）12月に立憲国民党と合流して立憲同志会となった。のちには立憲民政党となる。根津は、大正7年で衆議院議員を辞めたが、大正15年からは若槻礼次郎首相の委嘱により貴族院議員を務めることになる。

大正初めの東京日本橋（絵葉書）

東武鉄道は、政友会の重鎮中島知久平《なかじまちくへい》とも接点があった。
中島知久平は、海軍の航空技術者で、機関大尉、横須賀《よこすか》海軍工廠造兵部飛行機造修工場長を歴任し、順調に昇任していたが、日本のように貧しい国は航空機を重視すべきであるとして、航空機の研究にのめり込む。挙げ句は、大正5年、群馬県太田町《おおたまち》近くの尾島町《おじままち》（現太田市）の農家の養蚕小屋を借りて、所員一人だけの研究所を興した。同年12月には現役を引退して予備役に編入され、翌年12月10日に研究所を太田町の洋館に移転した。この建物は、日本橋蠣殻町《かきがらちょう》にあった米穀取引所の石造りの建物を移築したもので、その移築をしたのが東武鉄道であった。この時点では、太田町の所有になっていた。のちに中島飛行機が設立されて、軍用機の開発・生産を行い、さらに新興財閥の1つに数えられるまでになる。そして、東武沿線に中島飛行機の工場が増えていった。中島飛行機は、戦後富士重工業として再生したが、現在も東武沿線に工場が点在しており、通勤には東武の鉄道やバスが使われている。

大正3年には、東上鉄道が池袋《いけぶくろ》〜田面沢《たのもざわ》間を開業した。もともと川越《かわごえ》を中心とした沿線で発起された、東京と上州《じょうしゅう》の渋川《しぶかわ》を結ぶ鉄道であるが、資金調達に難航したために路線網が隣接する東武鉄道の根津嘉一郎に出資を要請して、東武鉄道の兄弟会社として建設されることになった。大正5年には坂戸町《さかどまち》（現坂戸《さかど》）まで延伸した。単線の非電化路線であったが、大正9年に東武鉄道と合併、昭和4年（1929）に池袋〜川越市間を電化した。

堤康次郎

堤康次郎は、滋賀県愛知《えち》郡八木荘《やぎしょう》村（現愛荘町《あいしょうちょう》）の農家の生まれで、5歳のときに父親が伝染病で死亡して、母親は実家に戻され、姉と2人祖父母に育てられることになる。幼子の境遇は、父親が死亡したことで母親が実家に帰された小林一三と同じなのであるが、小林は繭を扱う資産家の家であるのに対して、堤の家は普通の農家であった。

学業優秀で名門の彦根《ひこね》中学に推薦で入学したものの、祖父母を助けるために退学。しかし政治家の志を持ち海軍予備学校で勉学に励んだ。卒業すると郡役所に就職して、耕地整理の仕事に実力を発揮した。

祖父清左衛門が死去した機会に上京し、早稲田大学に入学した。当時は、ほぼ無試験で入学できた。

21歳のときに、後藤毛織の株を買って株主総会に出席すると経営陣が株主にやり込められている。堤は、論陣を張って、その株主を撃退してしまった。これを恩と思った会社からお礼に株式を差し出され、その後この株式が高騰して6000円の利益を出した。これで日本橋蠣殻町の特定郵便局を買い、学生でありながら郵便局長となった。

早稲田大学では大隈重信から直接教えを受け、大隈の主宰する雑誌『新日本』の編集を任された。直接の師は教授の永井柳太郎《ながいりゅうたろう》で、のちに政治家に転身する人物である。また早稲田では、桂太郎、後藤新平とも知己を得た。その後藤新平から藤田謙一《ふじたけんいち》を紹介され、千代田《ちよだ》ゴムの役員に就任した。のちに西武グループの一社となる会社である。

そこに永井柳太郎から軽井沢《かるいざわ》で5万坪の土地が売りに出されているとの情報を得て、現地に赴くと、5万坪では不足と、70万坪の町有地を取得して、別荘地に造成して販売した。

続いて、「箱根《はこね》土地」を設立して、当時まだ未開発の箱根に目を付け、強羅《ごうら》10万坪、仙石原《せんごくばら》70万坪、湖尻《こじり》・元箱根《もとはこね》100万坪を取得して別荘地を開発した。中心に14m幅の広い道路を通したが、のちに自前の自動車道を整備して、箱根一帯の交通網の整備に尽力した。箱根土地開発は、その後西武鉄道の親会社となる「国土計画」「コクド」につながる。

次は、都内の大泉学園《おおいずみがくえん》、小平《こだいら》、国立《くにたち》に学園都市を建設した。国立には、国鉄に申請して駅を造り、一橋大学を誘致した。

大正2年（1913）、永井柳太郎とともに立憲同志会の設立に参加したが、立憲同志会は、根津嘉一郎が参加する中央倶楽部と犬養毅《いぬかいたけし》の立憲国民党が合流したもので、大正5年に憲政会に改称している。さらに昭和2年（1927）に設立された立憲民政党へ流れ込む本流であった。

堤は、永井らの選挙運動に参加していたが、大正13年に衆議院議員選挙で当選して代議士となった。幼いころの大望を実現したのである。

鉄道とのかかわりは代議士になってからのことであった。

大正4年に武蔵野《むさしの》鉄道（現西武鉄道池袋線）が池袋まで開業した。飯能《はんのう》などの沿線で発起された鉄道で、当初巣鴨《すがも》を起点として計画していたが、東京府の指導により池袋に変更した。期せずして池袋は蒸気機関車が牽引《けんいん》するローカル然とした私鉄2路線が起点とすることになった。大正11年には池袋〜所沢《ところざわ》間が電化され、近郊私鉄の体裁を整えることになる。しかし沿線は都市化しておらず、利用者が伸びずに経営が困難ななかで路線の延伸、電化、複線化の大規模な投資を行ったため負債が膨らんでいった。昭和4年には浅野《あさの》セメントが筆頭株主となるが経営に熱心ではなく、昭和9年には事実上経営破綻した。再建案に対して根津嘉一郎が率いる富国徴兵保険が異論を差しはさむこともたびたびで、強制競売の申し立ても出された。富国徴兵保険は旧西武鉄道株主であり、根津嘉一郎も東上鉄道の社長であったので、武蔵野鉄道を手に入れると隣接する3路線を独占することができるという思惑であった。

一方で、武蔵野鉄道に大きな利害関係を持っていたのが堤康次郎の率いる箱根土地であった。同社はデベロッパとして大泉学園都市を開発し、大正13年に東大泉《ひがしおおいずみ》駅を武蔵野鉄道に寄付するとともに同社の株式を取得した。昭和5年には金融恐慌による株価の低下の際に失権株を中心に株式を買い集めて筆頭株主となり、社長に、同社の山名義高を据えた。

最終的に強制競売は避けられ、昭和15年に社債の株式への振替が実施された。箱根土地は根津と浅野から株式を購入して、箱根土地の中島陟《なかじまのぼる》が筆頭株主、箱根土地が第2位となり、名実ともに箱根土地の傘下に入った。

この武蔵野鉄道は、所沢で川越鉄道と交差していた。川越鉄道は、明治27年（1894）に甲武鉄道の子会社として国分寺から久米川《くめがわ》までを開業し、のちに川越まで延伸した。大正9年に武蔵水電に吸収合併となり、大正11年に同社が帝国電灯に吸収合併となった際に鉄軌道の経営を分離して武蔵鉄道とした。また、武蔵水電は、明治39年に川越久保町《かわごえくぼまち》～大宮《おおみや》間の軌道を開業した川越電気鉄道が前身で、大正10年には淀橋《よどばし》～荻窪《おぎくぼ》間の軌道線を開業した。武蔵鉄道は大正11年に社名を西武鉄道に変更したが、これは現在の西武鉄道の前身で、終戦時にこの西武鉄道、武蔵野鉄道が合併して現在の西武鉄道が生まれた（合併時は西武農業鉄道）。

4　昭和不況から戦争

鉄道会議の改正

鉄道会議は、昭和5年（1930）7月3日、鉄道会議官制を全面改正した。議員は、貴衆議院議員各6人以内、鉄道事業に15年以上の経験を有する者6人以内、学識経験者6人以内で構成するが、この改正で鉄道政務次官、鉄道次官、内務次官、大蔵次官、陸軍次官、会計検査院部長が追加され、政治による鉄道計画への干渉の余地が増大した。これにより政治家による選挙地盤への利益誘導の道が広がったことになる。一見政友会の政策のようにみえるが、総理大臣は民政党の浜口雄幸、鉄道大臣は江木翼《えぎたすく》のときであった。満州事変の勃発により、大陸においていったん火急ある時は、速やかに軍隊を移動できることが、政治の最重要課題となっていた。

また、昭和7年1月、鉄道会議の職務に「国に於いて経営する重要な自動車路線の選定に関すること」が追加された。昭和の初期には、自動車の技術が発達して、バスの車体も大型化していた。鉄道敷設法の予定線のうち、開業しても十分な需要が見込めない場合に、線路を敷かずにバスで営業することを決定し、昭和5年12月に岡多《おかた》線岡崎《おかざき》〜多治見《たじみ》間、瀬戸記念橋《せときねんばし》〜高蔵寺《こうぞうじ》間で省営バスの運行を開始した。将来の鉄道整備に先行して、とりあえずバスで運行するという判断であったが、これを追認した形である。

岡多線の開業は浜口内閣のとき、省営バスの路線の選定が鉄道会議の任務になったのは政友会の犬養毅内閣、鉄道大臣が床次竹二郎のときである。床次竹二郎は民政党の結党に参加したが、昭和4年7月に古巣の政友会に戻っていた。

鉄道省が鉄道予定線にバスを運行するのは、昭和恐慌下で緊縮財政をとった浜口内閣の方向性と矛盾するものではない。このころには、民政党と政友会との政策の違いが不明瞭《ふめいりょう》になっていた。

省営バス岡多線開業式（伊藤卓『国鉄自動車四十年の歩み』）

昭和8年には、鉄道省に路線バスの監督権があることが確認された。もともと馬車からバスまでは、道路の安全面を確保するために、内務省警保局が監督していた。ただ事業規制については逓信省が権限を持っていたとされるが、実際には自由放任であった。そこで、果たしてバス事業の監督は逓信省か内務省かという議論があった。最終的に、鉄道省が設立された段階で逓信省から鉄道省に監督権は移っているとの解釈で決着した。
政友会では、地方交通について、昭和8年12月1日、幹部会で三土忠造《みつちちゅうぞう》鉄道大臣より報告があった。「経済の不況、自動車業の発展、その他の影響を受け、鉄道の収入著しく減少を来したる結果、鉄道経営は困難を告《つ》ぐに至りたるため、自然来年度においては予定計画通り建設工事の実行も困難に陥りたるも、なるべくこれが実行促進を期すべく建設費四千八百万円を計上した次第である。又自動車業の進展に伴ひ鉄道計画を自動車線に変更するの計画を立てつつある」という。

また、鉄道敷設法の改正により、鉄道予定線に並行する私鉄の買収の規定を設けたが、予算の制約で、買収しても鉄道建設がままならないことから、「私設鉄道買収線も建設線の関係上必要やむを得ざるもののみに限つて四、五線の買収にとどむる考へである」と、昭和不況下での緊縮財政により、なかなか難航していることを説明した。

これに対して、会場からは「三土鉄相が政友会の伝統的精神に反し、あまりに消極的の鉄道計画をたてつつあるとして不満の意を表し」た。これに対して、執行部から、「全国各地の要求を一々ここに述べたのでは限りがあるまいが、三土鉄相は政友会の伝統的の方針を承知して居るのであるから、財政の緩急に応じ取捨選択は自由であるが、我が党の方針に即して鉄道計画をたてる様にしてもらひたい」と、理解を求める言葉があった。

關一大阪市市長の都市計画

關一《せきはじめ》は伊豆《いず》の生まれで、両親ともに元幕臣の出で維新後伊豆に移り住んでいた。明治9年(1876)に東京に転居している。關一18歳のとき、父親と死別し、それ以降、共立《きょうりつ》女子職業学校の教員であった母親一人の手で東京高等商業学校（現一橋大学）まで進学した。在学中に、矢野二郎校長の排斥運動に参加して退学となったが、その後復学して無事卒業した。卒業後は、大蔵省に入省して監査局銀行課に配属され、キャリア官僚の道を進むかにみえたが、1年で退職して、神戸商業学校の教諭に転職した。その後は、新潟市立商業学校校長を経て、明治30年に母校の高等商業学校に教授として戻った。高等商業では、社会政策論と都市計画論を講じた。明治30年には高等商業の教員たちと明治大学商学部の設立に関係し、明治大学の講師を兼任して鉄道・経済政策論を担当した。

　そのようなときに、東京帝国大学による東京高等商業合併の計画が発覚し、これに抵抗の意思を示すために退官を申し出て、そのまま大阪に向かった。

關一（国立国会図書館蔵）

　大正3年（1914）、大阪市の池上四郎《いけがみしろう》市長に懇請されて大阪市助役の任に就いた。学問の世界から実業の世界に移ったことになるが、關の場合は、確たる社会改革思想を持っており、学理を極めるよりも、思想を現実のものにすることが性に合っていた。

　当時の大阪は、大阪湾岸の埋め立て地に大工場が立ち並び、東洋のマンチェスターとたとえられた。しかしその工場煙突から排出される煤煙《ばいえん》で昼間から霧がか

昭和初めの御堂筋（絵葉書）

開業当時の大阪市営地下鉄（絵葉書）

かったようにどんよりと空気が淀《よど》んでいた。

　また、大阪は縦横に川が張り巡らされ、物流に利用されていた。その反面道路は車馬の通行には適さず、幅が狭いのに加えて、舗装されない土の道であった。

　大阪の市域は府中心部のごく狭い地域であったが、大阪の工業化が進むにしたがって、市域の外側の人口が増加し、中心部よりむしろ住宅が密集していた。そこで、市内と外側を一体的に整備するために、明治30年に第1次市域拡大が行われた。その後も都市スプロールが進行していったため、大正14年には第2次市域拡大が実施された。

　このような大阪を近代的な都市に変えることに、關は使命感を感じた。そして、大阪市助役をしていた大正8年、御堂筋《みどうすじ》の拡幅について調査を開始、大正12年に大阪市長に任じられたが、その翌年には更生第一次都市計画事業として事業化が決定した。御堂筋の道幅を6mから43・

6mに広げるというもので、市会からは「市長は船場《せんば》の真ん中に飛行場でもつくる気か」と揶揄《やゆ》された。この拡幅のためワンブロック分の家屋を撤去することになったが、当時は車の走行も少なく、広い道路は無駄としか思われなかった。そのため、批判的な市民も多かった。

また、御堂筋の建設は大阪市が権限を持って実施されたが、市の予算だけでは用地買収や建設費を満たすことはできなかった。そこで、沿道の商家に対して、道路ができることで利益が増える分として、税として吸い上げ、工事費に充てられた。その後都市計画税が制度化されるが、大阪のこの例は、日本ではじめて都市計画に受益者負担の考え方を取り入れた事業であった。

そして、昭和8年（1933）、昭和天皇の行幸に間に合わせて、完成された。

この御堂筋には、計画の当初から地下鉄の建設計画が織り込まれていた。現在の地下鉄御堂筋線で、第1期区間として梅田《うめだ》～難波《なんば》間について、大正15年3月に内閣の都市計画決定の認可、4月に軌道法による特許を得て、昭和5年1月、工事に着手した。そして昭和8年5月、梅田仮駅と心斎橋《しんさいばし》駅の間で営業を開始した。

ところで、大阪市は、市内交通市営主義をとり、民営の鉄道軌道の市内乗り入れを認めなかった。

大阪市の市内交通市営主義は、關一市長の著書によれば、明治36年、大阪築港と旧市街を結ぶ交通機関としてたまたま市が電気軌道を建設した際に、大阪市会は「大阪市に於て将来敷設すべき市街軌道は総《すべ》て大阪市直接之を経営するものとす」と決議したのに由来するという。大阪市の市営主義のことを「モンロー主義」と表現することがあるが、これは關一の別の著書によればアメリカのマンローという経営学者の私営に対する公営の利点を唱えた考えに基づくもので、「マンロー主義」が間違えて伝えられているようである。

市域が拡大されるに応じて、市電の路線網を新市域に拡張したが、ここで既成の私鉄・軌道の路線と競合することになった。そのようなときに、南海急行電鉄が新市域への乗り入れ計画を立てて大阪市に申請した。柴谷利一らが発起した、大阪市西成《にしなり》区南開町《みなみびらきちょう》から大阪府泉南《せんなん》郡佐野町《さのちょう》までの軌道計画である。

昭和2年に市会に諮られたが、政友会の市会議員に乗り入れへの賛成を働きかけたものの、議事が混乱したまま散会となり、採択はならなかった。

西成区南開町は、環状線の今宮《いまみや》と御堂筋線の大国町《だいこくちょう》の付近であるので、市域拡大前ならば市域の外延部なので市営主義が当てはまらなかったが、市域拡大後は認められなかった。

東京の都市交通の大統合

昭和13年（1938）4月1日、陸上交通事業調整法が公布され、その実施について審議するために、国の機関として交通事業調整委員会が設置された。

同年9月15日に、第1回委員会総会が開催され、まず東京市について調整に着手し、続いて大阪、富山、香川、福岡に拡大することを決定した。そこで、11月16日の第2回総会で、東京駅から1時間程度で行ける30〜40㎞の範囲を調整区域とし、そのなかで営業するすべての事業者を統合する大統合の方針を採用することに決する。

しかし、翌年、審議の場が細目について検討する小委員会に移ると、一転、鉄道省と東京市の対立の構図が鮮明となった。鉄道省は、官公私合同案を主張、それに対して東京市は市有市営案を主張した。

官公私合同案とは、東京駅から30〜40㎞圏の省線、鉄道、軌道、バスの各事業を現物出資により統合して、帝都交通株式会社を創設するというものであった。ただし、省線については、幹線輸送と分離することが難しいので、経営権のみの統合とした。

それに対して、市有市営案とは、市が調整区域内の民鉄、軌道、バスを買収したうえで、国と東京市が共同経営をするというもので、基本的な市の立場は、市内交通は市が一元的に経営すべきであるという考え方に立っていた。

この2者の対立に対して、調整委員会においては、国の官公私合同案が圧倒的に優勢で推移した。そこで、市は、市会に市有市営実行特別委員会を設置して、関係大臣や交通調整小委員会、特別委員会に対して積極的に陳情活動を実施した。

その結果、昭和15年12月2日の第16回小委員会の場で委員長は、大合同を理想論とするものの、それに至る第1段階としての実行案を検討する考えを示し、官公私合同案と市有市営案の

関東私鉄の統合

統合前	陸上交通事業調整法による統合	現在
東京横浜電鉄	東京急行電鉄（大東急）	東急電鉄
小田原急行鉄道		小田急電鉄*
京浜電気鉄道		京浜急行電鉄
京王電気軌道		京王電鉄*
相模鉄道		相模鉄道
西武鉄道	西武農業鉄道	西武鉄道
武蔵野鉄道		
食糧増産		
東武鉄道	東武鉄道	東武鉄道
総武鉄道		
京成電気軌道	京成電気軌道	京成電鉄
東京地下鉄道	帝都高速度交通営団	東京地下鉄（東京メトロ）
東京高速鉄道		

*井の頭線は統合前は小田急、統合解消後は京王

両方をいったん白紙に戻すことを表明した。そして、12月10日の第17回小委員会で地域別交通調整案を提案した。これは、山手《やまのて》線内の路面交通を東京市が統合し、周辺部については、常磐線以南を京成、東北線と常磐線の間を東武、中央線と東北線の間を西武、中央線以南を東急により地域統合するというものであった。そして、旧市内を中心とする地下高速鉄道事業については、特殊の機関を設立することになった。

東京市は、旧市内の路面電車とバスのすべてを市営化することになるこの案を受け入れることにして、最終的に昭和15年12月24日、調整委員会の第3回総会で可決した。

五島慶太は、「陸調法の前にオレが統合して見せる」と豪語して、実際に小田原急行鉄道、京浜電気鉄道を統合した。京王電気軌道だけは、株式の取得が難航して、陸上交通事業調整法を根拠に強制的に統合した。そのほかは、京成がバスの統合をしただけ、東武も総武鉄道（現東武鉄道野田線）を統合したが、総武鉄道の船橋〜柏間は京成への統合地域である。西武は、統合対象の旧西武鉄道と武蔵野鉄道の2社ともに堤康次郎の経営となっており、食糧増産とあ

わせて3社の統合を申請していたものの認められず、統合は終戦後となった。
地下鉄については、帝都高速度交通営団に統合されたが、これはもともと東京地下鉄道と東京高速鉄道の2社の間で統合の協定が出来上がっていた。これを新たに設置された帝都高速度交通営団に引き継いだもの。

関西私鉄の統合

<table>
<tr><th colspan="2">統合前</th><th>統合</th><th>現在</th></tr>
<tr><td colspan="2">阪神急行電鉄</td><td rowspan="2">京阪神急行電鉄</td><td>阪急電鉄*</td></tr>
<tr><td colspan="2">京阪電気鉄道</td><td>京阪電気鉄道*</td></tr>
<tr><td colspan="2">阪神電気鉄道</td><td>阪神電気鉄道</td><td>阪神電気鉄道</td></tr>
<tr><td>大阪電気軌道</td><td rowspan="2">関西急行鉄道</td><td rowspan="3">近畿日本鉄道</td><td rowspan="2">近畿日本鉄道</td></tr>
<tr><td>参宮急行電鉄</td></tr>
<tr><td>南海鉄道</td><td rowspan="2">南海鉄道</td><td>南海電気鉄道</td></tr>
<tr><td>阪和電気鉄道</td><td>（国による買収）</td><td>JR阪和線</td></tr>
</table>

*現在の阪急京都本線等は、統合前は京阪電気鉄道

ただ、市内の路面電車とバスについては、陸上交通事業調整法に従って東京市が買収した。

大阪での鉄道の自主統合

大阪も、陸上交通事業調整法による統合対象地域であったが、鉄道の統合はすべて自主統合であった。電力統合の際に商工大臣だった小林一三は、国家による強制統合の方針に反対し、民間による自主統合を主張していた。鉄道の自主統合は、この小林の意向を反映したのかもしれない。

阪神急行電鉄と京阪電気鉄道が統合して京阪神《けいはんしん》急行電鉄に、南海鉄道と関西急行鉄道が合併して近畿日本鉄道となった。なお、その前段として、南海鉄道は並行路線の阪和《はんわ》電気鉄道と合併したが、これは鉄道省の仲介によって合併したものであり、関西急行

鉄道も大阪電気軌道と参宮《さんぐう》急行電鉄が合併して生まれたが、もともと参宮急行電鉄は大阪電気軌道の子会社であった。

第6章　終戦から高度経済成長へ

1　日本国有鉄道の誕生

ポツダム宣言の受諾

昭和20年（1945）8月15日に、日本はポツダム宣言を受諾して無条件降伏した。

戦時中の翼賛政治は昭和20年9月に解消され、11月に新たに日本自由党、日本進歩党、日本社会党が結成された。

日本自由党は、かつての立憲政友会久原派を中心とし、一部の立憲民政党員を加えた勢力で、鳩山一郎《はとやまいちろう》が率いた。一方、日本進歩党は終戦時の大日本政治会を事実上引き継いだが、さらにさかのぼると旧立憲民政党の議員と一部の旧政友会中島派で構成していた。

昭和21年4月に戦後初の総選挙が実施されたが、旧帝国憲法下での最後の選挙でもあった。

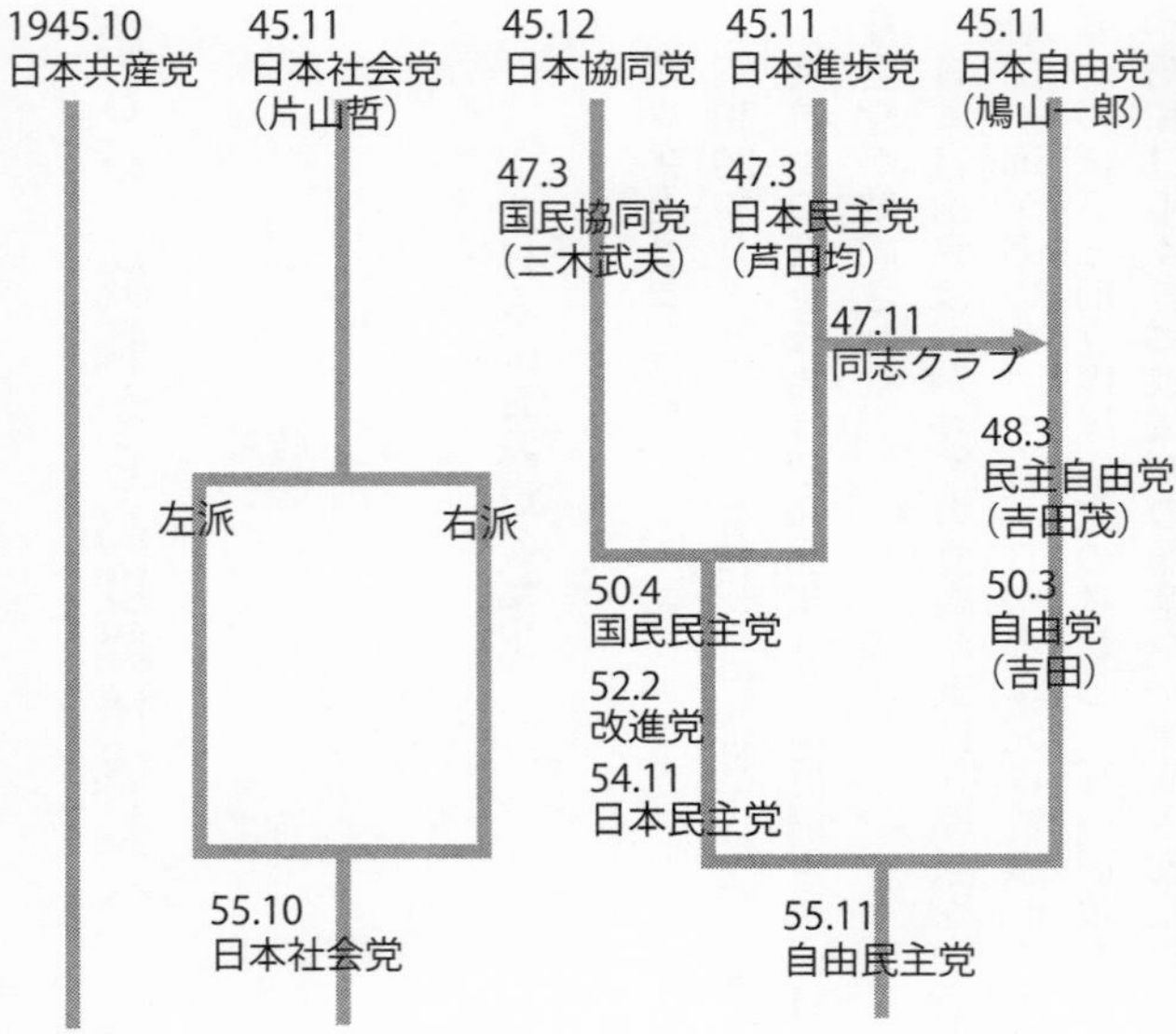

政党の変遷（1945〜55年）

総選挙の結果、日本自由党が第1党となったが、総裁の鳩山が五月に公職追放となってしまったために、貴族院議員の吉《よし》田《だ》茂《しげる》を総裁に迎え、自由党、進歩党の連立内閣が成立した。

占領政策下では、ポツダム宣言に基づく民主化方針により、農地改革が実施されて旧政友会の支持層の中核を占めていた地方の地主層が没落した。また財閥解体と経済力集中排除法により、戦前の政界を牛耳っていた大企業コンツェルンが解体され、保守政党の支持層が大きく変化した。

新たに婦人参政権が認められたために、有権者が大幅に増加した。その結果は、日本社会党の躍進であった。戦前非合法であった共産党もはじめて議席を獲得した。

一方で、労働運動も活発化した。昭和21年に日本労働組合総同盟（総同盟）が結成され、日本社会党の支持母体となった。また国鉄、鉄鋼、電気、教員などによる左派労働組合により全日本産業別労働組合会議（産別会議）が組織され、総組合員160万人に及ぶ労働組合のナショナルセンターとなった。

日本社会党は、昭和22年4月の総選挙で第一党に躍進し、片山哲《かたやまてつ》が民主党、国民協同党と連立内閣を組織した。しかし社会主義理念に基づいて、公社や公団を乱立させ、炭鉱国有化の臨時石炭鉱業管理法を成立させたため、与党内の離脱が相次ぎ、9か月の短命で終わった。その後も連立を維持しつつ民主党の芦田均《あしだひとし》が首相に就任した。

昭和23年3月、連立内閣に反対して離反した民主党議員が日本自由党と合流して民主自由党を結成。その後保守政党は、離合集散を繰り返すことになる。しかしそのなかでも吉田茂の政治手腕は発揮され、昭和23年から29年までの長期政権となった。

昭和24年1月の衆議院議員選挙では、多くの官僚が当選したことが顕著な特徴であった。当選したのは、大蔵次官の池田勇人《いけだはやと》、運輸次官の佐藤栄作《さとうえいさく》、外務次官の岡崎勝男《おかざきかつお》、労働次官の吉《よし》武恵市《たけえいち》、戦災復興院次長の大橋武夫《おおはしたけお》、農林次官の笹山茂太郎《ささやましげたろう》、大蔵省造幣局長の前尾繁三郎《まえおしげさぶろう》、運輸省鉄道総局電気局長の西村英一《にしむらえいいち》、商工省燃料局長官の小金義照《こがねよしてる》、農林省畜産局長の遠藤三《えんどうさぶ》郎《ろう》、農林省物価局長官の周東英雄《すとうひでお》、元高知県知事で、総理秘書官の西村直己《にしむらなおみ》らである。

社会党も、左右両派による対立から、昭和26年に分裂したが、昭和30年10月に再統一を果たした。

保守政党は、社会党の躍進に危機感を抱き、社会党統一の直後、昭和30年11月に鳩山一郎ら日本民主党と吉田茂ら自由党は合流して自由民主党を設立した。

日本国有鉄道の設立

戦後、全国各地の国鉄の現場に、職能別の労働組合が相次いで結成された。昭和21年（1946）2月に連合組織として国鉄総連合が組織されたが、8月には7万5000人の首切り反対ストを打った。

国鉄の労働組合が尖鋭化するなかで、経営形態の改革を模索するようになる。国の現業機関である限り、労働基本権は制限される。組合が要求する労働基本権を認めるためには、経営形態自体を変更する必要があった。しかも、当初は民営転換論という革新的な案が登場し、その後独立採算制への移行という穏健な案に変化していった。

それに加えて、当時、国家行政組織法の法案の作成が進められ、そのなかで運輸省設置法案が検討されていた。従来国鉄は、運輸省の現業機関として運営されてきたため、当然国鉄の経営体についても検討が必要になっていた。

そのようなときに、昭和22年2月1日、吉田内閣打倒を掲げて全官公労が中心になってゼネストを計画した。その中核になったのは国鉄の国鉄労働組合と郵便の全逓信従業員組合である。これが実施されると国民生活は大混乱に陥ることが予想された。そこでスト決行の前日に、マッカーサーは、ゼネストの中止を命令し、国鉄の共闘委員会議長伊井弥四郎《いいやしろう》はラジオを通じてゼネスト中止を指令せざるを得なかった。

昭和23年7月22日、マッカーサー元帥から芦田首相宛の書簡があり、鉄道、塩、樟脳《しょうのう》、煙草《たばこ》の専売など政府の事業を普通公職から除外するという内容であった。これを受けて、8月、新しい経営形態への移行計画が検討されることになった。そのなかには、経営形態を労働関係との関係のみにおいて決定すべきでないとの見解もあったが、大きな要素であったのは間違いない。国鉄の経営形態については、3つのケースが想定された。

A案　内閣が事業官庁として「鉄道総庁」を設置
B案　運輸大臣の監督下に特殊法人として「国有鉄道庁」を設置
C案　特別の管理機関を持つ「国有鉄道公社」を設置

このうちC案は、日本になかった公共企業体という考え方で、公共主体としての性格は維持しつつ、民間企業同様の自立的な意思決定権を持つ経営委員会が運営するというもので、日本政府は判断できないものであったので保留、A、B案のいずれかをとることに意見がまとまる。

しかし、そのとき、連合軍当局CTS（民間運輸局）から「国有鉄道の公共性と企業性との高能率発揮のためには先に保留されたC案の思想を骨子とする進め方が最も適当である」との意見が出された。強権力を持つＧＨＱからの指示であるため、受け入れざるを得ず、日本政府は、昭和23年9月11日、Ｃ案にＢ案の趣旨を盛り込んだ国有鉄道公庁案を作成し、最終的に「日本国有鉄道」設置に関する方針が確定した。

もともとポツダム宣言の民主化要求のもとで、国鉄労組に争議権を認める方法として経営形態の変更を検討したのであるが、アメリカの占領方針が反共に変化していくなかで、国鉄の労働組合に対する方針が変わっていった。

昭和23年、マッカーサーからの書簡を受けて、芦田均内閣は、公務員から団結権のみを残して団体交渉権と争議権を剝奪《はくだつ》するという、政令２０１号を発した。

予定より2か月遅れて、昭和24年6月1日に公共企業体として日本国有鉄道が発足した。全額国が出資するが、現金ではなく、全額現物出資である。

戦後、日本は、急激なインフレに襲われ、重要物資の価格は国により統制されたが、ヤミ市が横行して、管理しきれなかった。日本政府は、国民の生活への影響を抑えるために徐々に物価を安定させる方針をとったが、一向に効果が出なかった。そこで、ＧＨＱは、日本政府に対して経済安定九原則を指令して一気安定策の実施を要求した。そしてアメリカからデトロイト銀行頭取のジョゼフ・ドッジを日本に派遣し、昭和24年2月にドッジ・ラインを示した。そのなかに、特別会計を含めて厳格に均衡予算を実施することが示されていた。

国鉄は、戦後外地からの引き揚げや大陸で鉄道会社に勤務していた鉄道職員の受け皿として、職員数が60万人を超えた。それによって不採算化して国の負担が増加しかねないため、要員の大幅削減が要求された。

昭和27年度には44・7万人まで減らし、たとえば昭和25年度には人件費を3・5億円削減した。しかし物件費は55・8億円増加して帳消しにしてしまった。

国鉄の発足直後、下山《しもやま》事件（昭和24年7月5日）、三鷹《みたか》事件（7月15日）、松川《まつかわ》事件（8月17日）など、いまだに全貌《ぜんぼう》が解明されない奇怪な事件が頻発した。共産党の指導により組合員が事故を仕組んだとか、共産党のせいに見せかけてGHQが裏で工作したとか、いろいろと噂が流れた。

三鷹事件（写真・読売新聞社）

松川事件（写真・読売新聞社）

戦後の政治家

戦後、普通選挙の実施によって、政治家が大きく変わった。

明治時代は、自由民権運動で活動し、地方の議会で議員をしていた血の気の多い政治家が多かった。地方の青年が、政治家を志して東京に出てきた。当時は、立候補するにも選挙戦を戦うにも金がかかる。そこで、さまざまな事業を立ち上げ、また株式に投資をして蓄財を進めた。そしてある程度経済力を蓄えたところで、衆議院議員に立候補した。だから、衆議院議員に企業の経営者が多く、鉄道の経営者には国会議員が多かった。

彼らは大志を抱いて政治家を目指したものの、次第にビジネスライクに政治に取り組むようになっていった。

戦後は、有権者は資産の別なく、20歳以上のすべての男女が投票できることになった。必然的に、政治家の活動もポピュリズムに流れる傾向が生まれ、政治家は、より大衆迎合に向いていった。つまり、陳情を受けて、それを政策につなげ、有権者の満足を高めようとしたのである。

一方で、戦後の政治課題は多様化し、より専門的知識を必要とした。そこで、多くの官僚が政治家としてピックアップされた。

政治家は、陳情と利益誘導のシステムで、自民党への支持を拡大させ、官僚出身の政治家が、官僚に指示して政策を作り上げていった。この役割分担による政治は、システマティックに精緻《せいち》化していき、やがて金権政治という形で、問題点が凝縮した形でふきだすことになるのである。

２　政治家田中角栄の略歴

政治家になるまで

戦後の利益誘導政策を完成した政治家の代表は田中角栄《たなかかくえい》である。

田中角栄は、大正７年（１９１８）、新潟県の、現在の柏崎《かしわざき》市内の農家で生まれた。昭和８年（１９３３）に二田《ふただ》高等小学校を卒業。最初に仕事をしたのが道路工事のトロッコ押しであった。その後柏崎区土木派遣所で働くが、のちの華麗な政治生活に比べてあまりにも落差のある生活であった。そのなかから、人一倍強い上昇志向を持ち、現場の仲間たちとの人付き合いの方法を学び、政治活動の武器を獲得していったのである。その一方で、経済的苦労を通じて、その後の常軌を逸した金銭感覚を持つことになった。

田中は、一旗揚げようと、15歳で上京。井上工業という土木建築会社に入った。仕事をしながら中央工学校の夜学で学び、昭和12年に共栄建築事務所を設立した。

昭和13年に徴兵検査を受け、合格して騎兵第24連隊に入隊し満州国富錦《ふきん》の兵営で過ごしたが、病気で内地送還後除隊すると、建築事務所を再開し、昭和18年に田中土建工業を設立した。その間に土木業の家主の娘と結婚した。昭和19年には長女の眞紀子《まきこ》も生まれた。

戦後、田中土建工業の顧問をしていた進歩党代議士の大麻唯男《おおあさただお》より３００万円献金の依頼を受けた。これに快く応じると、昭和21年4月の第22回衆議院議員選挙に進歩党公認で、郷里の新潟県から立候補した。立会演説会で、「三国峠《みくにとうげ》を崩せば新潟に雪は降らなくなり、崩した土砂で日本海を埋めて佐渡《さど》まで陸続きにすればよい」という、その後の政治生活で一貫して目標とした考えを語った。しかし、卒業してから郷里に帰ることがなかったため、付き合いもないし、知る人もいないということで落選してしまう。

衆議院議員に当選

昭和22年（1947）4月、新憲法下での最初の選挙となった第23回衆議院議員選挙で民主党候補として立候補し、このときには当選した。中選挙区制に変わり、選挙区は新潟3区、定員は5名であった。現在の小選挙区とは違って、選挙区は広いが、5位までに入ればよいというのは、当選経験のない新人にはまだ気が楽であった。今度は、地元をこまめに回って、どぶ板選挙で、有権者の信頼を獲得していった。そして、第3位で当選を果たした。

民主党は、日本社会党、国民協同党と連立を組み、社会党の片山内閣が成立した。しかし、臨時石炭鉱業管理法の議決で反対票を投じたということで離党勧告を受けて民主党を離脱した。次に同志クラブに移り、さらに同志クラブは民主クラブに変わり、さらに3日後に自由党と合流して民主自由党となる。

昭和23年10月、民主自由党の党首である吉田茂が首相に指名されたが、田中は12月に炭鉱国管疑獄で逮捕され、東京拘置所に留置された。国の管理に対して反対する炭鉱経営者から賄賂《わいろ》が渡ったという嫌疑である。おりしも第24回衆議院議員選挙とあって、拘置所のなかから立候補して当選した。裁判は、昭和26年に東京高等裁判所で無罪判決が確定した。

田中角栄は、一貫して保守本流に乗り、政権政党の議員として、社会インフラ、とくに道路整備と鉄道問題に取り組むことになる。

鉄道経営者になる

選挙区の新潟3区は長岡《ながおか》市が中心都市である。長岡には国鉄のほか、長岡鉄道と栃尾《とちお》電鉄の2つの鉄道会社があり、そのほかに戦時中に統合してできた中越《ちゅうえつ》自動車が路線バスを運行していた。

戦後、栃尾電鉄は、国鉄の協力で電化を済ませていたが、長岡鉄道は非電化で、蒸気機関車が客車や貨車を牽引していた。戦後、産業復興のため、石炭が重要物資として需給が逼迫《ひっぱく》して価格が高騰した。しかも良質の石炭は入手すらできない状況であった。燃料費が経営を圧迫して、鉄道の運行を続けることさえ難しくなっていた。

電化するには、地方の鉄道会社にとっては巨額の資金が必要であった。財源として1000万円増資を計画して、市町村や農協、沿線住民に引き受けてもらおうとしたが、会社に信用がないのでうまくいかなかった。そのため武沢茂一郎社長は廃止もやむなしとの判断をしたが、これに沿線の三島郡《さんとう》の自治体や農協が反対した。まだ道路の整備が十分ではなく、また自動車の発達前である。地域の鉄道への依存度合いは高かった。

長岡鉄道の労働組合の青年部長木村哲之助は、新しく社長になってくれる人物を物色し、説得して回った。しかしまともに相手にもしてくれない。最後の頼りとして、長岡鉄道運営協議会の会長をしていた与板《よいた》町長の山崎豊吉や農協の役員が数回にわたって飯田橋《いいだばし》の田中土建工業を説明のために訪問した。田中は、「よっしゃ、よっしゃ」で要望に応え、長岡鉄道の社長候補となった。対抗は、元国鉄の森本義夫である。しかし森本は資金の手当てに自信がなかった。昭和25年（1950）10月14日に長岡鉄道の本社で臨時株主総会が開かれ、現職武沢社長と田中で争うことになるかと思われたが、武沢がはやばやと撤退して田中の社長就任に同調したために、簡単に決着した。

田中角栄は、社長に就任するとすぐに、鉄道大臣と運輸通信大臣を歴任した八田嘉明《はったよしあき》、自由党政調会長、幹事長を歴任した元運輸政務次官の佐藤栄作を顧問に据え、工事には運輸省鉄道総局電気局長で退官した西村英一の協力を得た。

工事費は7700万円で、そのうち1000万円は、田中角栄が経営に責任を持つということで増資により確保できたが、残りは日本開発銀行からの融資に期待した。日本開発銀行は復興金融金庫を改変して昭和26年に設立された政府系金融機関で、基本的に重要産業が融資対象であった。当時は復興事業が優先されて、鉄道電化は対象にならなかった。そこで田中は一計を案じて、信濃川《しなのがわ》の川砂利に目を付けた。川砂利はコンクリートの骨材となり、復興資材である。日本開発銀行に、川砂利の採掘を目的として、融資を申し入れた。日本開発銀行からの融資は実現しなかったが、代わりに昭和26年8月、日本興業銀行から3500万円、日本勧業銀行から1000万円、北越《ほくえつ》銀行と第四《だいし》銀行から2000万円ずつの融資が決まった。

9月に電化工事は開始されたが、10月、日本興業銀行から資金不足のため融資額を2000万円削減したいとの申し入れがあり、その穴埋めのために2000万円を増資して長岡市など沿線市町が引き受けることになる。そして70日という短期間で完成して、昭和26年12月1日に西長岡《にしながおか》～寺泊《てらどまり》間で電気運転を開始した。同時に、長岡市の市街地への延伸も計画されたが、これは実現しなかった。

それからは、長岡鉄道は、田中角栄の選挙運動の中心に位置づけられ、社員が総出で田中の当選を目指して活動した。

次に、田中は中越自動車の取得に動いたが、こちらは新潟県の中西部一体に路線バスの路線網を広げる優良会社である。正面から突進してもかなうものでなかった。そこで東急の五島慶太に頼ることになった。

五島慶太は、戦後全国各地の交通事業者を取得したが、その理由は新しい時代の地方産業として観光に着目したためであった。まず東京から2時間ないし2時間半の国立公園ということで、上信越《じょうしんえつ》を対象に据えて、国鉄長野原《ながのはら》線（現ＪＲ吾妻《あがつま》線）の取得を目指したが、これは実現せず、改めて草軽《くさかる》電気鉄道を取得。そのほか上田丸子《うえだまるこ》電鉄（現上田電鉄）、群馬バス、おんたけ交通、白馬《はくば》観光開発を傘下に収めていった。そのなかの1つとして、中越自動車の取得に動くことになった。

五島は中越自動車の株式の買収を始めたが、これに対して中越自動車の西山平吉社長は防戦買いをし、それによって中越自動車の株は高騰した。結局、西山社長は買い支えられず、株式112万株を国際興業《こくさいこうぎょう》の小佐野賢治《おさのけんじ》に譲り渡した。小佐野は東急の取締役を兼務し、しばしば五島の会社乗っ取りの実働部隊として動いていた。こうして中越自動車の株式は東急に渡った。

昭和34年5月、中越自動車の定時株主総会と、そのあとの取締役会で、東急常務の田中勇を社長に、小佐野賢治を取締役に、東急の自動車部の荻原栄治を監査役に就けた。

同年10月には、田中角栄が中越自動車の会長に就任、さらに昭和35年10月に中越自動車、栃尾電鉄、長岡鉄道を合併し、新たに越後交通に生まれ変わった。ただし、栃尾電鉄が統合した経緯は不明である。

現在は、越後交通の代表取締役会長は田中眞紀子、社長には夫の田中直紀《なおき》が就いている。大株主は、浦浜《うらはま》開発13・0％、田中直紀11・7％、田中角榮記念会8・1％、田中眞紀子6・4％で、田中家の存在感が大きい。

この中越自動車の取得によって東急との関係ができたことで、田中の選挙運動は変わった。

県内各地の支援者を組織化し、それを統括する形で、昭和28年（諸説あり）に越山会が設立された。あくまでも地元主体で設立されたものであるが、田中角栄は、支部同士で得票率を競わせた。そして選挙のたびに得票数が増加していった。

国会で道路行政に取り組む

田中角栄は昭和22年（1947）に初当選したが、当時の議事録をみても、とくに目立った活躍はなかった。国土計画委員会に所属したが、発言は少なかった。ただ、内務省解体により独立した建設省をまわって名刺交換に努めた。建設省のほうからすると、議員のほうから挨拶《あいさつ》に来ることはめずらしいことであった。田中は建設省の官僚との交流を深めるなかで、道路整備のための財源問題に取り組んでいくようになった。

昭和24年度の道路の総延長は、国道、都道府県道で13万kmあまり。そのうち舗装されていたのはわずかに2・1%であった。大都市内であっても自動車が砂塵《さじん》を上げて走っていたのである。3年たっても舗装率は2・7%にしか上がっておらず、すべてを舗装するのに130年かかるといわれていた。

毎年、建設省の道路局は道路整備のための予算を要求しても、大蔵省によって大幅に減額された。当時は、傾斜生産方式による産業の復興途中で、予算は石炭と鉄鋼の生産に重点的に向けられた。

道路局では、アメリカの状況を調べると、ガソリン課税を目的税（使途を特定した税金）にして道路整備を進めているということがわかった。日本でも、道路財源の特定財源を創設して、毎年安定した資金で道路の整備ができないかと、考えるようになる。

しかし、大蔵省は目的税について否定的で、どうにかこのハードルを突破する必要があった。そこで考えたのが、世論に訴えかけることであった。全国道路利用者会議を設けて広報活動を展開し、道路関係の団体に積極的な運動を働きかけた。さらに、国会に法案を提出する場合に、政府提案では大蔵省の抵抗にあうので、議員提案でいこうということになった。そして、その提案者として道路局企画課長の佐藤寛政は、田中角栄のことを念頭に置いていた。このとき、田中角栄は、衆議院建設委員会の理事であった。

田中は、「ガソリン税法」「道路法」「道路整備特別措置法」の、いわゆる「道路三法」を議員提出し、昭和27年6月に成立させた。

地方の関心事として道路問題は上位にあり、地方からは国に対して夥しい量の陳情が出されていた。道路問題にかかわることで、選挙では票につながった。また、官僚にしてみれば、予算を確保して仕事量が増えることを望んでいる。このような議員と官僚の思惑が一致して、田中角栄は、建設省に深く食い込むことになった。

吉田茂首相、池田勇人大蔵大臣は、昭和24年（1949）に揮発油税を復活した。昭和24年度予算の歳入額は5146億円であったが、揮発油税は40億円を占めた。

昭和28年度から道路整備の特定財源となるのであるが、その提案をしたのが田中角栄であった。

田中角栄は、昭和27年12月、建設委員会の理事に選ばれ、河川、住宅、請願および陳情書審査の各小委員会の委員となった。しかし、その実力は、道路の問題で発揮された。

昭和27年12月23日、衆議院建設委員会で、「道路整備費の財源等に関する臨時措置法案」が議題として承認され、提案者として田中角栄が提案理由を説明した。その概要要約は次のとおり。

わが国の道路の現況は、国道、都道府県道を合わせて、延長約13万5400㎞に達するが、このうち改良されているのはその約13％にすぎない。残る87％は未改良の道路である。しかもそのなかには約1万6000㎞の自動車交通不能の区間を含んでいる。これに加えて道路の大部分は砂利道で、自動車の走行に適さない。

しかるに、最近目ざましく発達しつつある自動車は、戦前最高の約3倍に達し、65万台を数えている。道路の整備は緊急を要する問題である。

道路整備の進捗《しんちょく》状況は、昭和21年度より昭和26年度までの公共事業費、道路費によって整備されたものはわずかに改良約700㎞、舗装、補修約710㎞にすぎない。昭和27年度においてようやく多少の予算増額が認められて86億円となったが、これでも８８０㎞の改良と２１０㎞の舗装新設が行われるにすぎない。一級、二級国道並びに政令で定める都道府県道その他の道路の舗装、その他の改築および修繕に関する五箇年計画を確立するとともに、ここに道路を利用する者が負担している揮発油税を、この道路整備計画に要する財源に充てることにしたいと、説明した。

こうして昭和28年、新たに制定された「道路整備緊急措置法」に基づき、道路整備五箇年計画を策定して計画的に道路整備に取り組むことになった。道路整備五箇年計画は、昭和29年に第１次計画を開始して以後、13次にわたる改定を続けた。

道路整備五箇年計画の事業を遂行するために、昭和33年に道路整備特別会計が設置された。それ以前に特定多目的ダム建設工事特別会計や土地改良工事特別会計があったが、道路整備特別会計は、さらに一歩進んだ特別会計として拡充された。その特徴は、道路整備のための目的税が特別会計で一括して経理されることになったこと、また、財政投融資資金の借り入れが可能となったことなどである。

また高速道路の建設については、昭和31年に「道路整備特別措置法」が制定されて、日本道路公団が設立された。道路公団は、主に借入金を財源に道路を建設し、道路通行料収入によってこれを償還するというもので、利用者負担の原則に基づく有料道路の制度が本格的に導入されることになった。

それ以前、昭和27年、国は特定道路整備特別会計を設け、地方道整備に資金を貸し付けるとともに建設省による高速道路の建設に資金を供給した。日本道路公団が設立されるに当たって、この特定道路整備特別会計の持つ資産額から負債額を差し引いた額を、公団への出資金とした。これが公団の原始資本金となる。

財政投融資

戦後、第二の予算といわれる財政投融資の制度が設けられた。

昭和20年代、民間経済の復興が緒についたばかりのころ、民間銀行は日本銀行からの資金供給に頼りオーバーローンの傾向が強く、産業界の復興に十分な資金を供給できずにいた。そこで、民間銀行に代わって、国が重要産業に対して投資・融資を行う制度として財政投融資制度が始められた。

戦後、日本経済の再建のため、昭和21年（1946）、閣議でいわゆる傾斜生産方式が決定した。生産活動の隘路《あいろ》となる鉄鋼、石炭に重点的に限りある資金と資材を投入するというもので、まず基礎的資材の生産の回復を図り、そのうえで、復興の実効を広く産業全般に波及させようという考え方であった。そして、復興金融金庫を設立して、重要産業への資金供給を開始した。この復興金融金庫の資金は、復興金融金庫債券を日本銀行が引き受ける形で調達された。日本銀行が引き受けるということは、新たに通貨を発行して、これで債券を買い受けるということであるので、市中の貨幣供給量は大きく拡大した。その結果、大幅な物価上昇を経験することになる。

この時期の復興政策は、産業復興にともなうインフレを抑制するための物価統制と、国際競争力を喪失した日本の産業界の復興のためにとられた貿易統制という、計画された統制経済の色彩が強かった。

ところが、アメリカの対日政策は、東西対立が顕在化するなかで、日本を速やかに西側陣営の一員として自立させる方針に転換した。アメリカは、昭和23年12月、「アメリカの対日政策に関する諸勧告」をまとめ、これに基づいて陸軍次官ウィリアム・ドレーパーは「経済安定九原則」をGHQに指令した。そして、この原則を実施するために、総司令部の経済顧問としてジョゼフ・ドッジを派遣した。

ドッジは、一般会計、特別会計を含めた総予算について均衡させること、価格差補給金や貿易管理会計の赤字補塡《ほてん》といった統制的な制度を廃止すること、復興金融金庫の新規貸し出しと復金債の停止を内容とする、ドッジ・ラインと呼ばれる経済政策を立案し、日本政府に勧告した。

いわば、それまでの赤字財政を均衡化させ、それに加えて貨幣供給量を抑制する政策への転換であるので、一気に景気を冷え込ませることになった。

ここで、日本経済を助けることになるのが、昭和25年6月に勃発した朝鮮戦争にともなう特需であった。アメリカにより日本国内で調達される物資に対してふんだんにドルが支払われた。企業は高い収益を上げることができたことで、戦争を経て老朽化していた生産設備の近代化と生産の合理化が推進された。とくに、電力、鉄鋼、石炭、海運業の発展が図られた。

これらの分野に資金を供給するため、昭和24年、アメリカからの支援物資を売却して得た資金である対日援助見返り資金を原資にして産業界への融資が開始された。当初は、復興金融金庫を経由して電力、海運業や国営企業に対して資金を供給したが、ドッジ・ラインで復興金融金庫の廃止が決定すると、昭和28年、産業投資特別会計を設けて資産を継承した。同時に、見返り資金という一時的な資金源ではなく、恒久的に資金量を確保するため財政投融資の制度が構築された。そして、資金の供給先として、鉄道では、帝都高速度交通営団が改編され、日本国有鉄道が設立された。

財政投融資資金は、当初から、国鉄による新線建設や輸送力増強工事、営団による丸《まる》の内《うち》線などの新線建設に投入されたほか、昭和34年からは日本開発銀行（復興金融金庫の後身）による民鉄の都心乗り入れ工事もまた融資の対象となった。このころ、財政投融資資金の対象は、電力、海運、石炭鉱業、鉄鋼業などの重点産業から、産業活動の外部環境の整備や外貨獲得のための国際観光施設、都市ガスなどの都市環境整備、離島航路などに拡大していた。また、地方開発融資が開始されたのもこの年であった。

高度経済成長期、財政投融資制度は、生産関連の社会資本整備に重要な役割を担った。また、続く安定成長期には、生活関連の社会資本整備に貢献した。しかし、その後、多くの非効率な特殊法人の資金源となっていった。かつて国鉄が抱え込むことになった巨額の長期債務もまた多くが財政投融資資金であった。いったん融資が開始されると、事後評価されることなく長期間安定的に資金が供給された。

3　田中角栄の政治活動

ローカル線建設と利益誘導政策

自民党政権は、主に地方での支持に裏付けられていた。地方では、市町村の行政組織や農協が、組織的に自民党候補への投票を取りまとめ、確実に議席を獲得していた。地方は、公共事業や農業の補助金を求めて、国に陳情したが、とくに欠かすことができなかったのが、目白《めじろ》の田中邸であった。田中角栄は、地方の支持組織からの陳情団を自宅で応対し、その場で、実現を請け負った。

一方で田中は、毎年の予算の大臣折衝には、大臣でもないのに大臣のように振る舞い、予算の積み増しなど、重要な判断に口を挟んだ。

このような陳情と予算化の両方にかかわることによって、自民党の地方支持組織へ利益を誘導し、自民党の支持を盤石なものにしていったのである。

田中は、昭和36年（1961）に政務調査会長に就任して、政策策定の中心に立ち、翌年7月からは大蔵大臣に指名された。もはや大臣の権限を越境する必要はなく、正々堂々と地方への利益誘導政策を進めていった。

そのなかでも、国鉄の地方ローカル線の建設の仕組みが大掛かりであった。

政府は、ローカル線の建設を推進したが、一方で国鉄は、正面から反対することはないものの、サボタージュを決め込み、建設を遅らせた。

田中角栄（昭和38年）（写真・読売新聞社）

国鉄は、戦後復興期は貨物輸送の輸送改善に努め、昭和30年代になると幹線での長距離旅客輸送の輸送改善に集中した。さらに昭和34年からは、東海道新幹線の建設が始まった。大都市の通勤輸送の混雑が熾烈さを増し、改善が国政の問題となったが、それすら十分に予算を振り向けることができなかった。

そもそも国鉄は、昭和24年に設立されたが、国は現物出資だけで、現金の出資をしなかった。赤字が続く（昭和25年、28年を除く）と、昭和30年に営業用資産の評価替えをして、見かけ上の国の出資額を増額した。資産価値が増えると減価償却費が増えるので、それに見合った運賃の改定をして、収支のバランスをとっていた。結局、ローカル線を含めて、国鉄の設備投資は、すべて利用者や荷主が支払う運賃でカバーしたのである。

本来、不採算のローカル線は、国鉄という企業の採算ベースで負担すべきものではなく、政策経費として、国が負担すべきものである。

田中角栄は、本来あるべき社会政策的なローカル線の建設を国鉄から分離して、国が費用を負担して完成させていく仕組みを作った。しかし、完成すると国鉄に引き渡されて国鉄が経営することになったため、その赤字の負担を嫌って、国鉄はこれに反対した。

国鉄が建設するならば、サボタージュもできるが、国が作るとなると、採算性に関係なく作られてしまうというのである。

日本鉄道建設公団

地方では、かつて大正時代の立憲政友会のころから鉄道の建設を長年の宿願として陳情活動を続けてきた。高度経済成長期には、重厚長大型の産業構造への転換を図る国の経済政策のもとで、地方は大都市周辺の工業地帯へ向けた労働力の供給地となり、都市部との経済格差が大きく拡大していった。地方部を地盤とする政治家は、当然の権利として地方部におけるインフラ整備の予算を要求した。

昔から、各地の地方議員や経済界が鉄道路線の建設促進期成同盟を組織し、自治体が事務局を担当した。それぞれ国会議員を顧問に据えて、国に対する陳情活動の窓口とした。各地の期成同盟の有力者は、国会議員の紹介で運輸省と自民党本部に陳情に赴くのが年中行事になっていた。

政治家は、陳情活動をサポートすることで、選挙の支援母体として、都道府県の党の支部ごとの支援組織がバックについてくれることを期待した。

極論すると、国会議員は、鉄道新線を求めていたのではなく、選挙に当選することが目的で新線建設の活動を支援していたわけである。鉄道新線が実現してしまうと、次に電化促進、複線化促進と、際限なく期成会が作られて、永続的に選挙地盤として固い支援を受けられるのである。

国鉄は、公共企業体であるものの独立採算の企業体であるので、採算性に配慮した投資計画を推進し、赤字必至の地方ローカル線の建設には一貫して慎重な態度をとった。そこで、政治家は、むしろ国土開発や地方のインフラ整備といった公共的な視点から、必ずしも採算性を考慮しない、ローカル線の建設推進のための枠組みとして、日本鉄道建設公団を新設したのである。

戦後、国鉄の新線建設は、車両費を除いて、昭和27年（1952）の21億円から年々増加していたが、昭和34年の76億円をピークに減少に転じた。

鉄道建設審議会は、昭和27年7月、新線建設の財源について政府出資によるべきことを建議するが、これは国が取り上げなかった。その後は、たびたび国に対して利子補給を要求した。

国がなかなか支援策を講じないために、国鉄は、昭和35年3月、指宿《いぶすき》線（現JR指宿《いぶすき》枕崎《まくらざき》線）山川《やまかわ》〜西頴娃《にしえい》間の開通に当たって、実際のキロ程の1・6倍に当たる運賃キロ程を設定した。しかし、わずかな金額でしかなく抜本的な解決策とはならなかった。このような状況に対して、昭和36年、ようやく新線建設補助特別措置法を制定して、新線建設に要した資金についてその利子額を補助することになる。昭和36年は3億円であったが、年々増加して昭和39年には9億円に達した。それに応じて、国鉄の新線建設費も再び増加していった。

国鉄の新線建設には、鉄道建設審議会での審議が必要であったが、ここに政治家が介入する仕組みがしつらえてあった。審議会のなかに小委員会があり、その委員長には、歴代の自民党の政調会長が就任した。

鉄道建設審議会は、昭和37年5月、自民党の田中角栄が委員長を務める小委員会で検討した「今後の新線建設の進め方」の報告を受けた。その内容は、地方の産業基盤整備の遅れから、産業の発達が既成地域に偏ることになっているとし、この不均衡を解消するために、昭和38年度以降10年間に約5000億円の新線建設が必要になるというものであった。

そして、この新線建設を推進する方式として、運輸省に新線建設特別会計を設けて政府の直轄事業として実施するケース、国鉄が政府からの出資を受けて工事を実施するケース、新たに新線建設に当たる公団を新設するケースの3案が提示された。

運輸省は、この3案を比較検討した結果、公団方式を採用することを決定。鉄道網整備緊急措置法案と鉄道網整備公団法案をまとめて、昭和38年2月22日、第43国会に「日本鉄道建設公団法案」として提出した。この法案は、国と国鉄の出資により設立した公団が新線を建設し、完成した施設を国鉄に貸付または譲渡することを規定していた。これに対して、日本社会党でも、鉄道新線建設緊急措置法案を作成して国会に提出した。公団法が、国による出資についてあいまいにしていたことから、これを明確に規定しようというものであった。

日本鉄道建設公団法は、第43国会では審議未了、第44国会でも審議に付されずに廃案となった。第46国会に3度目の提出をし、ようやく昭和39年2月29日に可決された。これに対して附帯決議が付されたが、新線建設により国鉄の経営に資するよう努めること、国鉄から公団へ転ずる職員の労働条件に配慮すること、国鉄の輸送改善施策に対して資金、要員を確保して、労働条件の改善に特別の配慮を講ずることが内容であった。法案の成立が遅れた原因は、国鉄の経営状況と労働問題にあったことがうかがえる。一方、社会党の提出した法案は審議未了で廃案となった。

日本鉄道建設公団は、昭和39年3月23日に設立された。出資金は、国が5億円で、国鉄は13億4００万円あまり（精算額）である。国鉄の出資額は、昭和38年度予算の工事勘定に計上された建設費の額から公団設立までに実際に支出した額を差し引いた金額とされた。国の出資額は、産業投資特別会計からのものである。また、国鉄からはこのほかに、１７１億９７００万

野岩線	会津高原—新藤原	会津鬼怒川線	1986	会津鬼怒川線
丸森線	福島—丸森	阿武隈急行線	1988	阿武隈急行線
宮福線	宮津—福知山	宮福線	1988	宮福線
樽見線	神海—樽見	樽見線	1989	樽見線
智頭線	上郡—智頭	智頭線	1994	智頭線
北越北線	六日町—犀潟	ほくほく線	1997	ほくほく線
宿毛線	宿毛—中村	宿毛線	1997	宿毛線
井原線	総社—神辺	井原線	1999	井原線

CD線（主要幹線及び大都市における鉄道）

＊（タ）は貨物ターミナル

工事線名	区間	開業時路線名	開業年	現状
根岸線	桜木町—大船	根岸線	1973	根岸線
落合線	落合—上落合（信）	根室本線	1966	根室本線
狩勝線	新得—上落合（信）	根室本線	1966	根室本線
	上落合（信）—占冠	石勝線	1981	石勝線
丸森線	槻木—丸森	丸森線	1968	阿武隈急行線
岡多線	岡崎—新豊田	岡多線	1976	愛知環状鉄道線
岡多線	新豊田—瀬戸	愛知環状鉄道線	1988	
浦上線	喜々津—浦上	長崎本線	1972	長崎本線
武蔵野北線	新松戸—府中本町	武蔵野線	1973	武蔵野線
武蔵野南線	新鶴見—府中本町		1976	
伊勢線	南四日市—河原田	関西本線	1973	関西本線
	河原田—津	伊勢線	1973	伊勢線
京葉線	塩浜操—東京（タ）	東海道本線	1973	東海道貨物線
	東京（タ）—新木場	臨海副都心線	1996	東京臨海高速鉄道りんかい線
	千葉（タ）—都川—蘇我	京葉線	1986	京葉線
	西船橋—千葉（タ）		1986*	
	市川塩浜—西船橋		1988	
	東京—新木場		1990	
湖西線	山科—近江塩津	湖西線	1974	湖西線
小金線	新松戸—西船橋	武蔵野線	1978	武蔵野線
紅葉山線	新夕張—占冠	石勝線	1981	石勝線
追分線	千歳空港—追分			
呼子線	虹ノ松原—唐津	筑肥線	1983	筑肥線
瀬戸線	瀬戸—高蔵寺	瀬戸線	1988	愛知環状鉄道線
	勝川—枇杷島	城北線	1993	城北線

＊1975年都川（信）—千葉（タ）間暫定開業

E線（海峡線鉄道）

建設線名	区間	開業時路線名	開業年	現状
津軽海峡線	中小国—木古内	海峡線	1988	海峡線

鉄道建設公団の工事線（未成線を除く）

AB線（地方における開発等のための鉄道）

＊（信）は信号場

工事線名	区間	開業後の路線名	開業年	現状
生橋線	雫石―赤渕―田沢湖	橋場線→田沢湖線	1966	田沢湖線
能登線	松波―蛸島	能登線	1964	2005廃止
美幸線	美深―仁宇布	美幸線	1964	1985廃止
白糠線	白糠―北進	白糠線	1972	1983廃止
辺富内線	振内―日高町	富内線	1964	1986廃止
油須原線	漆生―嘉穂（信）	漆生線（漆生―下山田）	1966	1986廃止
	上山田―豊前川崎	上山田線	1966	1988廃止
神岡線	猪谷―神岡	神岡線	1966	2006廃止
篠栗線	篠栗―桂川	篠栗線	1968	篠栗線
気仙沼線	前谷地―柳津	柳津線→気仙沼線	1968	気仙沼線
	柳津―本吉	気仙沼線	1977	2020廃止、BRT化
本郷線	加計―三段峡	可部線	1969	2003廃止
盛線	盛―吉浜	盛線→南リアス線	1973	リアス線
	吉浜―釜石	南リアス線	1984	
鹿島線	香取―鹿島神宮―北香島	鹿島線	1970	鹿島線
	水戸―北鹿島	大洗鹿島線	1985	大洗鹿島線
中村線	土佐佐賀―中村	中村線	1970	中村線
鷹角線	角館―松葉	角館線→秋田内陸南線	1970	秋田内陸線
	比立内―松葉	秋田内陸線	1989	
嬬恋線	長野原―大前	吾妻線	1971	吾妻線
只見中線	只見―大白川	只見線	1971	只見線
小本線	浅内―岩泉	岩泉線	1972	2014廃止
久慈線	宮古―田老	宮古線→北リアス線	1972	リアス線
	久慈―普代	久慈線→北リアス線	1975	
	田老―普代	北リアス線	1984	
高千穂線	日ノ影―高千穂	高千穂線	1972	2008廃止
国分線	国分―海潟温泉	大隅線	1972	1987廃止
越美線	勝原―九頭竜湖	越美北線	1972	越美北線
阿佐線	牟岐―阿波海南	牟岐線	1973	牟岐線
	阿波海南―海部	牟岐線	1973	阿佐東線
	海部―甲浦	阿佐東線	1992	
	後免―奈半利	ごめん・なはり線	2002	ごめん・なはり線
窪江線	江川崎―川奥（信）	予土線	1974	予土線
三江線	口羽―浜原	三江線	1975	2018廃止
内山線	向井原―内子	予讃本線	1986	予讃線

円あまりの現物出資があった。

公団の設立に当たって、国鉄が建設中の工事線29線と調査線2線が公団に承継されることとなり、昭和39年3月23日、そのうちの16線の工事が運輸大臣から指示された。しかし、年度末間際のことであったため、実際には工事は国鉄に委託された。

しかしながら、工事線の多くは、国鉄時代に需要が見込めないことで工事着手に踏み切れなかった路線で、開業したものでものちに特定地方交通線に指定されて廃止、転換されたり、建設途中で工事が凍結されたものも多かった。

国鉄が工事していたのは16線であったが、それが公団が設立されて、4月には47線が工事線に指定され、さらに9月にはそれが64線にまで一気に膨らむことになった。

昭和39年6月の第41回鉄道建設審議会以来、長期計画の策定の建議があり、昭和41年12月には第46回鉄道建設審議会で「鉄道新線建設長期計画」が提示された。

昭和41年度以降10か年で建設費総額9702億円に相当する新線の建設を行うというもの。大都市交通線では、東京・大阪の都市交通輸送の増強に資するため、昭和46年度までに東京外環状線（現JR武蔵野線）の大部分と湖西《こせい》線の建設を完了すること。主要幹線は、できるだけ早期に工事を完了すること。地方幹線および地方開発線は、産業基盤の整備に資する路線、観光開発や資源開発を促進するために必要な路線を整備することとした。

また、海峡連絡線として、津軽《つがる》海峡トンネルを昭和50年度までに完成させ、本州・四国橋梁のうち1線を昭和50年度までに完成するとした。

そして、これらの新線建設の進捗に応じて、おおむね1350㎞の新線計画を追加して、逐次工事に着手するとして、その建設費を834億円と見積もった。事業費の総額は、管理費、利子を含めて1兆4267億円の投資計画であった。

4　戦後のインフラ整備

戦後の経済発展のために社会インフラとして、鉄道、道路の整備は喫緊の課題であった。幹線道路は、常に渋滞で進めず、鉄道も、通勤電車は定員の3倍近くの混雑をしていた。

東南アジア各国が経済発展する過程で、都市爆発の問題を経験しているが、これは地方と都市との格差が拡大すると、地方から都会への人口の移動が誘発されるためである。戦後の日本も同じ理由で、都市爆発の問題を抱えていたのである。

日本の公共投資は、経済成長政策のもとで、産業基盤整備に対するものの比重が大きく、生活関連の社会資本の整備は、後回しになりがちであった。この傾向の転換の機会になったのが、東京オリンピックの決定であった。昭和39年（1964）のオリンピック開催を期限に、東京では首都高速の建設のほか、放射路線（道路）の拡幅、地下鉄の建設が急ピッチで進められた。

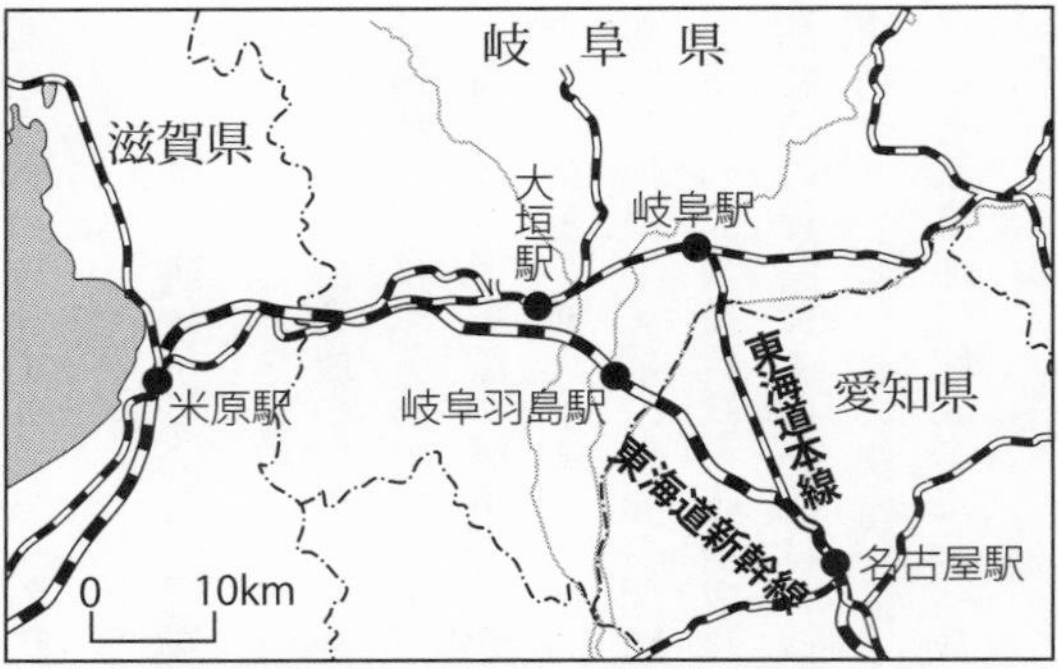

東海道新幹線開業時の岐阜羽島駅付近の国鉄路線

東海道新幹線

東海道新幹線の建設は、昭和32年（1957）の鉄道技術研究所50周年記念講演会での「東京・大阪間3時間への可能性」と題する報告から始まった。戦後復興がなって、日本経済は高度経済成長期に入っていた。東海道本線では、電化による貨物列車の増発と高速化を実施し、旅客輸送でもビジネス特急が登場して、東京と大阪の間が6時間50分で結ばれようとしていた。すでに複線では輸送は限界であり、線路の増設が急務となっていた。

国鉄の内部では、狭軌のまま線路を増設するか、標準軌の別線を建設するかで議論になったが、当時の十河信《そごうしん》二《じ》総裁は、技師長の島秀雄《しまひでお》とともに、標準軌による200kmの高速で走る別線を建設することを決定した。

しかし、当時はまだ在来線の電車でようやく110km運転を始めたところで、200km運転は夢の話であった。国鉄内部でも実現性に疑いを持たれており、ましてや外部の運輸省や政府がこの計画に前のめりになることはなかった。必然的に、国鉄の自前工事として実施することになった。さらに、鉄道新線工事は、政治家の介入によりしばしばゆがめられることが通例であったので、政治家がかかわる鉄道建設審議会にかけなくても済む、在来線の改良工事として、在来線の東海道本線の線路増設工事の名義で実施した。

かくして工事は始まり、用地買収も順調に進められているなかで、名古屋〜米原《まいばら》間のルートが問題となった。岐阜県は当然岐阜駅か大垣《おおがき》駅に乗り入れるものと考えている。しかし岐阜駅を経由するのでは工事キロが伸びてしまう。直線的なルートを選びたい。そこで、岐阜県選出の自民党の重鎮、大野伴睦《おおのばんぼく》副総裁に協力を依頼した。大物政治家の仲介で地元も折れて直線的なルートで線路が敷かれることになったが、名古屋〜米原間は距離が長いので、この間に駅を設置することになった。これを大野伴睦の手柄として提供したのである。かくして、岐阜羽島《ぎふはしま》駅の駅前に大野伴睦の銅像が立つことになった。

岐阜羽島駅前の大野伴睦夫妻銅像

東海道新幹線は、政治家の介入を排除して工事が始まったが、工事費が予算を大きく超えてしまった。財政投融資資金を導入したいものの、国鉄の自前の工事として始めているので、なかなか頼めない。そこで、世界銀行からの融資を取り付けられれば、国が信用を担保しなければならなくなる、国を巻き込むにはこの手しかないということで、世界銀行に対して交渉を始めた。その過程で、

旅客だけではなく貨物も運ぶことなど、いくつかの条件が付いた。とりあえず了解したことにして、世界銀行からの融資を取り付けた。金額は小さかったものの効果は覿面《てきめん》で、国からの財政投融資資金が導入された。

さらに、昭和34年にIOC総会で、昭和39年のオリンピックの開催地が東京に決まった。これで東海道新幹線の開業時期をオリンピックに間に合わせることになった。そうなると工期は5年しかない。着工が準備できたところから工事を開始し、車両や信号システムの開発を進めて、どうにか昭和37年に神奈川県の鴨宮《かものみや》にモデル線（実験線）を完成し、全線のレールがつながったのは、タイムリミットぎりぎりの昭和39年7月10日であった。現在なら、3か月後10月10日のオリンピック開会式の直前、10月1日の開業などまずあり得ないのであるが、この段階では国の威信をかけた工事となっており、延期は許されなかった。

全国新幹線網の建設

東海道新幹線の成功は、地方に、新幹線に対する一種の信仰心に近い感情を与えた。新幹線さえ開通すれば大きく取り残された地方経済の後れが取り戻せるという信念であった。このころから、地方からの陳情の中心は新幹線と高速道路に移っていった。

昭和39年（1964）10月に東海道新幹線が開業してから6年後、昭和45年には全国新幹線鉄道網の整備が決定し、鉄道建設審議会では小委員会で、全国新幹線鉄道整備法案要綱と予定路線別表について審議が行われた。この法案は、同年、議員立法として国会に提出され、昭和45年5月に成立して公布となった。

この法律に基づいて昭和46年1月18日に、まず東北新幹線東京～青森間、上《じょうえつ》越新幹線東京～新潟間、成田新幹線東京～成田間の3路線の基本計画が告示となり、東北新幹線の東京～盛岡間が国鉄、上越新幹線が日本鉄道建設公団、成田新幹線が国鉄と公団に対して建設に必要な調査が指示された。

上越新幹線は新潟の田中角栄、東北新幹線は岩手の鈴木善幸《すずきぜんこう》、成田新幹線は千葉の川島正《かわしましょう》次郎《じろう》の地盤を含んでおり、この3路線が政治路線であることは明白で、それぞれ新幹線の建設で票を獲得しようという思惑があったのだろう。腹のうちに収めたのでは票につながらないので公然のことであった。ただ、川島正次郎は、東京と接する東葛飾郡が選挙地盤で、成田新幹線の沿線ではあるが駅は予定していなかった。

また、昭和39年11月から昭和47年7月までの首相は、鉄道省出身で運輸次官から政界に転身した佐藤栄作であった。ただ、佐藤は、沖縄復帰、非核三原則、日米繊維協議など、外交問題での業績が目立ち、新幹線については、自民党幹事長の田中角栄の貢献が大きかった。

昭和46年4月に国鉄と公団はそれぞれ運輸大臣からの指示を受けて工事実施計画の策定に着手。東北新幹線は11月、上越新幹線も10月に工事に着手した。なお成田新幹線は地元との調整に時間を要したため、工事に着手したのは遅れて昭和49年2月であった。しかし、最終的に新

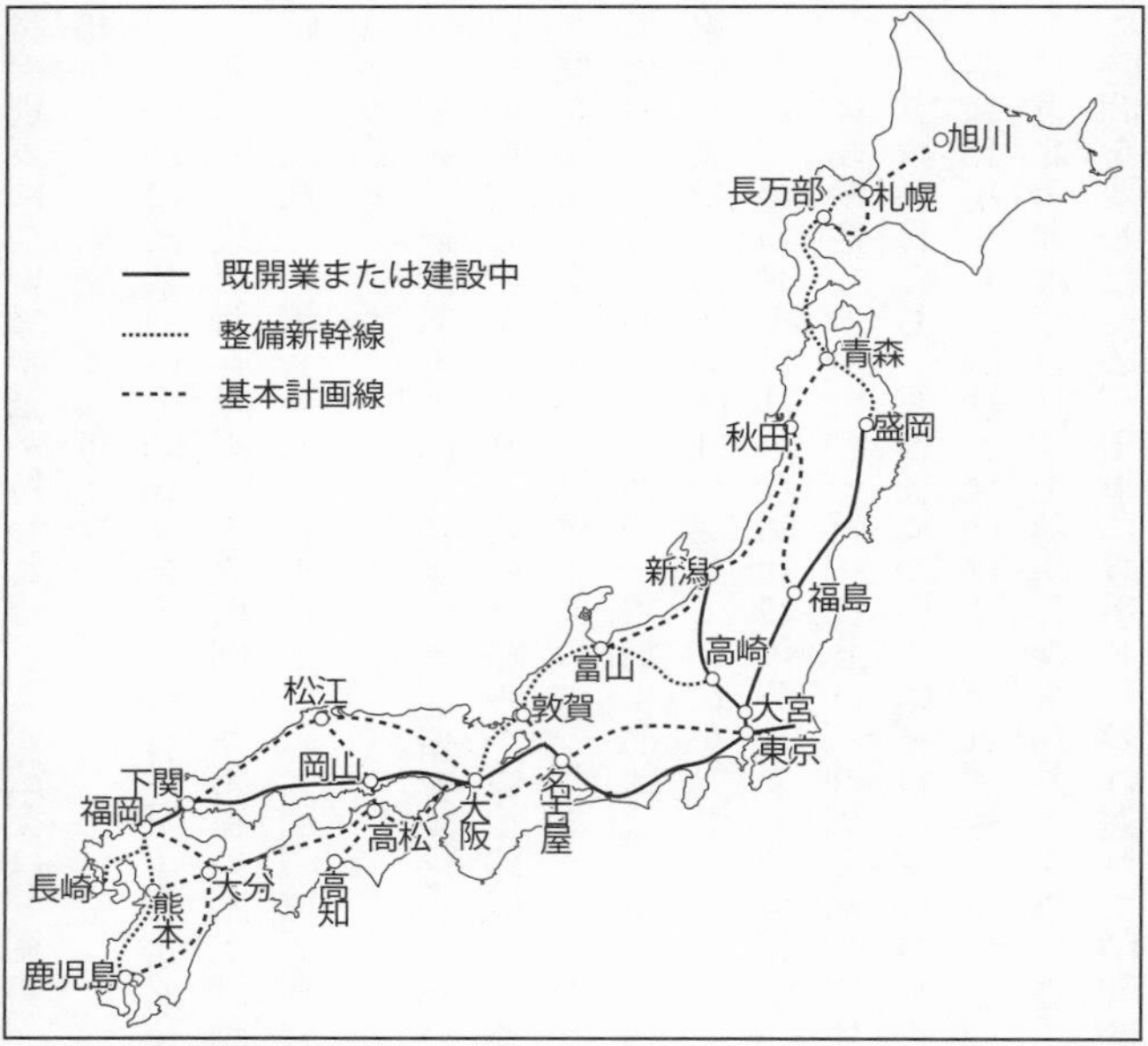

全国新幹線鉄道整備法の路線

幹線建設は頓挫し、工事が完成した空港～土屋《つちや》間については国鉄改革により国鉄清算事業団に承継され、さらに成田空港高速鉄道に譲渡されて、現在JR東日本と京成電鉄が乗り入れている。

その後、昭和47年7月3日に北海道新幹線青森～旭川《あさひかわ》間、北陸新幹線東京～大阪間、九州新幹線福岡～鹿児島間が告示され、同年12月12日には、さらに九州新幹線の福岡～長崎間が追加された。これで、路線計画は6路線7区間となった。

続いて、昭和48年11月15日には一気に11路線が新規に告示されて、全国の新幹線計画は5000kmを超えることになった。

昭和47年中に公示された３路線４区間について、東北新幹線と九州新幹線が国鉄、北海道新幹線、北陸新幹線が公団に調査の指示があり、昭和48年10月にそれぞれ報告書が提出された。運輸省では、これを受けて建設計画を決定したうえで、国鉄と公団に対して建設を指示した。

しかし、おりからの第１次オイルショックによる経済状況の混乱を受けて事実上工事は凍結され、行財政改革の一環として、昭和57年９月の閣議で整備新幹線計画の当面見合わせが正式に決定した。

昭和54年12月、大平正芳《おおひらまさよし》内閣は、昭和55年度を初年度とする行政改革計画を閣議決定した。そのなかで、日本鉄道建設公団についても触れ、「上越新幹線及び青函《せいかん》トンネルの本体工事が完了した時点において、他との統合等を図る」とした。この時点では、上越新幹線と青函トンネルが完成する時期を昭和58年度としていた。

上越新幹線は、当初昭和51年度の完成を目指して工事に着手したが、長大トンネルでの難工事が続いたことから、開業は昭和57年11月まで遅れた。さらに青函トンネルに至っては、昭和46年に本工事に着手して以後難工事が続いたことで、ようやく先進導坑が貫通したのが昭和58年１月であった。竣工したのは、国鉄が分割民営化された後の昭和63年３月である。

工事の遅れで、結果として公団自体の延命が図られた形となったが、昭和62年１月30日、「整備新幹線計画及び日本鉄道建設公団の取扱いについて」の閣議決定で、公団を整備新幹線の整備主体として存続させることに決まった。

『日本列島改造論』

田中角栄は、自民党の都市政策調査会で『都市政策大綱』をまとめたのち通産大臣に就任したが、国土開発の方向性について本にしたいと思った。秘書官に話をすると、発行は日刊工業新聞社に決め、ライターの確保と手はずを整えていった。通産官僚3～4人と日刊工業新聞社の記者十数人で、田中の口述をもとに文章にしていった。そのなかには通産省の池口小太郎《いけぐちこたろう》、のちの堺屋太一《さかいやたいち》も加わっていた。

当初昭和47年（1972）の暮れに発行するつもりでいたが、この話を、田中の腹心の二階堂進《にかいどうすすむ》に話をすると、「7月に間に合わないか」と言われ、作業をスピードアップして、昭和47年6月に『日本列島改造論』は刊行となった。二階堂の言った7月とは、自民党総裁選のことであった。

総裁選では、予備選で田中が1位、福田赳夫《ふくだたけお》が2位となり、2人の決選投票になった。結果は、田中282票、福田190票で大差をつけて田中が勝利した。

ところで、『日本列島改造論』は、全国に工業地帯を開発し、人の移動に新幹線網、物の移動に高速道路網を建設するというもので、実際に、全国各地で公共事業が立ち上げられ、建設ラッシュが現出した。建築資材は高騰し、職人は不足した。そのまま経済成長のトレンドに乗るかと思ったところで、昭和48年10月、イスラエルとエジプトの交戦で始まった第4次中東戦争での原油価格の上昇により先進国の経済は大きな打撃を受けた。

第1次田中内閣は、昭和48年2月に経済社会基本計画を策定して、9・4%の経済成長率を計画した。しかしオイルショックによって、一転景気の低迷に直面することになった。

田中内閣は、交通インフラ整備を中心とする公共事業を拡大することで景気の浮揚を目指し、新幹線と高速道路の建設を核とする総合交通政策を進めることになる。その財源として、自動車重量税を新設（自民党幹事長のとき）した。

道路目的税の考え方は、整備された道路を利用することによる利益に応じて負担を求める受益者負担と、自動車が走行することによる道路面の損傷に対する費用負担の2つが組み合わされている。揮発油税、地方道路税、石油ガス税、軽油引取税は受益者負担原則、自動車重量税は損傷者負担原則に基づいて賦課される。

これらの道路目的税は、昭和49年の税制改正で暫定税率が適用されることになった。このときの総理大臣も田中角栄で、建設大臣は田中派の金庫番と呼ばれた小沢辰男《おざわたつお》であった。

当時は、オイルショック直後で、石油製品の価格が上昇して自動車を使用するコストが増大していた時期に当たる。すでに自動車の使用は生活に欠くことのできないものとなっており、道路目的税は大衆課税の強化として批判が相次いでいた。しかし、「間接税負担のあり方という税制自体の観点からも負担の適正化を図る必要があること、資源節約、（ガソリン）消費抑制、環境保全といった社会的な要請にも十分配慮する必要があること等が指摘され」(建設省道路局監修『道路行政』)、実施された。

この段階では、自動車関連課税の目的について、新しく環境面への配慮により自動車の使用を抑制する手段の1つという位置づけが加えられたということができる。

それに対して、政府や道路族議員の考え方は、道路特定財源は、道路の整備に使い切るべきであるとか、そのころ巨額の余剰金を生じていることから暫定税率を廃止すべきであるといった主張を繰り返していた。

総合交通政策

道路整備と空港整備には特別会計が設置され、いずれも中期整備計画を立てて計画的に整備が進められた。それに対して鉄道は、特別会計も国の整備計画も存在しなかった。

鉄道の整備は、国鉄による長期投資計画による新線建設や改良があったが、これは国鉄という一企業の内部の投資計画であった。私鉄についても同様で、各社が個別に設備投資計画を策定し、それを集計する形で民営鉄道協会が中期計画を公表した。

昭和53年(1978)、国鉄財政の破綻にともない、比較的潤沢な道路整備特別会計の扱う道路目的税を総合交通政策に活用するという「陸上公共輸送整備特別会計」の案が提起された。時の総理大臣は福田赳夫、運輸大臣は福永健司《ふくながけんじ》、建設大臣は桜内義雄《さくらうちよしお》であった。道路目的税は年々増収が続き、道路整備の費用に余る状況となったため、道路以外の交通インフラ整備に活用しようという発想であった。

この陸上公共輸送整備特別会計は、整備新幹線、AB線（地方開発線、地方幹線）、新世代の都市交通機関の整備を目的としていた。運輸省の概算要求では、その財源を一般財源に加え、「公共輸送整備税」を新設することで確保する計画であった。そして、将来的には、道路財源の転用が意図されていた。

結局この案は棄却されて、整備新幹線や地下鉄整備には運輸省の一般行政費から補助金が交付された。一般行政費とは、経常的な経費に充てられるのがスジであるので、その執行は単年度主義が貫徹される。数年にわたる工事期間にファイナンスするには不適当であった。

運輸省は、その後も鉄道に関する特別会計の設立を目指すことになる。しかし、特定財源の確保に行き詰まり、結局平成3年（1991）に鉄道整備基金の設立となった。従来の運輸省の一般会計からの補助金をすべて鉄道整備基金を経由する形に改めるとともに、既存の新幹線をJR3社に売却した代金の一部が特定財源とされた。都市鉄道整備に対する財源として、鉄道事業者が通勤定期収入の一部を拠出する案は実現しなかった。しかし、これで整備新幹線と都市鉄道整備が公共事業の対象として認められることになった。結局、特別会計は実現せず、特定財源も中途半端なものとなった。

第7章　高度経済成長の終焉

1　財政再建

オリンピックの反動不景気

高度経済成長にともない原油や資源の輸入が増加して貿易収支の伸びが鈍化、固定為替相場を維持するために昭和38年（１９６３）に金融引き締め政策に転換した。そのうえ昭和39年秋に開催される東京オリンピックを目標に大規模な公共事業が実施されてオリンピック景気が現出したが、オリンピック閉会後はその反動で不況局面に入ることになる。これに対して金融引き締めによる総需要の減少を補完するために、昭和40年度の補正予算で特例国債が発行され、翌年度から本格的に建設国債の発行が再開されることになる。ドッジ・ラインによる均衡予算主義が戦後貫徹してきたが、ここで崩れることになった。なお、財政法では、国債の発行は基

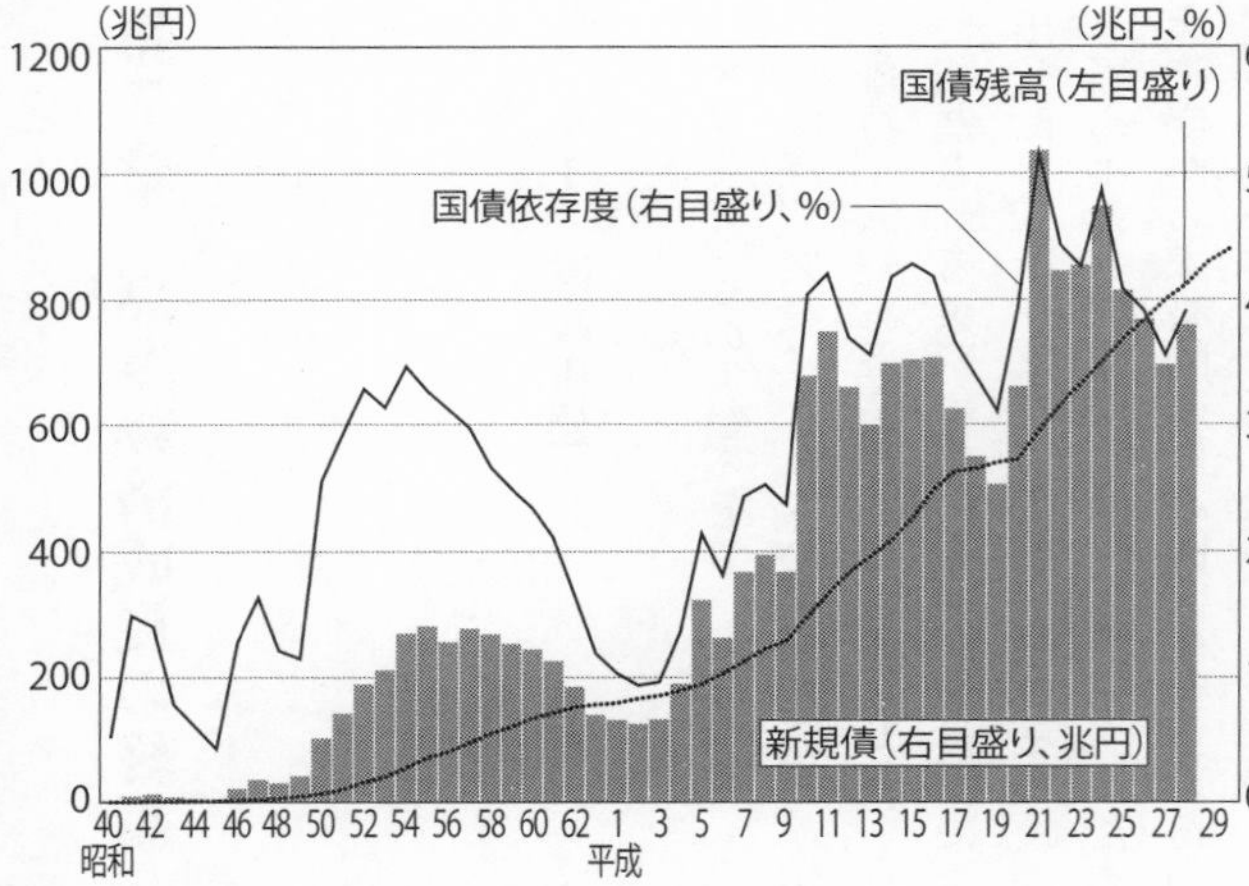

国債発行額、残高と依存度の推移

本的には禁止であるが、例外的に公共事業の財源に充てる場合に限り国債（建設国債）の発行を認めた。

さらにオイルショック後の昭和50年度からは財政法で禁じられている赤字国債が特例法により発行され、以後国債の大量発行が続くことになった。

昭和40年に新規国債の発行が再開され、翌年には建設国債が本格的に発行されたのにともない、国の一般会計歳入に占める国債発行収入の比率が15％近くに上昇した。これに対して、財政制度審議会は国債依存度を5％以内にとどめることを建議し、これにより国債依存度は4％台まで低下させることができたが、昭和50年にはオイルショック後の景気後退により再び25％まで上昇していった。同年10月には政府は国債依存度の上限を30％とする方針を示すが、昭和

52年には早くもこれを突破して、歯止めとならなかった。1980年代に入るとようやくこの国債問題の深刻さに気づき、政府は超緊縮財政をとることにより切り抜けようとした。これにより国債依存度は低下し、一定の効果が認められたが、この国債依存体質からの脱却の契機となったのは、いわゆるバブル経済であった。赤字国債の新規発行は平成元年（1989。平成2年度は臨時特別公債）まででいったん終了し、それにともない国債費も低下した。

規制緩和

戦後は、戦災を受けた先進各国は、アメリカが復興支援として供給する大量のドルをもとに、ケインズ政策に邁進《まいしん》することになる。そして、国の財政は拡大を続けていった。

このケインズ政策に対する批判として、ブキャナン＝ワグナー批判が有名である。政治家というのは、国民の支持を得るために財政の拡大には寛大であるが、その削減には抵抗する。ケインズ政策により財政が赤字化しても、それを均衡状態に戻そうとしないというのである。

それが現実のものとなって、1970年代、先進各国では財政赤字が拡大して、経済の活力を損ねることになっていった。そこで登場したのが、「サプライサイダー」と呼ばれる経済学者たちであった。高い税率と多くの規制が民間の経済活力を損ね、それが国際競争力を低下させることになっているとし、減税と規制緩和により、経済は再び上昇すると主張した。この考え方を取り入れたのが、イギリスのサッチャー首相であり、アメリカのレーガン大統領であった。

ほぼ同じころに、日本でもサプライサイダーの考え方を取り入れた行財政改革が進められることになる。ただ、海外と違うのは、オイルショック以後の景気刺激策として財政出動を繰り返したのと、国際的な景気低迷から、日本と西ドイツは機関車役を期待され、内需拡大のための財政措置をとったために、日本の財政が赤字を累積していたことである。そこで単純な規制緩和ではなく、同時に財政再建が問題となった。しかも海外からは内需拡大を要求されるなかで、国の支出を削減しなければならなかった。

昭和55年（1980）5月、社会党の飛鳥田一雄《あすかたいちお》は、衆議院で大平内閣の不信任案を提出した。浜田幸一《はまだこういち》のラスベガスでのギャンブル疑惑に端を発した問題が理由である。普通であれば自民党の反対多数で否決されるはずであるが、前年の衆議院選での、大平首相による一般消費税発言による自民大敗に快く思わない自民党議員がいた。この党内の反大平がどのように動くかが焦点になった。ただ、一部に賛成票を投じた自民党議員がいたが、ほとんどは同じ自民党であるので不信任に賛成することもできず、採決に欠席するという手段をとった。そしてだれも予想しなかった大平内閣への不信任案の可決となり、これを評して「ハプニング解散」と呼ばれた。大平首相は、これに対して衆議院を解散、総選挙が行われることになった。しかも初の参議院議員選挙との同日選挙となった。

そこでまたハプニングがあった。選挙戦のさなかに、大平首相が心労から心筋梗塞《こうそく》を起こし死亡してしまったのである。そのため、この衆参同日選挙は故大平首相のとむらい合戦となり、有権者の同情もあって、自民党の大勝という結果となった。

次は、だれが後継総裁・首相になるかであるが、ここでも番狂わせがあった。前評判では、中曽根康弘《なかそねやすひろ》、河本敏夫《こうもととしお》、宮澤喜一《みやざわきいち》が下馬評にのぼっていたが、蓋《ふた》を開けてみると番外候補の鈴木善幸が後釜に決まっていたのである。背景にどのような力が働いたのか判然としないが、鈴木内閣も多数派閥の田中派が後ろ盾となっていた。

昭和55年7月、臨時国会で鈴木善幸が首班指名を受け、組閣が始まった。ハプニング解散では、中曽根は、考えを巡らすためとして最初雲隠れしていたが、途中で議場に入ってきて不信任案に反対の票を入れた。結局主流派の考えに従ったのである。組閣では、中曽根康弘は大蔵大臣や外務大臣といった主要閣僚の就任を希望したがかなえられず、与えられたのは行政管理庁という格下の官庁であった。その下に政務次官として鈴木派の堀内光雄《ほりうちみつお》が就任するが、堀内は、富士身延鉄道や東京乗合自動車を経営していた堀内良平の孫で、富士急行の社長である。

2　第二次臨時行政調査会

鈴木内閣の行財政改革

鈴木内閣では、大平内閣に引き続き、厳しい財政の状況を正常化することが第一の課題となり、税制の見直し、具体的には法人税の増税による歳入増、一般消費税などの新税の導入、福祉・文教などの公共サービスに対する受益者負担の拡大、特殊法人の持つ剰余金の吸い上げを推進することが選択肢となった。

そこで、堀内政務次官が中曽根長官に対して、臨時行政調査会（臨調）の設置を提案した。臨時行政調査会は、かつて昭和37年（1962）に一度設置され、最終答申が提出されたが、その後うやむやにされてしまったという経緯がある。

臨時行政調査会の答申を得て、補助金を圧縮し、特殊法人を減らし、公務員の給与を下げることで、財政再建につなげるというのである。結果の責任は臨調に押し付けることができる。鈴木首相は、この堀内の提言に魅力を感じるようになっていく。実際、臨調の方針に沿って、昭和56年度予算では、法人税1兆4000億円の増税と、電電公社、日本中央競馬会からの剰余金繰り入れが盛り込まれた。

鈴木首相は、財政健全化のための行政改革という位置づけで、緊急を要する課題と考えていた。一方で、中曽根は、鈴木首相のもとで行政改革に力を振るい、次期首相として自分がそれを実施することを考えていた。

中曽根は、第二次臨時行政調査会の設立に当たって、石川島播磨重工《いしかわじまはりまじゅうこう》の名誉会長をしていた土光敏夫《どこうとしお》に白羽の矢を立てた。

牧太郎《まきたろう》『小説土光臨調』によると、中曽根と土光とのつながりは、昭和49年12月、金脈問題で田中角栄内閣が崩壊し、椎名《しいな》裁定で三木武夫《みきたけお》内閣が成立したときにさかのぼるという。自民党は、選挙のような大きな出費があると、財界団体に対して寄付を求めたという。

三木政権が始まると、自民党の中曽根幹事長は、小坂善太郎《こさかぜんたろう》自民党財務委員長とともに経済団体連合会（経団連）を訪れ土光敏夫会長に面会した。ロッキード事件が焦点となった前年の選挙で金がかかり、年越しの資金15億〜16億円が不足していた。土光は会長に就任して間がなかったが、前会長の植村甲午郎《うえむらこうごろう》は、副会長の花村仁八郎《はなむらにはちろう》を使って各業界に配分して資金をかき集め、自民党に提供していた。土光も、しぶしぶ応じることにして、花村副会長に指示した。

左から土光敏夫臨時行政調査会長、中曽根行管庁長官、鈴木善幸首相（昭和56年３月11日）（写真・読売新聞社）

中曽根からの臨調会長就任の申し入れは断ったものの、その後鈴木首相が電話で再度就任を要請すると、条件付きで承諾した。その条件とは、委員の構成を会長の土光を除いて、財界2名、労働界2名、官界1名、言論界1名、地方1名、学界1名、法曹界1名の9名とすることであった。これには深い読みがあって、土光を入れて財界から3名が入ることで、財界が議論を支配できると考えたのである。この第二次臨時行政調査会は、「財界臨調」と呼ばれることになる。そのほかに、瀬島龍三《せじまりゅうぞう》委員の提案で、委員の選定から漏れた者を顧問としてメンバーに取り込んだ。さらに専門委員20名の人選に移ったが、各省庁から多くの候補者の推薦があり、選考から漏れた者を対象に参与を選定した。各省ともこの行革審を普通の審議会と見なして、省益を代表する役所のＯＢを送り込もうとしたため、メンバーの約半数が各省のＯＢなど関係者となってしまった。

土光はもう1つの条件として、行政改革が実施されるまでは法人税を増税しないことを求めたが、これは昭和56年度予算で反故《ほご》にされてしまう。

さらに、三公社（国鉄、電電公社、専売公社）の民営化を含む改革を実施することを条件として示した。他の課題が各省庁の抵抗で骨抜きにされるなかで、三公社のうち国鉄の経営体の変更が、のちにこの臨調の成果として喧伝《けんでん》されることになる。

昭和56年3月、第二次臨時行政調整会（第二臨調）は、土光敏夫を会長にして設立された。鈴木首相からの求めで、昭和57年度予算の編成までに間に合わせる「当面の緊急課題」と、2年間で結論を出す「基本的調査審議事項」に分けて審議することが決定した。

当面の緊急課題については、行政の理念を第一専門部会、中央・地方の支出削減と収入確保を第一特別部会（部会長亀井正夫《かめいまさお》）、中央・地方の行政の合理化と効率化を第二特別部会（部会長加藤寛《かとうひろし》）で扱うことにした。第二特別部会は、国鉄を含めた三公社の経営形態について担当することになる。加藤寛は、当時頻繁にテレビに出て国鉄改革のメッセンジャーとなっていた。

第二臨調の審議に対応して、自民党内には、田中派の橋本龍太郎《はしもとりゅうたろう》を会長とする行財政調査会を設置。財界でも経済五団体トップの稲山嘉寛《いなやまよしひろ》経済団体連合会会長、永野重雄《ながのしげお》日本商工会議所（日商）会頭、大槻文平《おおつきぶんぺい》日本経営者団体連盟（日経連）会長、佐々木直《ささきただし》経済同友会代表幹事、日向方斉《ひゅうがほうさい》関西経済連合会会長で「行革推進五人委員会」を発足させた。

第二特別部会での審議の結果は、昭和56年6月22日、第二臨調に報告され、7月10日に緊急答申（第一次答申）として提出された。そこで示された国鉄に関する部分は、国鉄が進めている経営改善計画を早期かつ着実に実施し、毎年度その実施状況について公開すべきというもの。「国鉄経営改善計画」は、そのために職員7万4000人を減らして35万人体制を実現するとともに、適宜適切な運賃改定、特定地方交通線の一部バス転換、貨物部門の縮小、設備投資の抑制、関連事業の振興、資産処分により、昭和60年までに幹線収支の均衡を目指すとしていた。

国鉄の経営は昭和32年度から38年度までの間、高度経済成長により黒字経営が続いたが、東海道新幹線が開業した昭和39年度には赤字化、昭和55年度には単年度の赤字額は1兆円を超えた。

第二特別部会では、要員削減の実績が遅れていて昭和60年に35万人体制を実現することは難しいと考えており、そもそもこの経営改善計画が国からの補助金の交付を前提に組み立てられているという点で問題と認識していた。国鉄に対して、毎年の再建計画の実施状況の報告を求

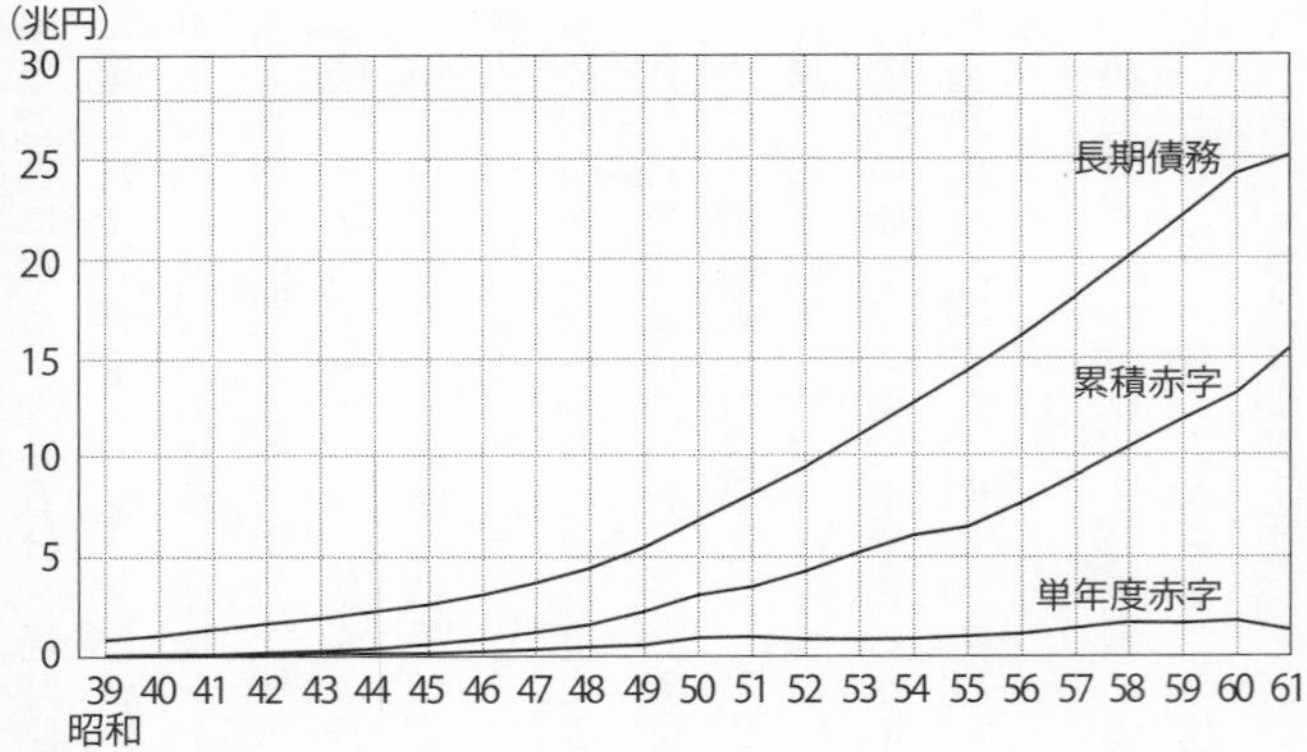

国鉄の赤字、長期債務の推移

めたものの、国鉄は、途中経過ではなく目標年の達成度が重要として、応じなかった。運輸省も国鉄に同調し、自民党も運輸族の議員に根回しがなかったことを問題視した。政府・自民党行革推進本部はこの内容におおむね不満であることを表明したが、これは運輸省や業界の利益を反映していた。

7月11日の自民党行財政調査会、14日の自民党政務調査会と総務会で、個々の問題については昭和57年度予算概算要求作成の段階で、党の各部会、政府、各省庁と調整することを条件に大筋了解した。政府は、17日に緊急答申を「最大限に尊重し、速やかに実施する」ことで合意し、秋の臨時国会までに法案を準備することになる。

国鉄の経営改善計画は、国鉄の経営計画室が中心になって策定したが、昭和56年4月に改革派三人組のリーダー役を務めることになる葛西敬之《かさいよしゆき》が調査役に着任していた。葛西は、のちに、線路を国が所有し、運営を国鉄が担当、北海道、九州、四国、東北、関東、中部、近畿、中国に8分割し、旅客と貨物も分けるという国鉄分割案を中曽根に近い財界人に送ったという。経営改善計画を作った本人も、その実現性に疑いを持っていたのである。

審議の区切りがついたところで、従来の専門部会と2つの特別部会を改め、4つの部会に再編された。第一部会は「行政の果たすべき役割と重要行政施策の在り方」、第二部会は「行政組織及び基本的行政制度の在り方」、第三部会は「国と地方の機能分担及び保護助成・規制監督行政の在り方」、第四部会は「三公社五現業、特殊法人等の在り方」を審議するのが任務である。

第二臨調第四部会

第四部会の審議は昭和56年（1981）9月9日から始まったが、その直後の18日に中曽根行政管理庁長官が日本商工会議所総会で「今後の臨時行政調査会の眼目は国の許認可の整理だ」として、国鉄ほか三公社の経営体の問題について蔑《ないがし》ろにする発言をした。これは、この時点で、その後の国鉄解体へと至る議論が、政府にとっては予想を超えていたということができる。それは国鉄当局も同じで、国鉄の高木文雄《たかぎふみお》総裁の聞き取りで、目下の国鉄の経営問題は、適宜適切に運賃の改定をさせてもらえなかったためであり、膨大な年金負担も戦後国の都合によって膨れ上がった人員がそもそもの原因であるとして、責任を転嫁する見解が目立った。また、当時、盛んにマスコミが伝えた国鉄の現場労働者の規律の乱れについては、批判を受けたことで徐々に改善しているとして弁解したが、問題の深刻さを理解していなかった。また国鉄の職員局は臨調の審議に対して非協力的であったという。

臨調第四部会の部会長、慶應義塾大学教授の加藤寛は、『現代』昭和57年4月号に「国鉄解体すべし」との論考を発表した。

「第二臨調の目玉は国鉄だということが言われている。私は臨調では第四部会に参加しており、この部会で最大の問題が国鉄問題だというのは事実である。当事者はもとより、いまや国民一人当たりにして、16万円も負担するかたちになった赤字国鉄をどうするのかということは、国民すべての関心の的であろう」と。

国鉄問題は、実は、労働問題であった。総評系の国鉄労働組合（国労）や国鉄動力車労働組合（動労）は、労働争議の一環として全国的にサボタージュを続けていた。東京や大阪の通勤電車では、運転間隔が短いために注意信号でも速度を落とさずに運転していたが、これを安全運転と称して減速運転をしたため、ダイヤは大きく混乱し、それによって通勤客は激しい混雑により苦しめられた。

国鉄は、磯崎叡《いそざきさとし》総裁（在任昭和44～48年）のときに、経営の健全化を目的として生産性向上運動（マル生運動）を行った。総裁自ら現場に入って職員を指導した。

国鉄の労働組合には、日本社会党支持の総評系の動力車労働組合（動労）、国鉄労働組合

（国労）、民主社会党支持の同盟系鉄道労働組合（鉄労）、公明党系の全国施設労働組合（全施労）、共産党系の全国動力車労働組合（全動労）、中核派系の国鉄千葉動力車労働組合（千葉動労）などがあった。そのうち国鉄当局と対立関係にある総評系の国労が組合員24万人、動労は4万4000人あまり、それに対して当局と協調的な同盟系の鉄労が4万5000人と、大きく差が開いていたが、マル生運動のなかで総評系の組合から鉄労への鞍替《くらが》えが進んだ。これが不当労働行為として、動労、国労を強硬化させた。昭和40年代の半ばからは、ストライキが頻発して全国の国鉄は混乱を極めた。社会党の議員団が現場視察と称して、現場の管理職をつるし上げにし、これを機に管理職と組合員の力関係が逆転した。マル生運動は、昭和46年秋に、当局側が不当労働行為を認めて終了した。

　国鉄は、ヤード系貨物輸送（広大な操車場で貨物を方向別に仕分ける）など労働集約的

当時の貨物列車（昭和45年、稲毛駅）

大宮操車場（昭和63年）（写真・読売新聞社）

で他の産業分野に比べて労働生産性が低かった。赤字が増えるなかで、生産性向上を目指すのは当然のことであった。その後、国鉄は合理化投資を増やして働き方の効率化を図るのではなく、非効率な部門をまるごと切り捨てる方針に転換していく。

こういう混乱した国鉄労働問題が、旅客を巻き込んで社会問題化しており、早急な是正が求められていた。

加藤寛の考え方は、国鉄は30万人を超える労働者を抱え、それが全国に散らばっている。この労働者を的確に管理するには、規模が大きすぎるというのである。必然的に国鉄の分割が必要だという結論になる。

昭和50年11月、国労、動労など公労協9組合は、スト権奪還を目指して全国にわたって列車を止めた。スト権は国の制度の問題であり、国鉄当局が決められる問題ではない。このような政治ストの正当性自体疑問であった。結局予定していた8日間をぶち抜いた。これにより、とくに貨物輸送は大きな打撃を受けた。輸送中の生鮮野菜は腐り、ヤードに止められた貨車には馬が取り残され、荷主は給水・給餌《きゅうじ》で張り付いていなければならなかった。

この違法ストに対して、国鉄は、組合に対して損害賠償として202億円の支払いを求める訴訟を提起した。同種の裁判は諸外国にもあり、いずれも原告側が勝利しているとのことであった。組合側は、もはや臨調に集中することができなくなった。

昭和57年になって、自民党代議士の三塚博《みつづかひろし》のところに、のちに国鉄の改革派三人組と呼ばれる葛西敬之、井手正敬《いでまさたか》、松田昌士《まつだまさたけ》が訪問し、国鉄の現場の荒廃ぶりを説明した。実際に、ストが頻発し、順法闘争が横行する状況で、国鉄の労使関係は混乱を極めていたが、現場の職場規律の惨状は国会議員まで届いていなかった。

自民党の運輸族議員の加藤六月《かとうむつき》と三塚博は、2月5日に党内に国鉄再建小委員会を設立して、国鉄問題に精力的に取り組むことになる。加藤六月は福田派に属し、ロッキード事件で賄賂を受け取ったとされる灰色議員であった。

三塚は、国労と動労の幹部を査問委員会に呼び、三塚とともに中川《なかがわ》グループに属する長谷川《はせがわ》峻《たかし》も加わり、厳しく問いただした。

「組合の幹部が、自民党の議員をつるし上げる、という場面はあったが、『鬼の動労』と並び称された国労の幹部が、自民党議員につるし上げられるなど、前代未聞であ」った。それまでは国鉄当局のマル生運動挫折の痛手は大きく、国鉄執行部より組合の幹部のほうが威張っていたのである。

その前、国鉄の縄田国武《なわたくにたけ》経理局長が、助成金の要請で渡辺美智雄《わたなべみちお》大蔵大臣のもとを訪ねると、渡辺から、労使関係の改善が先決と釘を刺された。そこで、運輸族の国会議員の加藤六月に連絡すると、同じ福田派の三塚博に対応を指示したというわけである。

三塚は、加藤と自民党の全国組織委員長室で密談を重ね、「ねらいは、労組ではない。組合協調路線をとっている当局の軟弱幹部に問題がある。人事異動だ。この際、自民党の手で、人

「紀伊」衝突事故（写真・読売新聞社）

事を一新しなければならない」という判断に至った。組合の問題だけではなく、それを許している国鉄当局も問題だというのである。実際、国鉄職員局の人事は国労の承認を必要としていた。

三塚は、国鉄現場の規律低下の問題に取り組むために、国鉄再建小委員会のヒアリングで、細田常務理事（元経理局長）と太田知行職員局長、改革派三人組は、国労、動労と協調体制をとる吉井浩常務理事と川野元職員局長の更迭を求めた。

そのころ、夜行特急に乗務すべき検査掛が乗務せずに手当てだけを受け取っていたとして、ヤミ手当てが問題になっていた。3月15日には名古屋駅で寝台特急の「紀伊《きい》」と「出雲《いずも》」の分割作業で、ディーゼル機関車が減速せずに激突し、十数人が負傷した。車両は大きく変形し衝突時の衝撃の大きさを物語っていた。原因は、機関士の飲酒であったため、国民はいやがおうにも国鉄の職場の荒廃ぶりに注目することになった。

小委員会が設置されたのと同じ日、2月5日に臨調は国鉄資産の売却、国鉄職員の新規採用ストップ、給与の抑制、ヤミ協定の廃止、無料乗車制度の廃止、新幹線・整備五線計画の凍結、地方交通線の整理促進、投資の抑制、鉄道病院の切り離し、車両工場の切り離しの「緊急10項目」を発表した。従来からの施策を改めて掲げたものが中心であるが、むしろ小委員会設置と同日に発表されたことに意味がある。三塚の小委員会の性格付けがわからず、臨調側は、自民党が臨調の議論を牽制《けんせい》するために作ったと疑心暗鬼になった。小委員会に議論をリードされないように、急ぎ、臨調側の立場を表明したのであった。

さらに4月23日付けの『朝日新聞』に国鉄の二分割案が報道された。輸送と施設の保有を分ける機能分割で、基本的には公社制を維持するというもので、昭和62年に人員26万人体制を目指すとした。記事のなかには、鈴木首相の「きわめて実現性の高い改革案であり、この案の方向で臨調審議がまとまることを期待する」とのコメントも載っていた。この案は、運輸省が作成し、小委員会にも報告せずに、小坂徳三郎《こさかとくさぶろう》運輸大臣が承認して、運輸省がリークしたといわれていた。臨調の土光会長には事前に報告があったという。小坂大臣は田中派で、加藤六月と三塚博は福田派である。派閥間での主導権争いがあったという。三塚は、小委員会と臨調で審議中であるにもかかわらず運輸省が折衷案を作って発表したことを不快に思った。臨調も、このような自民党の動きに批判的立場をとったため、そのまま立ち消えとなった。

臨調の第四部会の議論は、国鉄の分割・民営化の方向に向かっていったが、3月17日に都内のホテルで臨調第四部会と自民党の運輸族議員とで意見交換が行われた。臨調からは瀬島龍三、加藤寛、住田正二《すみだしょうじ》が参加し、党側からは行財政調査会長の橋本龍太郎、運輸族議員の加藤六月、細田吉蔵《ほそだきちぞう》、田村元《たむらはじめ》、小此木彦三郎《おこのぎひこさぶろう》が対峙《たいじ》した。田村、細田は分割・民営化に反対、加藤六月は地域分割では北海道が政治的に難しいとの考えを示した。党としても、このとき民営化容認に傾きかけていた。全体の論調は、臨調の議論が極端に走らないように自民党が圧力をかけたとされている。

続いて、国鉄の巻き返しが図られた。自民党からは加藤六月、三塚、細田、伊江朝雄《いえともお》の各議員が、国鉄からは馬渡一眞《うまわたりかずまさ》副総裁、縄田常務理事が会合を持ち、三塚は国鉄の要望を受け入れ、臨調の答申前に小委員会で方向性を決めて、議論を有利に運ぼうということが了解された。しかし、三塚は、背後に国鉄の改革派がおり、必ずしも国鉄の利益を代表する気はなかった。自民党の小委員会は、6月25日に方針を決めたが、それは国鉄の経営改善計画の実行状況をみて現行体制維持か分割・民営かを決めるという、いわゆる「出口論」であった。分割・民営化を否定するものではなかった。

なお、伊江朝雄は、国鉄の常務理事のとき、昭和52年に参議院議員選挙で全国区に立候補して当選していた。

臨調の第四部会は、5月17日にすでに次のとおりの方針を第二臨調の会議で報告していた。

1　経営形態のあり方―地域分割を基本とし、各分割地域内でも機能分割と地方交通線分割を推進。地域分割は、北海道、四国、九州を各独立させ、本州は数ブロックに分ける。分割は、5年以内に速やかに実施。分割会社は、当初国鉄が現物出資する特殊会社とし、地方公共団体や民間の出資をできるだけ受ける。将来、株を逐次公開して民営化を図る。

2　改革手順―政府は、国鉄事業再建のため、緊急事態を宣言。緊急に措置すべき事項を決定・実施。答申の「分割・民営化による国鉄事業再建の基本方向」を確認。新形態移行計画をつくる「国鉄再建監理委員会」（仮称）を、総理府に行政委員会として設置。所要の立法措置と予算措置を講じ、国鉄を新形態に移行させる。

3　新形態移行までの間、緊急に取るべき措置――職場規律の確立。新規採用の停止および要員合理化の促進。設備投資の抑制。貨物部門の縮小・合理化。地方交通線の整理促進。関連部門の分離等。無料乗車証制度の廃止。給与の抑制。運賃の適正化等。兼職議員の禁止。その他。

審議過程で、整備新幹線計画と分割の時期についての表現のほか、分割に移行するまでの期間に設置される国鉄再建監理委員会の性格付けが問題となった。

整備新幹線については、「すべて凍結する」を「当面見合わせる」に表現を変えることを党側に押し切られた。また、国鉄再建監理委員会は、独立した行政委員会とする案について政府が反対し、運輸省との連携が必要として、行政権のない通常の大臣の諮問機関としての審議会と同じ8条委員会となった。分割の時期については、政府から150を超える法律案の準備が必要であるとの説明があったため、部会が用意した昭和60年案は無理という結論になった。

国鉄問題に対して、社会党の国鉄対策特別委員会でも独自の「再建対策」を発表した。しかし内容的には現実的なものは少なかった。たとえば、国鉄の16兆円の累積赤字に対して、国鉄用地をすべて国に売却して、その代金で処理するという。国側の財源は、「国鉄再建宝くじ」を発行するとか低利ないし無利子の「国鉄再建永久国債」を発行するとした。

第二臨調基本答申

昭和57年（1982）7月、「行政改革に関する第三次答申―基本答申―（臨調答申）」が提出されたが、国鉄経営悪化の原因として次の4点を挙げる。

1　急激なモータリゼーションをはじめとする輸送構造の変化に対して、国鉄は鉄道特性を発揮できる分野（都市間旅客鉄道、大都市圏旅客鉄道および大量定型貨物輸送）に特化すべきであったが、現実には、公共性の観点が強調されすぎ、対応が著しく遅れてきたこと。

2　国会および政府の過度の関与、地域住民の過大な要求、管理限界を超えた巨大な企業規模および国鉄自体の企業意識と責任感の喪失等の理由から企業性を発揮できず、いわゆる「親方日の丸」経営といわれる事態に陥ったこと。

3　労使関係が不安定で、ヤミ協定および悪慣行の蔓延《まんえん》等職場規律の乱れがあり、合理化が進まず、生産性の低下をもたらしたこと。

4　収入に対し異常に高い人件費、年齢構成のひずみからくる膨大な年金・退職金および累積債務に対する巨額な利払いを負担することになったこと。

臨調は、国鉄経営を分析し、当時政府が進めていた国鉄経営再建促進特別措置法に基づく経営改善計画の達成は極めて困難とし、国鉄を分割し、民営化することが必要と結論づけた。その理由は、従来の公社制のもとでは、基本的に民業圧迫のないことを要求されたため、経営の多角化によるプロフィットセンターの開発ができなかったという問題、また組織が巨大で有効に管理できず組合の横暴を許してしまったという問題である。

この答申を受けて、昭和57年9月、政府は臨調答申を実行に移すため「行政改革大綱」(「今後における行政改革の具体化方策について」)を閣議決定することになる。その内容は、国鉄改革は5年以内に事業再建の全体構想を設定し、その実現を図ること、その実施のために国鉄再建監理委員会を設置すること、政府に国鉄再建関係閣僚会議を設置することの3点である。

中曽根内閣の成立

鈴木善幸内閣は無難に任期を終えたが、次期総裁の選出ではひと悶着《もんちゃく》があった。鈴木首相は、行財政改革に政治生命を懸けていた。答申が出て、改革の見通しがついたが、財政改革に集中していたところ、景気の低迷により5兆～6兆円の歳入不足が判明した。鈴木首相は3兆円の国債の発行を決めたが、これは公約違反を意味していた。

景気刺激のために、臨時国会を開いて追加予算を決めたいが、野党からだけでなく、与党からも批判を受けそうだということで煩悶《はんもん》するが、結論が出る前に総裁選が始まった。

この総裁選は、田中派と福田派の角福《かくふく》戦争と呼ばれた。大平、鈴木と続いて田中角栄の支持によって総理大臣が決まった。今度こそ福田派から総裁との意気込みがあった。福田派から安倍晋太郎《あべしんたろう》が立候補して、福田も安倍の支持を表明したが、福田派と共同歩調をとっていた中川グループの中川一郎《なかがわいちろう》も立候補している。さらに福田自身も、「臨時国会を早急に開く必要がある。それがムリなら、閉会中の予算委員会でもいい。ともかく、早急に、補正予算を組む必要がある」として、自ら再度の総理を目指す噂も立ったほどである。

それに対して、田中派では、金丸信《かねまるしん》と後藤田正晴《ごとうだまさはる》が、中曽根を指して「あんなおんぼろ神輿《みこし》を担ぐのか」と異論を差しはさむことがあったが、結局中曽根康弘を支持することになる。鈴木内閣で行政管理庁長官を務め、行財政改革を決めた実績があった。なによりも、財界との太いパイプができたことが有利な点であった。

鈴木は、支持率が史上最低とされたこと、角福戦争のつけを回されても困るとして、立候補しなかった。

予備選には中曽根、河本、安倍、中川の4人が立候補した。結果は、田中派の支持を得た中曽根がダントツの1位で、大きく差をつけて河本、安倍、中川と続いた。得票差があまりにも大きかったため、三位の安倍は本選挙への出馬を辞退し、中曽根総裁が決定した。

3　国鉄分割民営化

国鉄再建監理委員会

昭和58年（1983）6月10日、国鉄再建監理委員会が設置された。委員長は亀井正夫《かめいまさお》で、委員は加藤寛、住田正二運輸次官、吉瀬雄哉日本開発銀行総裁、隅谷三喜男東京女子大学教授である。国鉄の分割・民営化にともなう諸問題について、具体的に検討が進められた。

国鉄内では、縄田常務理事、太田職員局長と改革派三人組の間に次第に距離が置かれるようになった。縄田、太田は国鉄の幹部職員であるので、国鉄そのものが消えてしまう計画には反対であった。経営改善計画の見直しで、全国一体、公社制度を維持したいと思っていた。

三田《みた》のマンションの一室を借りて加藤寛事務所が設置された。そこで、非公式に改革派と監理委員会事務局員が会合を持ち、その年の暮れごろまで、国鉄改革の進め方が決められていった。

自民党のなかでは、臨調答申が非常に評判が悪かった。とくに加藤六月は、分割民営化に執拗に反対することになるが、これは国鉄ないし関係団体からの圧力によるものと想像できた。

高木文雄総裁は、大蔵省の官僚で大蔵次官を退官して国鉄総裁に転身した。もともと畑違いで、予備知識がないまま国鉄の幹部によるレクチャーを受け、国鉄内の考えに従わざるを得なかった。実際には、分割・民営化に理解を示していたが、この建前と本音の使い分けで、意見が一定していないと見なされ、国鉄内外から批判を受けることになった。そのため中曽根首相は、高木総裁を更迭した。次の総裁には、昭和58年12月、国鉄OBで西武鉄道の副社長を経験、この時点で日本鉄道建設公団の総裁の職にあった仁杉巌《にすぎいわお》が就任した。

中曽根首相は、仁杉に対して分割・民営化の推進を指示したが、国鉄OBの仁杉は、分割・

民営化を唯一の解決策とは考えていなかった。労務管理と当事者能力が回復できれば、公社・公団もありではという、現状維持派と改革派の中間に位置する考えを持っていた。経営改善計画を実行して、全国1社の公社体制を維持することを望んでいた。細田運輸大臣も、国鉄の立場を代弁する形で、分割・民営化のマイナス面を強調する発言をしていた。

昭和59年1月12日に仁杉総裁と臨調の亀井正夫、加藤寛、住田正二が初顔合わせとなったが、北海道、本州、四国、九州の島別分離は仕方がないとしつつも、あくまでも消極的な賛成であった。

6月21日、仁杉総裁は日本記者クラブで、基本的には分割・民営化に賛成で、いま模索していると発言したものの、この時点では現状維持の考えを持っていた。国鉄の独自案の作成を計画していた加藤六月から指摘を受け、仁杉は誤解を招いたとして陳謝した。仁杉もまた、意見が揺れ動いていた。

三塚は、もともと国鉄の縄田からの相談を受けて小委員会を設置したのであるが、『国鉄を再建する方法はこれしかない』のなかで、このころは改革派と綿密に連絡しあい、縄田とは関係を断っていたという。

国鉄内部では、改革派三人組と縄田常務理事をはじめとする現状維持派の間で感情的な対立が生まれていた。その結果、改革派の井手正敬は実質的に降格となり東京西鉄道管理局長に、松田昌士も北海道総局の総合企画部長に異動となった。また改革派のリーダーの葛西敬之は、経営計画室主幹から職員局次長に移った。

国鉄の解体とＪＲ設立

昭和58年（１９８３）６月に国鉄再建監理委員会が設置され、国鉄の分割・民営化の正規のプロジェクトが始動した。また、同月答申の実施を見極めるために、土光敏夫を会長に、第一次臨時行政改革推進審議会が設置された。

８月、国鉄再建監理委員会は、「国鉄改革に関する意見」をまとめて首相に提出した。同書のなかで、国鉄改革がなぜ必要なのかとの問いに対して、債務残高が昭和60年度末に23・６兆円に達するため、早急な対策を講じなければならないこと、そのために、国鉄を交通市場のなかで激しい競争に耐え得る経営体に変革する必要があると説明する。

そもそも国鉄が巨額の赤字を出すに至った背景には、公社制度のもとでの全国一体的な経営があり、適切な経営管理が難しく、同種企業間での競争意識も働かなかった。そこで、全国を６社の旅客会社と１つの貨物会社に分割して、会社間での競争意識を喚起するというのである。また、分割にとどまらず民営化する理由は、公社では、外部からの干渉を許し、労使関係も不正常なものとなりがちであったが、民営化することにより、職員の意識改革を促し、関連事業を開発することで、経営基盤の強化を図ることが可能であるとした。

第二臨調で短期間ではあったが濃密な議論の結果、国鉄の分割・民営化が決まり、昭和62年

4月1日に国鉄は国鉄清算事業団に引き継がれ、鉄道事業は、JR北海道、JR東日本、JR東海、JR西日本、JR四国、JR九州の6つの旅客会社とJR貨物に分割された。また新幹線の線路施設を保有する新幹線保有機構が生まれ、東北新幹線と上越新幹線はJR東日本、東海道新幹線はJR東海、山陽新幹線はJR西日本に賃貸された。

JRが発足すると、JRブームと、青函トンネル、本四架橋の完成による津軽海峡線と瀬戸《せと》大橋《おおはし》線の開業があって、予想以上の好調な船出となった。

整備新幹線の工事は、国鉄改革のなかで実質凍結されていたが、JR発足の前年から工事再開を求める要望が地方から出されていた。JRの予想を超えた経営実績から、整備新幹線の建設に対する要求が強まっていった。大蔵省は、行財政改革の最中であり、すぐには着工することには反対した。そこで運輸省は、工事費が安い在来線を標準軌に改造して新幹線と直通運転する「ミニ新幹線」、新幹線の構造物を新設して在来線の特急を乗り入れる「スーパー特急」を提案し、とりあえず工事着手の方向性が決まった。

工事再開に向けて、各新幹線の沿線を地盤とする国会議員が、政府・自民党の会議を通じて奔走した。

平成9年(1997)に開業した長野新幹線(北陸新幹線)は、長野オリンピックの開催に間に合わせるために、他の整備新幹線に先行して建設が進められた。長野オリンピックは、1991年、バーミンガムでのIOC総会で決定し、時の大蔵大臣は橋本龍太郎であった。橋本は同年10月に証券不祥事で辞任したが、長野新幹線の建設促進には熱心に取り組んだ。平成8年に総理大臣に指名され、長野オリンピックを首相として迎えることになる。なお、誘致運動には、JOC理事で西武鉄道社長の堤義明《つつみよしあき》が尽力した。

北陸新幹線では、富山の綿貫民輔《わたぬきたみすけ》がいた。平成12年7月から15年10月まで衆議院議長を務めた。小泉純一郎《こいずみじゅんいちろう》首相のときに、郵政改革に反対して離党、国民新党《こくみんしんとう》の結党に参加した。また、平成12年4月から翌年の4月まで総理大臣に就いていた森喜朗《もりよしろう》は、石川県の選出である。

九州新幹線には、鹿児島を地盤とする山中貞則《やまなかさだのり》、小里貞利《おざとさだとし》、保岡興治《やすおかおきはる》がバックにいた。とくに小里はミスター新幹線と呼ばれ、政界引退後に自民党整備新幹線等鉄道調査会の参与となる。

東北新幹線の新青森《しんあおもり》延伸区間では、青森に津島雄二《つしまゆうじ》、八戸《はちのへ》に大島理森《おおしまただもり》がいた。津島は、平成6年に自社さ連立に反対して自民党を離党したが、平成7年に復党した。

特定地方交通線の廃止とAB線工事の凍結

田中角栄がローカル線の建設の必要からこしらえた日本鉄道建設公団は、国鉄改革の時期にも新線の建設を続けていた。ただし、集票メカニズムとしての「利益誘導策」として機能していたかは疑わしい。

国鉄は昭和55年度（１９８０年度）から第4次となる「経営改善計画」を実施した。そのなかで、地方交通線のうち、バス転換を適当とする路線を特定地方交通線に選定して、廃止に向けた地元との協議に入ることが規定された。そして、昭和56年9月に運輸大臣から第1次特定地方交通線40線が承認され、以後第3次まで83路線が選定され、一部は第三セクター鉄道に引き継がれたほかは廃止されてバスに転換した。

公団がＡＢ線（地方開発線、地方幹線）として指示した工事線は50線であったが、そのうち全線を開業した13線を除いた37線が工事中であった。これらについても国鉄の経営改善計画の趣旨に沿って、特定地方交通線の基準に該当する路線の工事を凍結することになった。37線のうち凍結対象から除外されたのは、わずかに鹿島《かしま》線と内山《うちやま》線（現ＪＲ予讃《よさん》線）の２線だけであった。

昭和60年に廃止された添田線（昭和52年）（写真・読売新聞社）

しかしこの措置には、国鉄以外の鉄道事業者が運営を申し出た場合には、運輸大臣は公団に対して工事実施計画の指示をすることができるという例外規定が用意された。この規定を適用して、国鉄の時代に野岩《やがん》線、久慈《くじ》線、盛《さかり》線、宮福《みやふく》線、鹿島線、北越北《ほくえつほく》線、丸森《まるもり》線、鷹角《ようかく》線、樽見《たるみ》線、智頭《ちず》線、宿毛《すくも》線のＡＢ線11線区と、ＣＤ線（主要幹線、大都市交通線）として岡多線、瀬戸《せと》線の2線の工事が再開され、完成させた。

また、井原《いばら》線など3路線については、ＪＲ化後に工事が再開され、平成6年（１９９４）12

特定地方交通線の一覧

第１次廃止対象路線

路線名	所在道県	区間	営業キロ(km)	輸送密度(人／日)	廃止年	備考
国鉄						
白糠線	北海道	白糠—北進	33.1	123	1983	バス転換
相生線	北海道	美幌—北見相生	36.8	411	1985	バス転換
渚滑線	北海道	渚滑—北見滝ノ上	34.3	398	1985	バス転換
万字線	北海道	志文—万字炭山	23.8	346	1985	バス転換
岩内線	北海道	小沢—岩内	14.9	853	1985	バス転換
興浜北線	北海道	浜頓別—北見枝幸	30.4	190	1985	バス転換
興浜南線	北海道	興部—雄武	19.9	347	1985	バス転換
美幸線	北海道	美深—仁宇布	21.2	82	1985	バス転換
黒石線	青森	川部—黒石	6.6	1904	1984	弘南鉄道→1998廃止、バス転換
大畑線	青森	下北—大畑	18.0	1524	1985	下北交通→2001廃止、バス転換
矢島線	秋田	羽後本荘—羽後矢島	23.0	1876	1985	由利高原鉄道
角館線	秋田	角館—松葉	19.2	284	1986	秋田内陸縦貫鉄道
久慈線	岩手	久慈—普代	26.0	762	1984	三陸鉄道
宮古線	岩手	宮古—田老	12.8	605	1984	三陸鉄道
盛線	岩手	盛—吉浜	21.5	971	1984	三陸鉄道
丸森線	宮城	槻木—丸森	17.4	1082	1986	阿武隈急行
日中線	福島	喜多方—熱塩	11.6	260	1984	バス転換
赤谷線	新潟	新発田—東赤谷	18.9	850	1984	バス転換
魚沼線	新潟	来迎寺—西小千谷	12.6	382	1984	バス転換
清水港線	静岡	清水—三保	8.3	783	1984	バス転換
神岡線	富山･岐阜	猪谷—神岡	20.3	445	1984	神岡鉄道→2006廃止
樽見線	岐阜	大垣—美濃神海	24.0	951	1984	樽見鉄道
明知線	岐阜	恵那—明知	25.2	162	1985	明知鉄道
高砂線	兵庫	加古川—高砂	6.3	1536	1984	バス転換
北条線	兵庫	粟生—北条町	13.8	1609	1985	北条鉄道
三木線	兵庫	厄神—三木	6.8	1384	1985	三木鉄道→2008廃止、バス転換
倉吉線	鳥取	倉吉—山守	20.0	1085	1985	バス転換
小松島線	徳島	中田—小松島	1.9	1587	1985	バス転換
香月線	福岡	中間—香月	3.5	1293	1985	バス転換
勝田線	福岡	吉塚—筑前勝田	13.8	840	1985	バス転換
添田線	福岡	香春—添田	12.1	212	1985	バス転換
室木線	福岡	遠賀川—室木	11.2	607	1985	バス転換
矢部線	福岡	羽犬塚—黒木	19.7	1157	1985	バス転換
甘木線	佐賀･福岡	基山—甘木	14.0	653	1986	甘木鉄道
高森線	熊本	立野—高森	17.7	1093	1986	南阿蘇鉄道
宮原線	大分･熊本	恵良—肥後小国	26.6	164	1984	バス転換
妻線	宮崎	佐土原—杉安	19.3	1217	1984	バス転換
JR東日本						
木原線	千葉	大原—上総中野	26.9	1815	1988	いすみ鉄道
JR西日本						
信楽線	滋賀	貴生川—信楽	14.8	1574	1987	信楽高原鐵道
若桜線	鳥取	郡家—若桜	19.2	1558	1987	若桜鉄道

第２次廃止対象路線

路線名	所在道県	区間	営業キロ(km)	輸送密度(人／日)	廃止年	備考
国鉄						
胆振線	北海道	伊達紋別―倶知安	83.0	508	1986	バス転換
富内線	北海道	鵡川―日高町	82.5	378	1986	バス転換
広尾線	北海道	帯広―広尾	84.0	1098	1987	バス転換
瀬棚線	北海道	国縫―瀬棚	48.4	813	1987	バス転換
湧網線	北海道	中湧別―網走	89.8	267	1987	バス転換
士幌線	北海道	帯広―十勝三股	78.3	493	1987	バス転換
羽幌線	北海道	留萠―幌延	141.1	789	1987	バス転換
阿仁合線	秋田	鷹ノ巣―比立内	46.1	1524	1986	秋田内陸縦貫鉄道
二俣線	静岡	掛川―新所原	67.9	1518	1987	天竜浜名湖鉄道
越美南線	岐阜	美濃太田―北濃	72.2	1392	1986	長良川鉄道
伊勢線	三重	河原田―津	22.3	1508	1987	伊勢鉄道
漆生線	福岡	下鴨生―下山田	7.9	492	1986	バス転換
佐賀線	佐賀・福岡	佐賀―瀬高	24.1	1796	1987	バス転換
宮之城線	鹿児島	川内―薩摩大口	66.1	843	1987	バス転換
大隅線	鹿児島	志布志―国分	98.3	1616	1987	バス転換
志布志線	宮崎・鹿児島	西都城―志布志	38.6	1616	1987	バス転換
JR北海道						
幌内線	北海道	岩見沢―幾春別	18.1	1090	1987	バス転換
松前線	北海道	木古内―松前	50.8	1398	1988	バス転換
歌志内線	北海道	砂川―歌志内	14.5	1002	1988	バス転換
標津線	北海道	標茶―根室標津	69.4	590	1989	バス転換
		中標津―厚床	47.5			バス転換
天北線	北海道	音威子府―南稚内	148.9	600	1989	バス転換
名寄本線	北海道	名寄―遠軽	138.1	894	1989	バス転換
		中湧別―湧別	4.9			
池北線	北海道	池田―北見	140.0	943	1989	北海道ちほく高原鉄道→2006廃止、バス転換
JR東日本						
会津線	福島	西若松―会津高原	57.4	1333	1987	会津鉄道
真岡線	茨城・栃木	下館―茂木	42.0	1620	1988	真岡鐵道
足尾線	群馬・栃木	桐生―間藤	44.1	1315	1989	わたらせ渓谷鐵道
JR西日本						
岩日線	山口	川西―錦町	32.7	1420	1987	錦川鉄道
JR九州						
山野線	熊本・鹿児島	水俣―栗野	55.7	994	1988	バス転換
松浦線	佐賀・長崎	有田―佐世保	93.9	1741	1988	松浦鉄道
上山田線	福岡	飯塚―豊前川崎	25.9	1056	1988	バス転換
高千穂線	宮崎	延岡―高千穂	50.1	1350	1989	高千穂鉄道→2008廃止、バス転換

第3次廃止対象路線

路線名	所在府県	区間	営業キロ(km)	輸送密度(人/日)	廃止年	備考
JR東日本						
長井線	山形	赤湯—荒砥	30.6	2151	1988	山形鉄道
JR東海						
岡多線	愛知	岡崎—新豊田	19.5	2757	1988	愛知環状鉄道
JR西日本						
能登線	石川	穴水—蛸島	61.1	2045	1988	のと鉄道→2005廃止、バス転換
宮津線	京都・兵庫	西舞鶴—豊岡	83.6	3120	1990	北近畿タンゴ鉄道
鍛冶屋線	兵庫	野村—鍛冶屋	13.2	1961	1990	バス転換
大社線	島根	出雲市—大社	7.5	2661	1990	バス転換
JR四国						
中村線	高知	窪川—中村	43.4	2289	1988	土佐くろしお鉄道
JR九州						
伊田線	福岡	直方—田川伊田	16.2	2871	1989	平成筑豊鉄道
糸田線	福岡	金田—田川後藤寺	6.9	1488	1989	平成筑豊鉄道
田川線	福岡	行橋—田川伊田	26.3	2132	1989	平成筑豊鉄道
宮田線	福岡	勝野—筑前宮田	5.3	1559	1989	バス転換
湯前線	熊本	人吉—湯前	24.9	3292	1989	くま川鉄道

月3日に智頭急行上郡《かみごおり》～智頭間、平成11年1月11日に井原鉄道総社《そうじゃ》～清音《きよね》～神辺《かんなべ》間（JR伯《はく》備《び》線総社～清音間2種）、平成14年7月1日に土佐くろしお鉄道ごめん・なはり線後免《ごめん》～奈半利《なはり》間がそれぞれ開業した。

第8章　新自由主義の時代

1　規制緩和と行財政改革

交通モード間競争

日本の産業政策は、概して業界内の秩序維持が中心であった。そのため、波風が立つ競争メカニズムによる優勝劣敗のメカニズムはむしろ害と考えられていた。運輸省の交通政策は、鉄道だけでなく自動車交通についても、地域独占を認め、道路運送法の需給調整条項を最大限活用して、新規参入を抑制していた。これらが規制緩和の新しい時代の流れのなかで、大きく変わることになる。

航空政策では、昭和60年（1985）、いわゆる「航空憲法」が廃止された。「航空憲法」とは日本航空、全日本空輸、日本国内航空（のち東亜《とうあ》国内航空→日本エアシステム）の3社の事業範囲を決めたもので、日本航空は国際線と国内幹線、全日空は国内幹線、日本国内航空は国内ローカル線の担当として、それぞれ競合しないように調整された。もともと日本の市場行動規制は、独占や競争といった市場構造の規制ではなく、独占的地位を利用した市場行動を規制していた。

この規制緩和により、3社は相互に他社の分野への参入が可能となり、全日空が国際線、東亜国内航空は日本エアシステムに改称のうえ、近距離国際線の運航を開始した。国内線では、1線1社から、2社運航のダブルトラッキング、3社運航のトリプルトラッキングとなった。運賃も競争的な要素が加わり、割引により利用しやすい環境が整えられた。

一方で、他の交通モードとの競争関係が激化することになった。東海道・山陽新幹線では、航空への旅客のシフトを抑えるため、東京と大阪の間を約2時間半で結ぶ「のぞみ」が新設された。

また、その後、新幹線網の拡大により、競合航空路の旅客が減少し、東京・花巻《はなまき》線のように完全に航空が撤退した例もみられることになる。

さらに、高速道路網の整備が進んだことで、高速バスのネットワークが全国で拡大した。座席構造も快適となり、鉄道の低価格利用の需要を奪っていった。それにより夜行列車が相次いで廃止され、長距離の普通列車が整理されていった。

ただ、規制緩和により、バス業界では価格破壊の安売り貸切バス・ツアーバス（乗合類似）

が横行し、各地で事故を発生させて社会問題となった。経済規制の緩和と同時に安全規制を強化すべきであったが、日本では、同時に行政改革による行政コストの削減が行われたので、業界内でのモラルの低下をチェックできなかった。航空業界では、価格競争により利益率が低下し、日本航空が経営破綻し、新規参入が進まないなかで市場の寡占化が進行した。近年、再規制の必要性が問いかけられるケースが多くなっている。

バブル崩壊以後の経済刺激策

１９８５年アメリカ・ニューヨークのプラザホテルで、先進５カ国蔵相・中央銀行総裁会議が開催され、世界経済の牽引役として西ドイツと日本に対する期待が示された。同時に、円高容認発言があったため、円は１年間で１ドル２３５円から１５０円台に急伸することになり、輸出に依存する日本の産業界は、需要の減少に直面し、なかには海外に生産の場を移転する企業も現れた。それにより国内経済は不振となり、いわゆる「円高不況」の状態となった。そこで大蔵省は、景気下支えのために内需拡大の積極的財政政策をとったが、それに対して日本銀行は公定歩合を１年遅れて引き下げに動いたために名目金利が低下する期待が高まり、貨幣需要は低下し株式や土地といった資産への投機が増加した。資産価格は上昇し、さらに投機にドライブがかかった。だが、いつまでも上がり続けることはありえず、平成２年（１９９０）の末から翌年にかけてバブルははじけて、株価は下がり、地価は暴落した。そして負の資産効果により消費が減少し、日本経済は活気をなくした。バブルの崩壊であった。

バブル経済が崩壊したのと時を同じくして、平成元年に始められた日米構造協議で、日本側に対して内需拡大のための公共投資の拡大が要求された。政府は、平成3年から10年間にわたり430兆円を投資することを内容とする「公共投資基本計画」(平成2年)を策定した。平成6年にはさらに投資額を630兆円に増額した「新公共投資基本計画」に改定された。特徴的なのは、公共投資額の60%前後の額を生活環境、福祉、文化機能に対して支出することとしている点である。公共投資の重点を生産関連社会資本から生活関連社会資本へと転換することを意図していた。さらに、平成9年6月には、総額を変えずに1年当たりの投資額を圧縮するために、計画期間を3年延長した。景気が悪いために税収が減少するなかで、公共投資の増額が要求された。必然的に、日本の財政赤字は膨らみ、国債発行残高が大きく増加していった。

財政状況を改善するために、サプライサイダー経済学の考え方を導入して、法人税の税率を引き下げるとともに経済活動に対する国の干渉を大幅に見直すことになる。平成8年に総理大臣になった橋本龍太郎は、鉄道、バス、航空、タクシーの参入規制を含めた経済的規制を大幅に緩和していった。法人税の実効税率を引き下げる一方で、翌年には直接税と間接税の比率の是正のためとして消費税の税率を引き上げた。

日本の規制緩和は、本来の民間企業の活力を高めるという目的とともに、財政再建のための政府の仕事の削減が目的であった。公共事業も含めて歳出のカットが行われた。つまり、需要の下降局面で総需要の抑制政策を行ったのである。消費税率の引き上げが原因で、消費マインドが一気に悪化して「消費不況」に陥った。そのため、平成11年、小渕恵三《おぶちけいぞう》内閣のもとで所得税の定率減税が実施されたが、これにより税収が減少することになり、財政状況をいっそう悪化させた。

行財政改革

平成8年（1996）の橋本龍太郎内閣以降、国民負担率が上昇するなかで、「小さな政府」を目指した行財政改革が進められた。それは昭和30年（1955）の保守合同以来、利益誘導政策で膨らんだ財政支出を縮小する動きであった。つまり自民党の集票メカニズムの機能を低下させる動きであり、現実に、長期的にみると自民党に対する投票率は低下した。

平成10年7月の参議院選挙で自民党は大敗、小渕恵三が総理大臣に指名されたが、少数政権では十分に国会運営ができないことから、翌年1月には自由党との連立が成立。10月にはさらに公明党も加えて3党連立内閣となった。その後自由党内で、小沢一郎《おざわいちろう》のグループが連立離脱に動いたことから、海部俊樹《かいふとしき》、野田毅《のだたけし》、二階俊博《にかいとしひろ》、中西啓介《なかにしけいすけ》ら連立維持派は自由党を離脱して、新たに保守党を結成した。これで自民党、公明党、保守党の3党連立内閣となった。しかし保守党設立の平成12年4月に小渕首相は一過性脳虚血発作で緊急入院。昏睡《こんすい》状態が回復しないため小渕内閣は総辞職した。後任の首相には森喜朗が就任したが、自民党有力議員により密

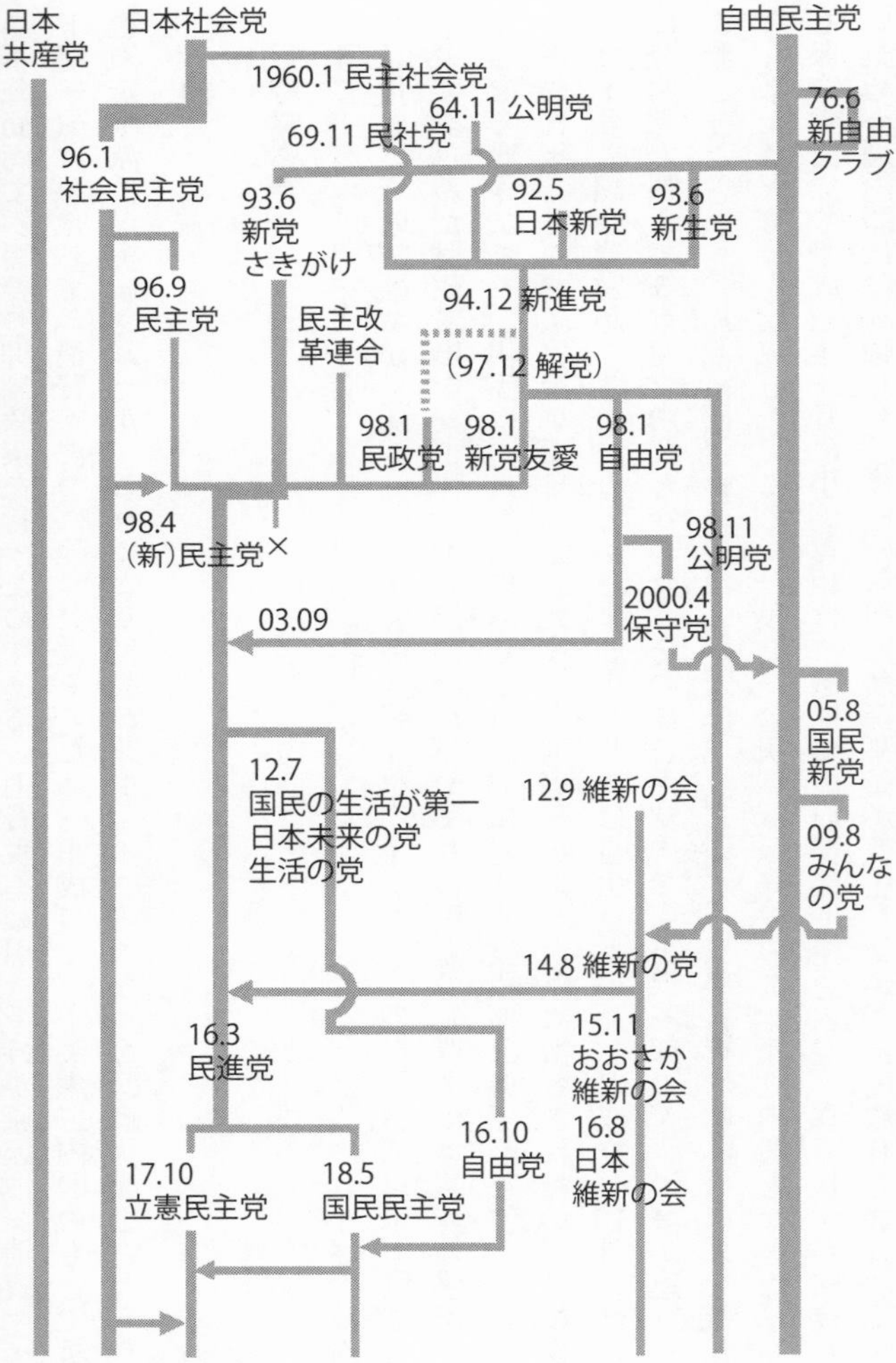
日本
共産党
日本社会党
自由民主党
1960.1 民主社会党
64.11 公明党
69.11 民社党
76.6
新自由
クラブ
96.1
社会民主党
93.6
新党
さきがけ
92.5
日本新党
93.6
新生党
96.9
民主党
民主改
革連合
94.12 新進党
(97.12 解党)
98.1
民政党
98.1
新党友愛
98.1
自由党
98.4
(新)民主党×
98.11
公明党
2000.4
保守党
03.09
05.8
国民
新党
12.7
国民の生活が第一
日本未来の党
生活の党
12.9 維新の会
09.8
みんな
の党
14.8 維新の党
15.11
おおさか
維新の会
16.8
日本
維新の会
16.3
民進党
16.10
自由党
17.10
立憲民主党
18.5
国民民主党
平成期政党の変遷

室で決まったとされ、批判を受けることになる。

バブル崩壊、消費不況ともに国が政策を誤ったのが原因であったが、それによる財政の悪化を改善するには、行財政改革による歳出の見直しが必要であった。

財政投融資制度には、郵便貯金など国に流入した大量の資金の存在が、特殊法人の肥大化につながったという批判があった。また資金が長期的かつ恒常的に供給されることから、融資対象となるプロジェクトが非効率となることが問題とされた。

もともと財政投融資制度の原資となる郵便貯金は、すべての国民に等しくサービスを提供するために全国津々浦々にまで窓口を置く唯一の金融機関である。そのため、サービス提供のためのコストは必然的に高くなる。それに対して財政投融資の対象は、公共性の高いプロジェクトが中心となることから低金利での融資が求められた。財政投融資は、資金調達の高コストと融資からの低収益という二律背反する性質を合わせもつという、本質的な問題を抱えていた。

財政投融資制度の誕生時には、日本国有鉄道と帝都高速度交通営団に財政投融資の資金が投入された。また平成3年に設立された鉄道整備基金や日本開発銀行など政府系金融機関を通じて民間の鉄道会社の投融資にも投入されていた。たとえば、JR東西線を建設した関西高速鉄道へ日本開発銀行が出資、つくばエクスプレスの首都圏新都市鉄道には鉄道整備基金を通じて無利子融資が行われた。日本開発銀行は、平成11年に日本政策投資銀行を設立して日本開発銀行と北海道東北開発公庫の業務を承継、平成20年に株式会社日本政策投資銀行を設立して日本政策投資銀行を解散した。当初は完全な民間の投資銀行とする予定であったが、災害復興のための資金を供給する機関として国の関与を残すことに変更となり、現在も株式のすべてを財務省が持っている。

鉄道整備基金は、もともと国鉄改革のときに設立された新幹線保有機構を平成3年に改変した組織で、平成9年には船舶整備公団と統合して運輸施設整備事業団に改変され、平成13年には造船業基盤整備事業協会を統合した。さらに、平成15年に日本鉄道建設公団と統合して、現在の鉄道建設・運輸施設整備支援機構となった。

財政投融資の制度は、まず橋本内閣の平成8年11月、行政改革会議で検討を開始、翌年2月には資金運用審議会でも審議が始められた。そして平成9年末には、いずれも最終意見を取りまとめる。基本的には、郵便貯金などの預託義務の廃止と資金調達への市場原理の導入であった。

平成10年6月には、行政改革会議の最終報告を取り入れる形で「中央省庁等改革基本法」が成立。森内閣の平成12年5月には、改革に必要な諸制度の改正を内容とする「財政投融資制度改革法」が国会で成立した。

改革の特徴として、第一に、郵便貯金や年金積立金を管理する郵政省や厚生省はかねてから高金利で運用できる自主運用を希望しており、昭和62年に部分的に実現したが、この改革で資金運用部への預託義務が廃止されて、全額自主運用することが可能となったことが挙げられる。

第二に、財投機関の運営の効率性を高めるため、資金調達において市場のチェックを受ける必要があるということで、資金はまず財投機関債によって市中で調達することが求められることになった。従来から日本鉄道建設公団は鉄道建設債券を発行していたし、帝都高速度交通営団も地下鉄債券を発行して、一部が財投資金で引き受けられたほかは公募され、企業や一般の人々が購入していた。しかし、あくまでも財政投融資資金の補完的なものであり、また財投資金投入の手段として位置づけられていた。財投改革では、財投機関の資金は、第一義的に財投機関債によって調達され、財投機関債は一般の債券市場を通じて売り出されることになる。

そして、財投機関債で十分資金が調達できないような場合や、重要な政策に関連するプロジェクトに限り、新たに設置される財政投融資資金特別会計が発行する財投債と呼ばれる国債で調達されることになった。

一方、市場を通じて資金が調達されることになるため、財投機関の運営や融資プロジェクトに関する情報公開が必要となる。その場合、財務の状況ばかりでなく、政策コスト分析の手法を活用して、融資の効果についての分析内容も公表されることになった。

公共事業の見直し

平成12年（２０００）６月の衆議院選挙では、比例代表の議席を20削減して４８０の議席を争うことになった。開票結果は、自民党は議席を２３３に減らして単独では過半数を確保できなかった。連立を組む保守党・公明党をあわせてようやく271となった。一方で民主党は公共事業の見直しを選挙戦の中心課題に据え、大幅に議席を伸ばした。

大都市の有権者は、税負担の高さに比べて社会資本の整備水準の低さに大きな不満が募っていた。とくに通勤電車の激しい混雑は象徴的であった。一方で、バブル崩壊以後、相次ぐ経済対策で財政赤字が大きく膨らみ、建設国債の新規発行高が年々増加していき、財政状況を悪化させた。いずれ財政状況の改善のために増税と公共サービスの縮小が予想され、これが都市の有権者を不安にさせた。都市部は、地方に比べて民主党をはじめ非自民が優勢な地域である。

自民党に対する批判の高まりに危機感を持った同党の亀井静香《かめいしずか》政調会長は、平成12年7月末党内に「公共事業抜本見直し検討会」を設置、座長には谷津義男《やつよしお》政調会長代理を据えた。

8月28日には、「公共事業の抜本的見直しに関する三党合意」を発表し、公共事業233件の中止を勧告した。選定基準とされたのは、①採択後5年以上経過して、いまだ着工していない事業、②完成予定を20年以上経過して、完成に至っていない事業、③現在、休止（凍結）されている事業、④実施計画調査に着手後10年以上経過して、採択されていない事業とされた。中止が勧告された公共事業のうち、運輸省に関連するのは61事業で、鉄道ではただ1つ、千葉県営鉄道北千葉《きたちば》線が含まれていた。

その後、11月末には関係省庁は自民党の検討会の場で、先に中止が勧告された233事業のうち、211件を中止することを報告した。その他14事業については事業を継続し、残りは地元と調整中ということであった。

もともと選定の基準となったものが、すでに事実上休止状態にあったものや事業に着手できずにいたものであるため、事業の中止によって実際に予算が削減された額は小さかった。そのうえ、中止とされた事業のなかには、改めて地方が単独事業として再開を画策したものもみられた。

ところで、公共事業の非効率性や事業の長期化など、以前から公共事業に対する批判がみられたが、それに対して、平成10年度より事業採択後一定期間経過したにもかかわらず未着工の事業などを対象とする「再評価システム」、いわゆる「時のアセスメント」が導入された。この再評価の手法として、平成11年３月、各事業に対する費用対効果分析の統一的な運用方針が策定された。

小泉内閣

平成13年（２００１）４月、小泉純一郎が首相に就任して組閣したとき、最大の政策課題は、度重なる景気対策としての財政出動によって疲弊した財政の再建であった。その手法は「安上がりの政府」であり、巨額に達した国債の新規発行を制限し、一般経費の切り詰めだけでなく、従来聖域とされた公共事業までも削減の対象とされた。

平成３年にバブルが崩壊して日本の経済は低迷を続けることになったが、そのなかで経済を下支えしたのは公共事業であった。国の人件費などの一般経費は大きく増減させることは難しいが、公共事業は、プロジェクト1件当たりの事業費が大きいために、新規事業を立ち上げることでそれなりに予算を消化できた。それに、公共事業は、民間事業者に資金が流れることで、民間主導の自立的な景気回復の呼び水となるという効果もあった。

小泉首相の荒療治ともいえる不況下での財政引き締めという措置は、従来見落とされていた長期的展望に立った政策であった。将来の財政の破綻が予測されるような状況では企業は投資を控えて人々は貯蓄を増やし、将来の備えをする。それによって現在の経済を停滞させるのである。従来は短期的な視点から公共主体の需要創出策をとってきたが、これが人々の長期的な反応を経由して現在の経済を悪化させているとしたら、皮肉な話である。

小泉首相は、その政治的な信念のもとに、行財政改革の一環として、政治家の利権につながったこの財政投融資制度と特殊法人、さらに国の特別会計の改革に乗り出した。

特殊法人改革には、特殊法人の役員人事権が監督官庁に握られていることから、「天下り」の温床となっていること、また、運営に対する責任の所在が不明瞭になる嫌いがあることから、経営が非効率となり、補助金や財政投融資資金などの公費が無駄に費消されているという問題提起があった。

昭和50年代以降、急速に悪化した財政事情のもとで、国の予算はゼロシーリングやマイナスシーリングが設定されたが、国の助成事業や公共事業の事業規模を確保するために、財政投融資資金を受け入れるための特殊法人が雨後の竹の子のように簇生《そうせい》した。

1つの政策課題に1つの特殊法人という具合に、国会の議決を必要としない、国の官庁の周辺領域に膨大なブラック・ボックスを築いてしまった。

平成13年6月、「特殊法人等改革法」が参議院本会議で可決して成立した。平成17年度末までを集中改革期間として、77の特殊法人と86の認可法人について「廃止」、「民営化」、「独立行政法人化」、「組織形態の見直しをして存続」を図ることを規定した。前年の11月の臨時国会に提出されたが、結論をみずに継続審議となっていた。

それに加えて、政府は、平成13年6月15日、石原伸晃《いしはらのぶてる》行政改革担当相のもとで行政改革推進事務局が作成し、同月22日の特殊法人等改革推進本部の第1回会合で、特殊法人等改革について「中間とりまとめ」を発表した。

内容は、77の特殊法人と86の認可法人のすべてを見直しの対象とするもので、公共事業の建設・管理事業のすべてを廃止、民営化、あるいは国の直轄事業に移行させるというものであった。

これを受けて、平成13年8月10日、特殊法人等改革推進本部と行政改革推進本部の合同会議が開催され、「特殊法人等の事業見直し案」が事務局から提示され、関連省庁の意見が聴取された。

国土交通省に関連するものは106項目に及んだ。とくに鉄道については、運輸施設整備事業団（元鉄道整備基金）が実施する鉄道事業者への補助金交付は、国の責任を明確化するために国からの直接交付に改めるべきとするとともに、日本鉄道建設公団が実施している民鉄線の整備事業についても、施行中のものに限定して、新たに鉄道整備が必要な場合には、運営主体が財源を調達する、借入金をともなわない受託事業で対応するとした。

これに対して、国土交通省は、事業団のノウハウを活用して、一元的に補助金交付事業を実施しており、これを国に移管すると国の組織の肥大化を招くとした。また、鉄道公団の民鉄線工事についても、緊急かつ重大な工事について、一定の金額で可能なものについて、公団の民鉄線事業を継続することを主張した。民鉄線方式が廃止されると、民間主導での都市鉄道整備の基本理念が立ち行かないことになるとし、上下分離方式の活用など検討する必要があるとした。

また、帝都高速度交通営団の民営化についても、平成15年春の半蔵門《はんぞうもん》線新規区間の開業にあわせて、特殊会社化を図るという事務局案が作られ、国土交通省側でも、半蔵門線の開業からおおむね1年後の特殊法人化の考えを示していたので、案どおりに実施された。

さらに、国土交通省に対して、JR三島《さんとう》会社（JR北海道、JR四国、JR九州）と貨物会社の完全民営化について条件などを明らかにするように求めたが、これに対しては、各社の経営基盤が確立された段階で完全民営化が可能になると回答して、具体的な時期は示されなかった。

8月22日には、石原伸晃行革担当相の私的諮問機関である「行革断行評議会」は、石油公団や日本道路公団ほかのいわゆる「道路四公団」の廃止・民営化に向けた特殊法人の見直し案をまとめて公表した。

とくに、道路四公団については、その資産と債務を新たに設置される独立行政法人「日本道路保有機構」に引き継ぎ、路線あるいは地域で分割された道路運営会社に道路インフラ使用権を賃貸して代金を徴収し、保有機構はこの賃貸収入により約30年間で債務を償還するとした。そして、債務が整理された段階で保有機構は解散して、資産を国に移管するとした。あわせて、新規路線の建設をやめて、建設中の路線も原則中止とする方針が示された。

鉄道関連では、日本鉄道建設公団と運輸施設整備事業団を廃止したうえで機能を統合。帝都高速度交通営団は平成16年春に特殊会社化。JR三島会社と貨物会社はできる限り早期に完全民営化する。新東京国際空港公団、関西国際空港株式会社は上下分離方式を含めて平成14年中に政府において結論を得ることとなった。

すなわち、鉄道公団の民鉄線事業は、集中改革期間中に廃止を含めて事業のあり方を見直すとする。ただし、「民間事業者が、現状よりもさらに主体的に鉄道整備を推進する環境を整備する」との観点から見直しをすると発表していた。

運輸施設整備事業団の補助金交付事業については、工事の進捗にあわせて助成される場合、補助金の予算が確保できた年度で処理できない。そのため、いったん事業団にプールされたうえで、必要に応じて交付していたのである。ただ、それらの明らかに事業団を経由することが合理的な場合を除いて、国からの直接交付に改め、事業団に残されるものについても、目標が達成された場合や一定期間が経過したものについては助成措置の終了を明記するものとした。

帝都高速度交通営団については、事業や組織形態について平成14年度中に必要な措置を講じ平成15年度には具体化を図るとしていた。

営団は、資本金の53・4％を国、残りを東京都が出資していたが、株式会社化後も国は株主として影響力を行使することになる。しかし、主に公営事業者を対象とする地下鉄整備費補助金が引き続き適用されるのかについては、今後の財務省などとの協議の結果次第ということであった。また営団は、1兆円近い長期債務を抱えていたため、特殊会社化後にも有利な条件で資金調達するために、財務状況の健全化が求められるとした。

その後、営団は東京地下鉄に変わったが、東京地下鉄は、地下鉄整備費補助の対象から外された。しかし、長期資金の安定的な調達のために、新会社が財投機関に指定され、地下鉄の新線建設と安全防災対策について自ら財投機関債を発行できるほか、国の財投資金の受け皿になれることになった。ただし、平成15年度以降、財投資金の投入実績はない。

一方、JR本州3社については、一連の特殊法人改革とは別に、国鉄改革の際に完全民営化のスケジュールが決まっていた。平成13年3月13日に、「JR会社法改正法案」を閣議決定、6月15日に参院本会議で可決して成立した。そして、12月1日に施行となっている。

しかし、都市鉄道整備のためには、国による支援事業が必須であり、また、日本になかなか定着しないプロジェクト・ファイナンスの担い手として、日本政策投資銀行のような政策金融機関が必要である。あるいは、公共性の高い事業の破綻に際して、経営再建に対して公的金融機関が支援融資を実施することで、民間金融機関が債権処理に協力しやすくすることも重要である。

郵政選挙と道路整備特別会計の整理

平成17年(2005)9月、衆議院選挙が行われた。小泉首相が公約してきた郵政民営化に対して、党内の抵抗勢力がこれをなし崩し的に潰《つぶ》そうという動きを強め、郵政民営化法案が参議院で否決されるに至り、首相は、この動きを抑えるには民意を問う必要があると判断して、衆議院を解散したものである。

総選挙の結果は、自民党が大勝するというものであった。それと同時に、郵政民営化に反対した党内の反対勢力を党から排斥することにも成功し、小泉首相は、党内の全勢力を掌握したうえで郵政民営化法を可決して、平成19年10月、郵政事業はそれぞれ新設される株式会社がその事業を継承することになった。

この総選挙での自民党大勝を受けて、小泉首相は、「選挙公約2005」に掲げた「特別会計・特定財源制度に関し、聖域なく抜本的に見直す」ことを、精力的に推進した。そして、党政務調査会で「特別会計見直しの基本方針」を取りまとめ、引き続き「特定財源制度の見直し」について協議を進めた。

その結果が、平成17年12月9日、政府・与党による道路整備特別会計、空港整備特別会計などにおける「特定財源の見直しに関する基本方針」の合意と、それを受けての自民党による「特定財源見直しに関する基本方針」の公表と続く。

同日、政府・与党は、道路特定財源の見直しに関する基本方針をまとめた。潤沢な道路財源を背景にして、その資金の消化が重要課題であり、事業の厳格な評価が行われなかったことに対する是正、目下の国の財政事情、環境への配慮が必要なことから、暫定税率を維持すること、特定財源の一般財源化を前提にして、平成18年の歳出・歳入一体改革の議論のなかで具体案を得る、というもの。公共事業の削減や高速道路改革の結果、道路財源に多額の余剰を生ずることになるのが平成19年度ということで、それに間に合わせるために平成18年度に審議することになった。しかし、この背景には、道路財源に対する党内での反発が根強く、小泉首相が任期を終えてから審議を本格化するために道路族議員が先送りしたという憶測が聞かれた。

その後、自民党の行政改革推進本部は、平成17年12月14日に開催された総会で「特別会計整理合理化計画骨子」が了承され、与党各党の了解を得たうえで21日に公表された。

その内容は、必要性の低下した特別会計を廃止すること、事業の必要性は高いものの国が担う必要がないものについては民間にゆだねること、一般会計からの繰り入れが多額に及ぶ場合は、一般会計事業とするか独立行政法人化を検討すること、類似している事業を行っている特別会計は統合することなどである。

この方針に基づき、道路整備特別会計、港湾整備特別会計、空港整備特別会計ほか５つの特別会計については、平成20年度に社会資本整備特別会計を新設して統合し、平成25年にはさらに社会資本整備特別会計を廃止して、一般会計事業となった。空港整備については、当初独立行政法人の設置が予定されたが、結局、経過措置として自動車安全特別会計に統合された。

これらの施策を講ずることで、「今後５年間において合計約20兆円程度の財政健全化への貢献を目指すものとする」という目標を設定した。

かつて、鉄道は通路費用のすべてを自己負担しているのに対して、自動車は通路部分を公的に提供されており共通基盤に立っていないという主張から、鉄道に対する支援策が求められたことがあった。また、地域の道路の整備・維持費用はすべて公的資金であったので、同様に、地域の足として利用されている鉄道についても、そのインフラ部の整備・維持費用のすべてを公的資金で賄うべきとするイコール・フッティング議論もあった。

ただし、このような議論は、道路の整備財源のほとんどすべてを自動車の利用者が負担しているという現実を考えると、説得力を失っていた。

2 民主党政権

民主党の成立

民主党は、平成10年（1998）に旧民主党、民政党、新党友愛、民主改革連合が合同して生まれ、多くの新党さきがけの議員を受け入れた。自民党を離党した者から旧社会党の離党者までが参加し、その意味では政権奪取を目的とした寄せ集め感が強かった。さらに平成15年には小沢一郎の自由党と合併した。田中角栄の流れをくむ、いわば保守本流との合流であった。

7月に菅直人《かんなおと》代表と小沢が、最初となる「マニフェスト」に合意し、その年の11月、衆議院議員選挙にあわせて発表した。高速道路の無料化と道路公団の廃止、川辺川《かわべがわ》ダム・諫早《いさはや》湾干拓・吉野川可動堰《よしのがわかどうぜき》計画の即時中止、補助金18兆円を地方の自主的な財源にすることなどが掲げられた。既成政党における選挙公約と同じなのであるが、違うのは政権を獲得したときのタイムライン「300日改革プラン」を掲げていたことである。

翌年の参議院議員選挙では、自民党が過半数の議席を獲得することになり、責任を取って菅代表は辞任。新しく岡田克也《おかだかつや》が代表に就任した。

平成17年には、衆議院議員選挙にあわせて「岡田政権500日プラン」を含む「2005マニフェスト」を発表。「コンクリートからヒト、ヒト、ヒトへ」のキャッチフレーズが注目された。また地方分権、「みどり」と「食」と「農業」の育成、本物の郵政改革〜官から民へなど「8つの約束」を示した。実際の政策では、行政の全面的な改革のために「行政刷新会議」を創設するとともに、予算編成の基本方針を策定するための「経済財政諮問会議」を「国家経済会議」に改編した。

この選挙は、自民党の小泉純一郎首相の郵政改革の信任を問う選挙で、反対する議員を除名したうえで、多くの小泉チルドレンが当選して、自民党が大勝した。責任を取って岡田代表は辞任し、代表は前原誠司に代わった。選挙がらみで二代にわたって辞任したことになる。さらに前原代表も偽メール事件で失脚。平成18年4月に小沢代表の就任と続く。キングメーカーとして定評のある小沢一郎に選挙の指揮を任せることになった。

翌年の参議院議員選挙に照準を合わせ、小沢は「政策マグナカルタ」を発表。持論の地方分権国家を政策の主軸に据え、全国300あまりの「基礎自治体」によって担うとした。

2009マニフェスト

平成19年（2007）の参議院議員選挙では、自民党が歴史的大敗を喫し、民主党が第一党となった。

選挙戦では「国民の生活が第一。」とのキャッチフレーズを掲げて「2007年マニフェスト」が作成され、その内容が「2009マニフェスト」に引き継がれた。

平成21年5月、小沢一郎は代表を辞任して選挙対策に専念することになり、代表には鳩山由《はとやまゆ》紀夫《きお》、幹事長に岡田克也が就任した。

「2009マニフェスト」では、民主党が目指す「国民生活の立て直し」支援策として総額20兆円を前面に掲げ、平成21年8月の衆議院議員選挙の目玉とした。そのための財源として、補助金の一括交付金化による無駄の排除、談合・天下りの根絶による行政経費の節減、特殊法人・独立行政法人・特別会計等の原則廃止により確保するとした。これにより15・3兆円の確保を目指した。このマニフェストでは年金目的消費税の新設と税率の引き上げが消え、子ども手当が1万6000円から2万6000円に引き上げられた。

小沢一郎は、選挙対策として利益誘導政策を再現したのである。それも子ども手当という直接給付を選んだ。

マニフェストの工程表が掲載され、岡田幹事長は、事業の見直しで16・8兆円に圧縮したうえで、財源が確保されたときに実施するとして3・6兆円を削除、ガソリン税などの暫定税率の廃止をやめて2・5兆円、子ども手当の金額を下げて、最終的に所要額を7兆円とする、実現可能な数字を作っていた。しかし、2009マニフェストには、平成25年度の所要額として赤い大きな文字で16・8兆円が明記されており、違和感があったという。小沢は選挙で勝つために、できもしない約束をした。

平成21年8月の衆議院議員選挙では、民主党が大勝した。とくに子ども手当に対する選挙民の反応が良かったという。翌月の半ばに鳩山内閣が成立した。しかし新しい政策のための財源が見つけられず、のちに国民の信用を失う大きな原因となった。

平成21年、各省庁は例年どおりに８月下旬に概算要求を提出したが、新政権は９月29日に「平成22年度予算編成の方針について」を閣議決定して、改めて概算要求の提出を求めた。10月15日までに新たに概算要求が提出されたが、衆院選前に示したマニフェストの内容を実現するため、異例の規模の要求額となった。また、麻生太郎《あそうたろう》政権下で作成された第１次補正予算の執行を凍結して２・７兆円を確保したうえで、12月に７・２兆円の経済対策を決定、年明けに第２次補正予算を成立させた。

予算案作成のプロセスで、小沢一郎は陳情を党の幹事長室に一元化したが、これを「国民の声」として集約し、「重点要望」として政府案の作成に反映させた。当初12月15日に政府に提出する予定であったが、最終段階で小沢幹事長から、財源に配慮することについて指示があり、急遽《きゅうきょ》提出が延期されるという一幕があった。

１日遅れて12月16日、小沢幹事長は、「重点要望」を鳩山首相に提出した。政策決定については、従来の官僚依存から脱却し政治主導とすることが示されたが、この内閣の政策決定に対して民主党の幹事長が見直しを要求した形になる。考えるに、政治主導のなかに、内閣による政治決定と、党による世論の吸い上げをワンセットにして新しい政策決定のプロセスを構築しようとしたのだろう。しかし、このプロセスが幹事長室という密室で行われていること、小沢幹事長の政府に対する絶対的な影響力を勘案すると、小沢幹事長が政策決定をワンマン・コントロールしているという印象を持たせることになった。

鳩山首相は、政策決定の一元化と官僚依存の脱却を掲げて、各省庁の事務次官が会談する事務次官会議を廃止し、閣議後の閣僚委員会をその代わりとした。また党の総務会、政策調査会を廃止して、政策は政務三役会議で最終的に決定することとし、政策事項について政策審議室に委託した。政務三役は大臣、副大臣、政務官で、従来政策に精通している官僚を排した結果、議員である政務三役の負担が大きく増大した。政策審議室は、各省庁の有望な若手を、最初は8人、のちには十数人集めた。これが党と省庁の調整役の役割を担うことになる。

前原国土交通大臣は、独自に、13人の有識者により「国土交通省成長戦略会議」を設置したが、座長はのちに経済同友会代表幹事となる長谷川閑史《はせがわやすちか》に委嘱した。

また、国家戦略局や行政刷新会議を創設した。国家戦略局は、総理直属で新時代の国家ビジョンをまとめる仕事をする組織である。行政刷新会議は、国の予算・制度など行政全般のあり方を検討するために内閣に設置された組織で、国、地方、民間の役割分担についても議論された。

しかし、鳩山首相は、沖縄普天間《ふてんま》基地問題について、党で検討していた内容を無視して、「最低でも県外」と独断で発表。結局、最善策が見つからないまま、12月になって、与党3党党首会議で、翌年5月までの結論の先送りを決定した。

政策調査会の廃止により、政策決定の一元化は実現したものの、政務三役に責任が集中して、一部問題も発生したため、菅内閣では政策調査会を復活して大臣と兼務させ、野田佳彦《のだよしひこ》内閣では大臣との兼務をなくした。次第に政策決定の権限の集中を緩和していった。

民主党は、リベラル政党として福祉に力を入れた「大きな政府」を目指したが、その財源の確保で失敗して、国民の信任を失った。民主党政権下で、政府の当初予算がはじめて100兆円を超えた。民主党は、新しい政策のために、従来の政策を精査し、いわゆる「政策仕分け」を行い、予算の削減策が派手に喧伝されたこともあって、リベラル政党としての社会民主主義的な性格がぼやけてしまった。

また、民主党は、地域の公共交通に理解を示し、LRT（ライトレール）の整備に積極的であったが、個別例に対しては、政局との関係で、必ずしも一定しなかった。たとえば、宇都宮のLRTでは、民主党は建設反対側についている。

3　高速道路の新料金の見直し

高速道路料金の割引

平成20年（2008）9月1日、自民党の福田康夫《ふくだやすお》首相が突然辞任を表明した。在任一年間の短い政権であった。国民的に人気の高かった麻生太郎が後継総裁に指名されて、9月24日に国会での首班指名を受けて内閣総理大臣に就任した。政局が混乱するなかで自民党内から早期総選挙実施の声が高まっていた。若者からも支持を得ている麻生首相を選挙管理内閣として位置づけていた。しかし、麻生人気は最初だけで本人の失言や大臣の不祥事が重なって人気は急速に低下した。

福田政権下の9月16日、「社会実験」として高速道路ＥＴＣ割引を大幅に拡大した。従来の平日深夜5割引に加えて、平日夜間３割引と土曜・休日昼間の５割引などを実施した。そして、翌年3月からの土曜・休日ＥＴＣ設置の普通車に対する上限１０００円割引の実施と続くことになる。これも、政局がらみの国会の混乱のなかで、補正予算の成立が遅れたために、３月下旬から順次準備できたところから開始することになった。

また、道路特定財源の一般財源化に関する「道路整備事業に係る国の財政上の特別措置に関する法律等の一部を改正する法律案」が可決され、平成21年4月１日に道路特定財源は廃止された。しかし、この審議の過程でも、民主党は一貫して高速道路無料化を主張し、４月30日まで成立が遅れることになる。

民主党が政権をとったあと、平成22年度の民主党の高速道路に関する重点要望では、高速道路会社による高速道路の整備を推進するため、利便増進事業を抜本的に見直すとしたが、これは利便増進事業として行っている通行料金の割引の見直しを意味する。また、新直轄の整備手法をやめ、すべて高速道路会社が整備することになった。そもそも「新直轄」とは通行料収入では工事費を回収できない路線について、国が税収によって工事を行うスキームである。もともと工事費が回収できない路線であるので、不足する分は財政的に支援することになる。一本の高速道路が区間ごとに整備スキームが違うのは効率的ではないし、直轄の手法が入ることで政治の介入を招きかねないので、これは当然の要求であった。

しかし、マニフェストでは廃止を明示した自動車関連諸税の暫定税率について、重点要望では税率を維持することを求めた。また、マニフェストで約束した高速道路の無料化も、割引率の順次拡大や統一料金制度の導入など社会実験を実施し、その影響を確認しながら段階的に進めるという内容に、大幅に後退した。暫定税率を廃止して改めて環境税を導入することについて、「今後の検討課題とする」とした。実質的増税の検討である。

前原大臣と小沢一郎の対立

平成22年（２０１０）４月９日、前原国土交通大臣は、値下げ財源の一部を高速道路の建設財源に回すため、高速道路新料金の見直しを表明した。この時点では、新料金は6月中に実施する方針としていた。新料金とは、マニフェストによって打ち出された高速道路無料化へ向けた新しい料金体系ではなく、自民党政権下で平成21年3月から順次実施に移された土曜・休日１０００円の料金体系（利便増進事業）がベースとなっていた。

新料金は、従来の複雑な割引料金を単純化することを主眼としており、普通車の上限料金を

２０００円とするほか、同様の上限料金を大型車にも設ける。また、軽自動車の割安な料金を設定するとともに環境にやさしいエコカーを軽自動車料金で通行できることになる。なお、路線バスやトラックのような大口・多頻度利用に対する割引や時間帯割引については、激変緩和措置として年度末までの期限を切って継続する。

新料金は、従来の利便増進事業の見直しとして実施されるが、従来高速道路の整備事業に配分された金額は０・３兆円と小規模であったのを、大幅に拡大して１・４兆円となるのが特徴である。その分、料金割引の財源が減って、従来の割引制度よりも料金負担が大きくなるケースが大幅に発生することになった。

ただし、従来の上限１０００円のＥＴＣ割引は、平成22年度末までの期限付きの事業であったが、この上限（普通車）２０００円は、高速道路の債務の償還が終わるまで実施される、割引ではなく新料金体系であるということが決定的に異なる点である。それだけ他の公共交通機関に対する影響は大きく、とりあえず平成22年度に試行的に実施して、その結果を踏まえて見直すことが決まった。

この新料金に対して小沢一郎民主党幹事長からクレームが付いた。民主党はマニフェストに高速道路無料化を掲げて選挙戦を戦ったのに、逆に値上げするというのでは民意に反するというものであった。

自民党政権下の平成21年３月、暫定税率の撤廃で活躍した民主党国会議員による「ガソリン値下げ隊」の隊長、川内博史《かわうちひろし》民主党衆議院議員は衆議院の国土交通委員会の委員長でありながら、この見直し案に対して真っ向から反対した。平成22年4月21日には、政府・民主党間の会議で、小沢一郎幹事長がこの新料金制度の見直しを求めるに及んで、政府対民主党の問題に展開した。基本的に、党代表であり内閣を率いる鳩山首相がこの問題に直接考えを示さなかったことで、この小沢対前原という党内対立の構図として世間には捉えられた。そして、平成22年4月22日、前原国土交通大臣は記者会見で公然と小沢幹事長の発言に対する不満の意を表したことで、この対立の構図が決定的となった。前原大臣は、「現時点では」高速道路の料金体系を見直すことはないと明言したが、「現時点では」とは、関係法案の審議のなかで見直しもありうるという含みを持たせた発言であった。党に押し切られたということを意味するが、大臣はあくまでも強気であった。

4月22日夕、国会内で小沢一郎に近い議員が「国土交通議員政策研究会小委員会」を開いて、前原批判を展開。同日政府・民主党は、新料金の見直しについて道路整備事業財政特別措置法改正案の国会審議のなかで検討する考えを示した。しかし、翌日午前の閣議後記者会見で前原国交大臣は、道路整備を求める一方で、高速道路の料金値下げを主張する小沢一郎幹事長に対して痛烈な批判を行った。

最終的に新料金の実施は翌年4月からと決まった。それまでは従来の土曜・休日上限1000円割引が続けられた。

公共交通への影響

JR各社が高速道路の割引により影響を受けたが、各社の決算内容は、景気後退による減収が大きく、高速道路の影響額が減収全体に占める比率は比較的小さいものとなった。しかし、そのなかでJR四国については例外で、経営の屋台骨を揺るがすほどの大きな影響があったということができる。同社の『平成22年度事業計画』では、平成20年度（2008年度）の運輸収入252億円に対して、高速道路の土曜・休日1000円の影響により14億円の減収があり、また景気の後退による11億円の減収で、平成21年度の決算見込み額を227億円とした（決算により確定した運輸収入額は229億円）。

従来の高速道路料金が割高だった地域、たとえば本四架橋を渡らなければならない四国では高速道路割引の影響は深刻である。通行料金が大きく下がったことで四国に渡る観光客が大幅に自動車にシフトし、価格差からフェリーを使っていた自動車が橋を通行するようになった。それによって、鉄道利用者もフェリー利用者も大きく減少してしまった。

東日本大震災

平成23年（2011）3月11日14時46分、三陸沖の広い範囲を震源として、マグニチュード9・0の巨大地震が発生した。近代日本がかつて経験したことのない規模の地震で、宮城県北部栗原《くりはら》市で震度7、宮城県、福島県、茨城県、栃木県で震度6強を記録するなど、東日本の全域で強い揺れを感じた。

津波により、仙石《せんせき》線、常磐線、山田線、気仙沼線などで列車が流され、東北地方の鉄道は、太平洋岸を中心に運行を中止した。首都圏では、各鉄道路線で列車が運行を中止して、都心のターミナル駅では帰宅できない人が大勢滞留して混乱した。また、津波が福島第一原子力発電所を襲い、全交流電源の停止により原子炉の建屋が爆発し、放射性物質がまき散らされた。周辺部では、突然の退避勧告により、住民は大混乱することになる。原子力発電所の停止により電力供給が逼迫し、企業に節電の協力を求めたほか、地域を分けて計画停電が実施された。首都圏の鉄道会社も、大幅に間引きする節電ダイヤを実施した。

東北新幹線は、仙台駅で電車が脱線したほか、北上《きたかみ》市を中心に電化柱が倒れ、長期間の運休を余儀なくされた。そのため、在来線を使って代行輸送が実施された。

被災地の高速道路は当初、緊急車両と支援物資を運ぶ車両のみが通行を許された。また6月20日から、避難の乗用車、被災者支援のバス、復興のためのトラック輸送について無料にした。同日、ETC土曜・休日上限１０００円は終了し、無料化実験は一時凍結とした。高速道路新料金も中止された。

交通政策基本法

民主党は、「交通基本法案」を作成して、平成14年（2002）の通常国会と平成18年の臨時国会に提出したものの、いずれも廃案となった。続いて、政権奪取後の平成22年10月8日、交通政策審議会と社会資本整備審議会は、前原国土交通大臣から「交通基本法案の立案における基本的な論点について」の諮問を受けて、交通基本法案検討小委員会を設置して審議を行った。そして、同年12月14日に報告書を取りまとめた。

日本は、少子高齢化・人口減少、地球温暖化問題の深刻化、国際競争の激化により、大きな転換期に差し掛かった。従来、公共交通は民間の運輸事業者にゆだねられてきたため、少子高齢化、人口の減少などにより、採算のとれない地域では撤退・減便に歯止めがかからない状況となっている。また、国際物流の効率化や戦略的な観光産業の構築のために国内交通の高度化が求められるという認識を示す。そのうえで、従来の行政の対象が事業者側に集中しすぎていたと指摘し、これからは利用者目線での行政を充実し、公共交通をパブリックサービスと位置づけて、行政がその維持に積極的にかかわることを求めた。

交通基本法案は、「移動権」というものを国民の権利と認識して、「だれもが安全で安心して移動できる豊かな社会を実現することが切に望まれる」という考え方が基底にある。

しかし、小委員会では、「移動権」もしくは「移動権の保障」を法定することは、「現時点では、時期尚早であると考えられる」とした。

この理由は、交通は、鉄道や自動車などの交通手段を利用者の自由な選好に基づいて最適な組み合わせが実現されるものであり、行政が交通基本法に基づいて人々の自由な選好に影響を与えることは望ましくないという考えを示す。

結論としては、「地域における交通に関しては、利用者や関係者が、地域の交通に関して協議する『場』へ参加し、移動の機能について『ともに考え・ともに維持する』という協働の場を構築していくことが求められる」とする。行政が市場に干渉するよりも、市場が正しく機能するような仕組みを構築することが必要であるという趣旨である。

小委員会からの否定的な内容の報告書が提出されたことで「移動権」の規定が省かれ、平成23年3月8日に閣議決定して、同日第177回国会に提出された。しかし3月11日に東日本大震災が発生して、審議はストップした。

その後、再び自民党が政権に復帰したが、平成25年民主党は、議員提案で交通基本法を国会に提出した。これは第2次安倍晋三《あべしんぞう》内閣のもとで修正されたうえ、交通政策基本法として11月1日に臨時国会に提出され、11月27日に成立した。

第3部　新しい潮流

第9章　インフラ整備における地方政治のプレゼンスの高まり

国は、行政改革と規制緩和により小さな政府を指向して、権限の地方への移転を進めてきた。その結果、公共交通政策は多くが地方主体で進めなければならなくなった。一方で、従来の中央に依存していた地方が自立して、国が推奨する画一的政策ではなく、各々首長の創意工夫により特徴を発揮した、地域に適した政策を推進する時代になった。

1　富山県内のＬＲＴ整備

万葉線の再生

加越能《かえつのう》鉄道は、高岡《たかおか》市内線の軌道と新湊《しんみなと》港線の鉄道を経営していたが、むしろバス事業中心の企業である。人口の少子高齢化により通学が減少し、郊外型ショッピングセンターができて自家用車依存傾向が強まったことにより、路線バスの経営環境が悪化、さらに企業の送迎な

万葉線

どの特定バスが収益源であったが、規制緩和によりタクシー会社などの他社にシフトして収益が大きく減ってきていた。市が電車の利用促進策を講じていたものの、経営を改善する効果は小さく、廃止やむなしとしていた。しかし、高岡市と新湊《しんみなと》市（平成17年市町村合併により射水《いみず》市）は、市民運動の高まりを背景に新たに第三セクターを新設する選択をした。

昭和51年（1976）9月11日、新湊市内の庄川《しょうがわ》橋梁が水害で流失したため、新湊（現六《ろく》渡寺《どうじ》）～越《こし》ノ潟口《かたぐち》（現越ノ潟）間が長期間運休を余儀なくされた。加越能鉄道は、これを機に新湊市、高岡市、富山県に対して路線の廃止を申し入れたが、自治体側は積極的に需要の増加に取り組むことを約束して、高岡、新湊両市は高岡軌道線・新湊港線対策協議会を設置した。そして、1年の部分運休のあと、昭和52年10月1日に全線での運行を再開した。

高岡軌道線・新湊港線対策協議会は、高岡市、新湊市、両市内の各種団体で構成されていたが、実質的には自治体側による同線に対する支援組織であった。協議会は、昭和55年にはこの路線の愛称を広く市民から募って「万葉線」と名づけ、昭和56年1月から全車両に「万葉線」のプレートが掲出された。あわせて協議会の名称も万葉線対策協議会となる。

しかし、支援策を講じ、路線維持のための行政、市民の意識の高まりがみられるにもかかわらず、平成10年度（1998年度）の旅客数は前年より7万人少ない115万7000人にとどまった。通勤・通学定期、定期外いずれも減少しており、平成9年度の1日1km当たり輸送人員（輸送密度）は1446人しかない状況であった。

このような状況のなかで、新湊市では、独自に海王丸《かいおうまる》パークまでの路線延伸調査を実施して、将来のこの路線の展望について探った。

また、平成5年、市民を糾合して、対策協議会の支援活動を支える「万葉線を愛する会」を組織した。自治会を通じてチラシを回覧し、積極的に会員を募集した。個人会員の会費が年額1口1000円、法人会員の会費が年額1口1万円で、平成11年3月31日現在個人3700人、法人100を集めた。

加越能鉄道は、国・自治体からの欠損補助を受けても、厳しい経営状況が続いていることから、その設備投資は、必要最小限のもの、すなわち合理化投資と安全性を確保するための投資に限られた。

運輸省は、欠損補助打ち切りの方針を示す一方で、自立可能な路線に対しては近代化補助金を欠損補助とあわせて交付し、経営基盤の確立を図ることにした。そこで、加越能鉄道では、平成7年度からかつてない規模の設備投資計画が実行された。

平成10年、加越能鉄道の高岡市内線・新湊港線の存廃について協議するため、富山県、高岡市、新湊市と学識経験者を交えて万葉線検討会を設置した。平成10年8月11日に第1回検討会が開催され、平成11年3月までに結論を得ることを目指した。しかし、この協議のなかで会社側から事業の継続が難しいとして廃止の意向が伝えられた。廃止後はバスで代替するというものであった。これに対して高岡市と新湊市は軌道線存続を求めたため、協議が難航した。

この万葉線検討会での協議と並行して、平成9年度での国による欠損補助打ち切り後の対策をとることになる。国は、平成10年度から5年間を重点期間として、国による近代化補助の補助率を4割に引き上げる特例を適用することになった。国4割のほかに県4割、高岡市と新湊市のあわせて2割を加え、近代化投資の全額に対して公的に助成されることになった。近代化補助対象外の投資についても県2分の1、両市2分の1を補助した。

平成10年度の近代化投資は、事業費1億9191万円で、そのうち県の補助額は7676万円である。

平成10年度〜29年度までの20年間にわたり、硬質舗装化、重軌条化、橋梁改良、新型車両8両導入など総額27億3300万円の設備投資を計画したが、平成11年度以降は路線の存廃問題がもちあがったため保留とされた。

平成11年3月18日の第3回検討会で、これまでの検討内容と課題について整理され、中間報告として公表された。議論は、万葉線を存続させるための第三セクター化と加越能鉄道の主張するバス代替の2案に集約された。

加越能鉄道は、万葉線の現状は鉄道を維持するための輸送密度の半分の利用しかないため、自立経営は難しいという考えであった。

庄川橋梁を渡る万葉線のLRV（超低床車）

そこで、高岡市と新湊市は、行政が中心となって第三セクターを設立し、加越能鉄道にも資本参加を求める案を提示するが、協議の末、加越能鉄道の資本参加は実現しなかった。

その後市民活動が大きな役割を担うことになる。市民などにより「RACDA高岡」が設立され、市内線存続のための活動を開始したが、最初はなかなか一般の市民の理解を得られなかったという。しかし根気強く「キャラバン」を展開していくうちに次第に好意的な世論が形成され、市民への署名活動では約2万8000人が応じた。

そして、平成12年には行政を動かすまでになり、高岡市、新湊市、自治会、商工会議所、市民団体で「万葉線問題懇話会」が発足して、加越能鉄道の鉄軌道の受け皿づくりへ向けた動きが本格化していくことになった。

平成13年4月に高岡市、新湊市、富山県がそれぞれ30・06%ずつを出資して第三セクター「万葉線」が設立された。翌年4月には加越能鉄道から鉄軌道事業を引き継いで、営業を開始した。新型の超低床電車（LRV）も平成16年以降、導入された。

平成12年ころは、加越能鉄道にも、高岡市、新湊市にも、存続の意欲はみられなかった。それからの市民団体「RACDA高岡」の活動がなかったならばそれで廃止されてしまったであろう。

平成13年度に98万8000人だった旅客数は、近代化により平成22年度には121万1000人まで増えたが、その後再び減少し、令和元年度（2019年度）は113万6000人である。

富山市のLRT

万葉線の成功が1つの刺激となって、富山市では、富山駅から北に富山港《とやまこう》までを結ぶ富山ライトレール（ポートラム）、市内環状線のセントラムと、相次いでLRTが開業した。全国でも特異な都市である。森雅志《もりまさし》市長のコンパクトシティの考えも、全国的に注目され、国の都市政策にも影響を与えた。

他の多くの都市のLRT計画では長い議論が続けられているが、富山では、ほとんど議論らしい議論も聞かれないままに、短期間で実現してしまった。その背景にあったのが森雅志市長の熱意であると聞く。富山市や富山地方鉄道の担当者が異口同音に発するのがこの森市長の個性と独特な行政手法についてであった。

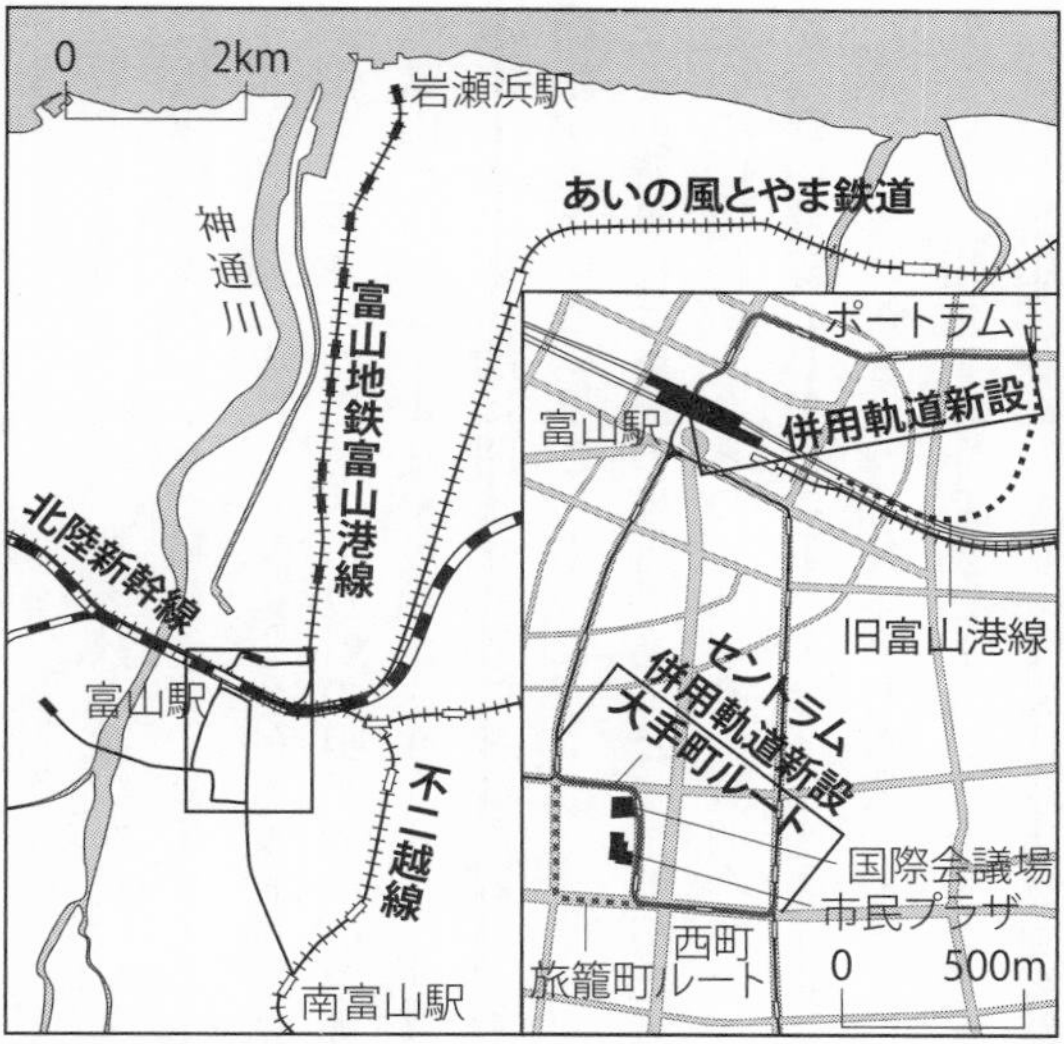

富山港線（ポートラム）・セントラム

富山ライトレールの場合には、北陸新幹線の開業にあわせて富山駅周辺部の在来線の連続立体化工事が計画され、その工事中の仮設ホーム用地としてJR西日本の富山港線の撤去が検討された。

富山港線廃止の対案として提案されたのがLRT化であった。富山駅へのアプローチ区間を併用軌道として街路上に新設し、途中から富山港線の線路に乗り入れるというもの。それ以前のLRT化というと、たいていの場合既存の路面電車に超低床式のLRVを導入する程度のものであった。線路を建設して全体のシステムをLRT化するのは富山港線が最初であった。

もともと富山港線は、旅客数が減少を続けてきたことで、運行本数を減らし、閑散時間帯には電車からキハ120形軽量ディーゼルカーの単行運転に変えていた。森市長は、これをLRTに転換することで、一気に近代的な交通機関に転換できると自信を持っていた。一方でLRT化が発表された当時、市役所の担当者は、整備手法、財源の確保に不安を持っていたという。

富山ライトレールは平成16年（2004）4月に設立され、翌年2月に工事施工認可を得て土木工事が本格的に開始されることになるが、そのほぼ1年後の平成18年4月29日には営業を開始するという素早さであった。

その背景には市民の理解があった。市の担当者を驚かせたのが、地元説明会のことである。たいてい道路新設などの公共事業の説明会では、利害が錯綜《さくそう》して険悪な雰囲気となるのであるが、富山港線LRT化に限っては、担当者が説明会場に入るとき、会場の地元住民から万雷の拍手に包まれたという。長年公共事業を担当してきた市の担当者にとっては驚きの体験であったという。用地買収を必要としないことも大きかったかもしれない。

また、富山港線には並行して富山地方鉄道の路線バスが走っていたのを、富山ライトレールの開業にあわせて廃止した。この富山地方鉄道との調整も順調に進んでいた。その理由は、富山ライトレールがJR西日本からの出向・転籍を受けず、そのかわりに富山地方鉄道からの職員を受け入れたことが大きかった。また、富山ライトレールに接続する、新しく設定された富山ライトレールが運営するフィーダーバス（培養線バス）をすべて富山地方鉄道に委託した。ただ一部に、新たにバスと電車の乗り換えが必要になるとして、市中心部への直通系統の廃止に反対する意見もみられた。

市長の独特の行政手法は、まず関係主体に不満の出ないようなスキームを組み立ててから、ほぼ成案の形で提示する。細かな部分で議論は起こるが、もともと反対の出ようのない案として打ち出しているため、計画全体に影響するような反対は出てこないということになる。

たいていの場合、自治体の政策実施のプロセスは、行政が案を作成したうえで、有識者や関係者で構成する協議会の場で審議されて成案がまとめられる。最近では、行政は方向性のみを示し、協議会での審議のなかで計画案にまとめられるというオープンな合意形成プロセスをとる場合も多くなっている。しかし、富山の場合はあえて時代に逆行するかのように、トップの市長が大筋を示し、行政がこれを実現するために細部をつめていくという、いわゆるトップダウンの意思決定プロセスをとった。短期間に結果を出すには有利な方法であるが、得てして専横的な行政になりかねない。しかし、富山市の場合は、プロジェクトの実施によって不利益をこうむりかねない主体にも受け入れ可能な案が示された。また、富山市の場合の特殊な事情として、事前に利害調整しておかなければならない主体が、富山地方鉄道1社しかないということも幸いしていた。

一方、セントラム・富山市内環状線のプロジェクトは、森市長が就任した翌年の平成15年8

月に始まった。富山市交通マスタープラン策定協議会が設置されて、富山市総合的都市交通体系マスタープランの策定へ向けた協議が始められた。平成17年3月に発表された「富山市総合的都市交通体系マスタープラン」では、環状線の整備が主要事業に位置づけられ、「コンパクトなまちづくり」を実現するための市の総合的な交通体系のあり方の重要施策として盛り込まれた。

平成17年11月から翌年の5月までの間、富山市市内電車・環状化計画検討委員会（座長土井《どい》勉《つとむ》神戸国際大学教授）を開催して最終的に、大手町《おおてまち》ルートと旅籠町《はたごまち》ルートのいずれかによる市内電車の環状化を実現することが結論として示された。旅籠町ルートは、かつて富山地方鉄道が廃止したルートで、路面電車の導入空間として問題は少ない。それに対して、大手町ルートは狭隘《きょうあい》な道をトランジットモール化（歩行者専用区域に公共交通機関だけを走らせる）することが前提となり、旅籠町ルートに比べて工事費が高いという問題があった。市議会でも旅籠町ルートを推す意見が出るが、森市長は6月に大手町ルートを基本とし、3年後の開業を目指すことを表明した。環状線の建設自体には反対意見はなく、問題はルートだけに絞られたことがその後の展開に有利に働いた。もともと環状線は西町《にしちょう》周辺の地域開発とリンクしており、大手町には富山市民プラザや富山国際会議場の整備が済んでいた。大手町を南北に貫く狭い市道（道路幅員27m、車道6・5m）を大手モールとして整備しその中央に路面電車の線路を建設するという大きな構想があった。

同年の９月議会で調査費が計上され、本格的な検討が開始となる。

富山市では、インフラ部を市が公共事業として整備し、これを富山地方鉄道に使用させるという、上下分離の手法を考えていた。

平成18年、笠原勤《かさはらつとむ》副市長は国土交通省鉄道局に上下分離について相談したところ、担当者からは「法律違反」であるとの判断が伝えられた。路面電車は軌道法が適用されるが、鉄道事業法のような上下分離の規定はない。

笠原副市長は、その年の暮れ近くに、軌道法が適用されるが上下分離により整備された千葉都市モノレールに相談した。

千葉都市モノレールは、インフラ部を道路事業として整備した。いわゆる建設省の「インフラ補助」事業であったが、当時は「上下分離」という用語を明示的に使ってはいなかった。つまり、インフラ部は道路であり、道路管理者が整備する道路事業に建設省が補助を行うという考え方であった。その時点では軌道法との齟齬《そご》については問題になることもなかった。

おりしも、富山市は、平成19年２月、「富山市中心地活性化基本計画」を策定して環状線整備を主要事業に位置づけるとともに、同年３月、「富山市公共交通活性化計画」でも戦略プロジェクトの１つとして取り上げていた。

平成19年に入って、国では、軌道事業の上下分離の制度化の動きが急展開する。富山市が積極的に要望したわけではないということで、この間の経緯は不明である。

平成19年5月18日、「地域公共交通の活性化及び再生に関する法律」が成立して、5月25日公布、10月1日施行と決まる。同法に規定された活性化・再生事業について国の支援制度が講じられるというもので、軌道事業についても、軌道運送高度化事業として、自治体が地上施設を整備し運行主体へ貸し付けるという「上下分離」が正式に認められた。この活性化・再生事業として認定を受けるためには、上位計画として総合交通戦略の策定と、法定協議会での合意形成が要求された。

法定協議会として、平成19年11月12日、富山市都市交通協議会（委員長川上洋司《かわかみようじ》福井大学工学部教授）が設置された。総合交通戦略の策定について協議が行われることになる。同月、環状線の上下分離の特例を適用することを盛り込んだ「富山市地域公共交通連携計画」を作成し、富山市と富山地方鉄道は、軌道運送高度化実施事業としての認定を得るため「軌道運送高度化実施計画」の2つの計画の認定申請を連名で国土交通省に提出した。

軌道運送高度化実施計画は平成20年2月28日に認定となり、環状線の整備事業が本格的に始動することになった。

まず、平成20年2月に特殊街路（丸の内西町線）の都市計画変更、3月から地下埋設物の移設など準備工事が行われた。11月には国から軌道工事施工認可を得て、翌月富山地方鉄道に軌道工事委託協定を締結。軌道工事は急ピッチで進められ、平成21年11月に完成して検査・習熟運転を経て、12月23日に営業を開始した。

本格的な営業運転を開始した12月24日から1月20日までの利用実績は、環状線（新線・既設）の乗降客数9万6542人、1日平均にすると3448人、新設された3電停の乗降客数4万1608人で1日平均1486人である。予測値の1320人を上回ることになった。曜日別では、平日が1254人であるのに対して、土・日・祝日が平均1904人と大きく上回った。

新線区間では、建設費や車両の購入費などの初期投資をすべて市が負担し、維持経費だけを富山地方鉄道に負担させることにした。既設の市内線区間では、環状線の新設により旅客数が変化しないという前提のもと、直通運転する環状線電車の運行経費を市が保証することで、こちらは開業以前と収支は変化しないという取り決めをした。

富山市が実施したのは環状線というハードの整備だけではなかった。かつての繁華街「西町」の再生プロジェクトと人の回遊性を高めるために再開発地域の外周部に電停を配置した。そして、極め付きは「まちなか居住と公共交通沿線居住の推進」事業である。戸建て住宅・共同住宅の建設・取得に対して市が補助金を交付するというもので、対象となる地域は、富山市の中心地域の436haと公共交通沿線推進地区の駅勢圏（半径500m）＋バス停圏（半径300m）＋用途地域である。簡単にいうと鉄道沿線と幹線路線バス沿いの地域が対象となる。ちなみに補助金額は、住宅の建設・取得に対しては1戸当たり30万円、それが2世帯住宅ならば10万円を加算、さらに区域外からの転入の場合はさらに10万円を上乗せした。

また、富山市では、富山市中心部での自転車の共同利用「アヴィレ」のサービスを提供している。市街地に23か所のステーションが設置され、別のステーションで乗り捨てることができる。

富山市では、コンパクトシティを目指すなかで、路面電車に加えて自転車利用を重要な要素と位置づけている。しかし、無秩序に市街地での自転車走行が増えると、歩行者との接触事故や違法駐輪が増えることにもなりかねない。そこで、フランスなどで実用化されている自転車シェアリングを導入することになった。運営は、フランスで自転車シェアリング事業を展開する「ジェーシードゥコー」の日本子会社「シクロシティ」に任されている。

令和2年（2020）3月21日、富山ライトレールと富山地方鉄道市内線との直通運転が始まった。

北陸新幹線の開業と同時に、平成27年3月に市内線が新幹線ホームの直下に乗り入れており、この線路が在来線の高架下を横断して、北側の富山ライトレールの線路につながる。平成27年の完成分を含めて新設区間は富山市が建設して保有する上下分離方式で、運行は富山地方鉄道が行う。

なお、令和2年2月22日には、富山地方鉄道は富山ライトレールを吸収合併した。富山ライトレールは富山県と富山市が出資する第三セクターで富山地方鉄道も出資している。富山ライトレールの株主に対して富山地方鉄道の株式が交付され、これにより富山地方鉄道に対する富山県と富山市の出資率が高まった。

2　福井市の鉄道再生

福井県と福井市の連携

福井市の2つの私鉄、福井鉄道と京福《けいふく》電鉄福井鉄道部は、行政の取り組みの結果、大きく近代化した。その背景に、西川一誠《にしかわかずみ》福井県知事と坂川優《さかがわまさる》福井市長がいた。

西川一誠は、自治省の官僚で、香川県、茨城県、国土庁官房審議官を務めた。その後福井県の副知事に就任、平成15年（2003）の福井県知事選に無所属で立候補して、初当選した。平成31年4月まで、4期16年知事を務めた。

平成31年4月の県知事選では、自民党は現職西川一誠と新人杉本達治《すぎもとたつじ》の支持で二分されることが危惧されたが、結局自民党は杉本候補を支持、西川候補は自民党の支持を得られず、連合福井の支持での立候補となった。

当選した杉本新知事と西川前知事との政策上の大きな違いはなく、杉本は西川継承を表明していた。

福井県議会議長を務めていた坂川優は、西川知事とともに福井市の交通問題に取り組んでいたが、平成18年3月に市長選で当選して市長に就任したものの、7月に肝腫瘍で入院。翌年の

10月に体調不良で退任した。その後平成20年2月に死去した。

坂川市長の後任には、福井県庁出身で福井市副市長の職にあった東村新一《ひがしむらしんいち》が就任した。こちらも坂川前市長の政策を継承した。

福井鉄道

福井鉄道は、越前《えちぜん》市の越前武生《えちぜんたけふ》と福井市の田原町《たわらまち》を結ぶ電気鉄道で、赤十字前《せきじゅうじまえ》から田原町間は併用軌道である。途中分岐して福井駅前までの駅前線がある。

福井鉄道は、平成17年（2005）4月1日、鉄道線のホームを削ってLRT用に低床化し、名古屋鉄道から購入した低床車や超低床車の運行を開始した。それまでの福井鉄道は、全国的にみてもとくにレトロな車両を使用し、市内線では車外のステップがせり出して乗降の便を図っていた。名鉄の岐阜市内線などの廃止によって余剰となった車両を転用したもので、一気に近代的な都市鉄道の装いに変わった。車両が古いと若い女性は利用をためらうようだが、これにより沿線の商業施設への買い物客も増えた。

そもそも福井鉄道は、昭和37年（1962）、経営状況が厳しくなったときに、名古屋鉄道に福井鉄道への経営参加を申し入れ、それ以来名鉄グループに入っていた。平成17年4月の運行形態の変更は、名鉄が福井鉄道の経営から撤退する第一歩であった。この時期、名鉄は福井鉄道の代表権を持つ社長と取締役のほか常勤役員6人のうちの4人を派遣していた。また、福井鉄道が保有する株式を購入したり、超低床車両、低床車両を割安で売却したうえにその代金1億8000万円あまりを未収金として処理して支援していた。

　福井鉄道は平成18年秋、減損会計の導入を契機に経営問題が浮上、自主的な経営再建には限界があるとして沿線自治体に支援を要請した。県と沿線3市に対して当面3年間1億1000万円の赤字補塡を求めたものであるが、翌年2月には、福井県は、「親会社や金融機関の協力を得て、まず自力での再建計画の策定」を同社に指示することになる。

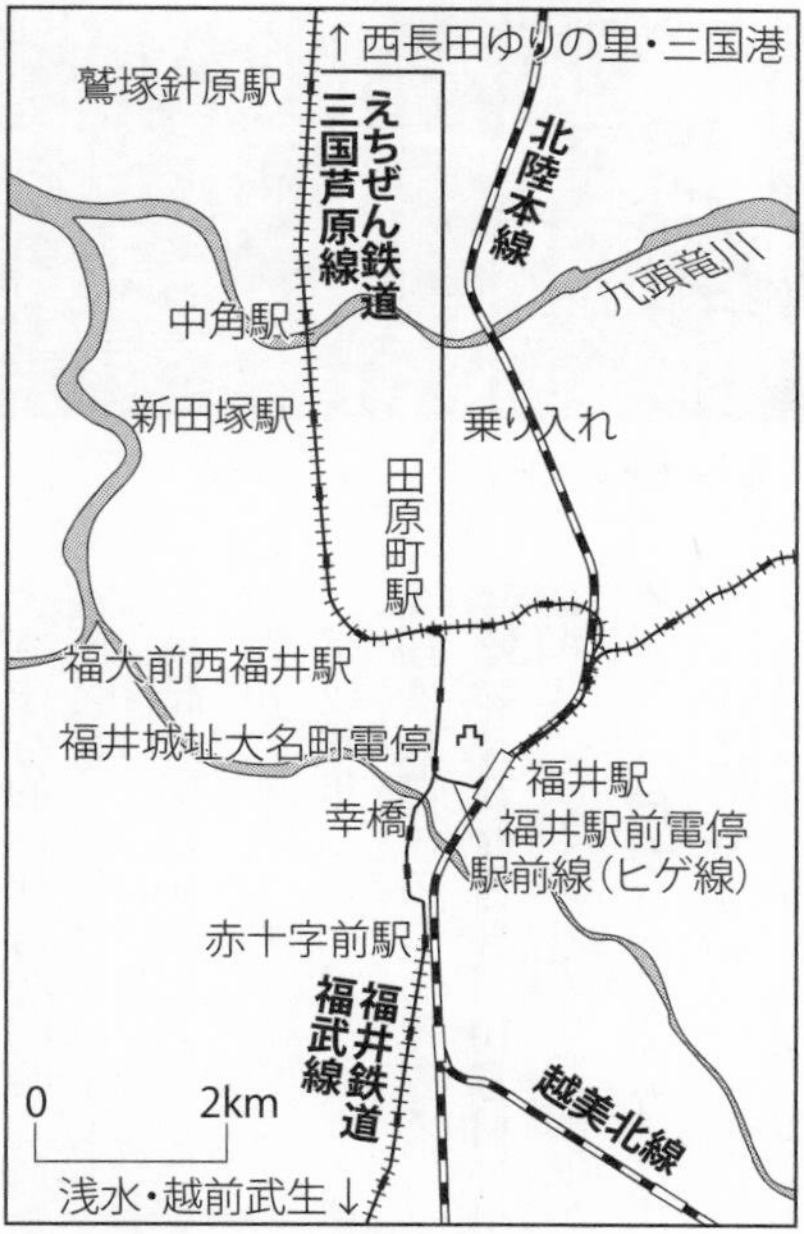

福井鉄道とえちぜん鉄道

　県は近代化補助金など設備投資に対して補助を実施し、沿線3市も固定資産税相当分を補助金として交付していた。また、道路管理者の事業として、駅前線の単線化にあわせて騒音を軽減する弾性軌道を敷設したほか、幸橋《さいわいばし》の架け替えにともない橋の中央部を走る電車の軌道敷も一新された。

　平成18年度には、補助金によ

福井鉄道のLRV

って一時的に経営が改善されたが、赤字体質から脱却したわけではなかった。貸切バスや高速バスの収益で鉄道事業の赤字をカバーする状況が続いていたが、それも規制緩和後の競争激化でなかなか利益が出なくなった。

平成19年9月、自主的な再建は無理として、再度県・沿線3市に支援を要請することになる。

そのようなとき、10月14日午後7時ころ、田原町発武生新《たけふしん》（現越前武生）行きの770形電車が駅前線から市役所前《しやくしょまえ》（現福井城址大《ふくいじょうしだい》名町《みょうまち》）へ向かう緩やかなカーブで脱線した。直前に通過した電車から脱落した制輪子（ブレーキシュー）に乗り上げたのが原因であった。直前に通過したのは武生新行きの急行で旧式の大型車であったものと思われる。

自治体では、福井鉄道を交えた官民協議会として「福井鉄道福武《ふくぶ》線協議会」の設置を決定した。オブザーバーとして中部運輸局が参加し、同局が平成18年度に実施した「福武線公共交通活性化プログラム調査事業」のデータを活用して議論を進めることになる。そして、県から福井鉄道に求めていた「経営再建計画」の提出のめどがたったことから、11月2日に第1回会合が開かれた。

福井鉄道から提示された再建計画は3案あり、第1案は、自治体、民間の出資により新会社を設立して、鉄道事業固定資産（土地29億円、償却資産4・5億円）を引き継ぐこと。第2案は、約31億円の借入金と、社員約260人の今後の退職金約7億3000万円の一部を名鉄が負担するとともに、名鉄の保有株式を第三者に1株1円で譲渡して福井鉄道の経営から撤退すること。第3案は、増資してこれを名鉄が引き受けたうえで、同額を減資して借入金返済、退職金にかかる負債を圧縮する、名鉄は保有株式を1株1円で第三者へ譲渡して経営から撤退すること、という内容である。

12月27日の第3回会合で、再建計画3案の資産売却額、増資額の具体的な金額が示され、これを受けて、平成20年2月15日の第4回会合、2月21日の第5回会合でその内容が一般の人たちに周知されることになった。

名鉄が増資を引き受ける金額は10億円とすること、沿線3市は線路用地を12億円で取得して分割保有することなどである。

平成19年9月現在の金融機関などからの借入金は28億円で、名鉄の引き受ける増資額10億円、福井鉄道の資産処分6億円、3市に対する土地の売却代金12億円で全額返済できるというスキームである。しかし、県議会では、資産処分の6億円は具体的な内容が明確ではないことへの疑問、また金融機関に対する債権放棄要請に対する質問があり、金融機関は一度債権放棄を行うと「モラルハザード」を生じ経営責任の箍《たが》が緩むとの判断からこれを拒否するとしていたが、経営再建後に残る債権の金利低減、貸付金元金の返済期限の延長、新体制によるスタート時の出資に応じる用意があることを表明していた。

その後、3月28日の第6回会合で、平成19年8月以降経営不安から26人の社員が退職し、電車の運転士は6人欠員の状況であることが明らかになった。そして、その退職金1億6000万円が新たな負担として浮上した。また、4月に県は金融機関に再度債権放棄を申し入れるが拒否され、混乱を見せるなかで、4月19日、市役所前で2度目の脱線事故を起こす。低速で走行中の脱線であったため大事には至らなかったが、施設の老朽化がのっぴきならないことを印象付けることになる。

5月22日の第7回会合では、名鉄が福井鉄道に対する未収金2億3000万円を経営撤退後直ちに回収することはしないこと、出資額10億円を全額金融機関からの借入の返済に充てることが確認された。また同時に、沿線3市でサポーター団体の設立の動きがあること、5月中に、国の支援スキームを活用するために「法定協議会」を設置することが報告された。

平成20年3月までに新経営陣を選任して新年度には新体制に移行することを目指していたが、結局、この段階では実現しなかった。

「地域公共交通の活性化及び再生に関する法律」により、沿線自治体および鉄道会社、住民で構成される法定協議会の設置が規定されているが、この協議会での議論を経て「地域公共交通総合連携計画」が策定されることになる。

法定協議会は、平成20年5月30日に発足、沿線の福井市、鯖江《さばえ》市、越前市、3市の利用者団体、福井鉄道、福井県、学識経験者で構成され、10月をめどに連携計画をまとめる予定とした。同時期に、協議会に参加する市民団体として、福井市・福井鉄道福武線サポート団体協議会、福井鉄道福武線利用促進鯖江市民会議、越前市・福武線を応援する連絡協議会が相次いで組織された。

このころの一番の課題は新執行陣の選定であった。6月に開かれた福井鉄道の定時株主総会でも選任案を提示できず、とりあえず名鉄からの役員の続投が決定した。

その後、福井銀行の専務執行役村田治夫《むらたはるお》が退職のうえ、9月1日に福井鉄道の顧問に就任、臨時株主総会の承認を得て11月25日に社長に就任した。退任した山内和久前社長は平成21年6月まで顧問として、他の名鉄からの役員も取締役の職は解かれるものの部長として暫時残留することになった。

そして、村田新社長のもとで、「福井鉄道福武線の経営方針～福武線の再建に向けて」がまとめられ、12月25日に正式に発表することになる。

平成20年も年の瀬が押し迫った12月29日、福井鉄道は1株を増資して名鉄が10億円でこれを引き受け、即日この1株が減資された。これを現金で寄贈した場合には譲渡益課税が発生するので、それを回避するためである。また、同日、名鉄が保有する福井鉄道株式24万6000株の譲渡が実施された。福井市、鯖江市、越前市の商工会議所とサポート団体にそれぞれ5万株、

3万株を譲渡することとして調整が進められていたが、結局、福井市商工会議所の分は福井市が51・1％出資する第三セクターのまちづくり会社「まちづくり福井」に5万株、越前市商工会議所5万株のうちの1万株は越前市が27％出資する第三セクター「武生駅北パーキング」が引き継ぐことになった。

サポート団体は、福井市・福井鉄道福武線サポート団体協議会、福井鉄道福武線利用促進鯖江市民会議、越前市・福武線を応援する連絡協議会の3団体である。沿線の自治会の連合体として組織されたのであるが、その中心となって活動するのは定年退職した市民など、自主的に自治会活動に参加している人たちであった。そういう意味では、沿線住民の利益代表であり沿線住民を代表しているということにもなる。

売却価格は1株1円であるが、出資比率だけ経営責任がともなうために、それぞれ決定までには紆余曲折があった。

こうして名鉄の保有する福井鉄道株式24万株は地元に譲渡され、沿線の経済界や住民が直接鉄道会社の株式を保有するという従来あまり例のない形となった。市民参加型の鉄道経営という新しいモデルケースとして期待される。

残る6000株については村田新社長が個人で引き受けることになる。また、これとは別に、関連会社が保有していた福井鉄道の株式1000株が市民団体のROBAの会に譲渡された。

沿線自治体と福井鉄道などで構成する福井鉄道福武線活性化連携協議会は、「地域公共交通総合連携計画」を策定したが、これに国の鉄道事業再構築事業を盛り込んだ。そして、平成20年2月9日、実施計画の認定を国に申請し、これは2月24日に認定された。

その内容は、経営改善のための設備投資とそれに対する支援措置が中心であるが、土地のみを沿線市が保有するというのが特徴である。

福井鉄道の土地の譲渡代金は12億円で、沿線3市が分担して支払い、3市の行政区画に属する鉄道用地がそれぞれの市の保有となる。なお、3市の負担額は、福井市3億4650万円、鯖江市4億3350万円、越前市4億2000万円である。福井鉄道に対しては無償で貸与する。

設備投資は総額31億円あまりで、線路、電路、車両などの老朽設備の改修・更新、駅の新設など。目立つところは、朝夕使用している大型車両（200形3編成、600形2両、610形1編成）の新低床車両4編成への置き換えである。新潟トランシス製の超低床3車体連接車F1000形で、全長が約27mの大型車となった。平成24年度末に1編成目（1001）が導入され、現在4編成が運行している。この設備投資の31億円は、輸送高度化事業費補助として3分の1が国からの補助金、残りを福井県が支出することになる。

これとは別に、沿線3市は、維持修繕費として10年間にわたり1年に1億2000万円、総額12億円を支出する取り決めであった。

この福井鉄道のLRT化については、平成18年の故坂川市長の当選が大きく貢献した。坂川はコンパクトシティとＬＲＴの整備を哲学とし、市民団体のＲＯＢＡの会に同調して活動に参加、当選後市役所内外のスタッフをＬＲＴ派で固めた。

平成19年6月6日、福井市都市交通戦略協議会の第1回会議が開催された。地域公共交通総合連携計画の策定に密接に関連するものであり、平成19年度中の策定を目指したが、丸1年遅れた。この会議では、川上洋司福井大学教授（座長）から福井市の都市圏の交通体系について「5年～10年先になにができるのか、実現可能なものを示す」という方針が表明された。

福井鉄道に関連しては、市役所前～福井駅前間の駅前線の駅前広場までの延伸問題が議論された。協議会では、まず現行線を駅前まで延伸するA案と、駅前の中央大通りに線路を移設するB案が提案された。その後、駅コンコースに横付けするC案、A案・B案に赤十字前方向への短絡線を新設する案が追加された。

第2回目は8月中旬開催予定と通告があったものの、実際には2か月遅れの10月5日となった。駅前線の延伸問題について、「駅前商店街の人が反対している」とし、路線を福井「駅につなぐことは大賛成ですが」、「現在のヒゲ線（駅前線）にはいろいろな問題があります」といった内容である。当初、平成20年2月22日の第4回会議の議事を経て報告書がまとめられる予定であったが、結局「中間報告」にとどまることになる。その後も、駅前広場までの延伸に対して議論が続くことになるが、行政としては、福井駅との結節を基本とすることを決めていた。そのうえで、ＬＲＴ専門部会を設置することを決定した。専門部会は10月14日から12月22日までの間に3回開催された。ただ、議事の内容は公開されていない。平成21年1月16日の第7回「都市交通戦略協議会」会議で専門部会の議事の概要が紹介されているが、専門部会では福井駅結節についてルート比較など具体的・技術的な議論が展開されたことがうかがえる。

駅前線の駅前延伸は、駅前に1面2線のホームが新設され、平成28年3月に開業した。さらに越前武生からの電車がそのまま駅前に直通できるように大名町《だいみょうまち》交差点に短絡線を建設することを検討するとしていたが、現在のところ進展はない。

福井鉄道とえちぜん鉄道の直通運転

福井鉄道福武線とえちぜん鉄道三国芦原《みくにあわら》線の相互直通運転は、両線とも軌間、架線電圧が同じで、田原町駅で隣り合っていることから、昔から直通運転の構想は聞かれた。しかし、えちぜん鉄道の前身である京福電気鉄道と福井鉄道はいずれも経営が厳しく、一時は廃止も取り沙汰されるような状況にあり、夢物語として現実味を帯びることはなかった。

それが、坂川優が福井市長に就任すると、京福電気鉄道の存続問題に絡めて三国芦原線のLRT化と福井鉄道との直通の検討が始められた。坂川市長は体調を崩して市長を辞任したが、LRTの構想は東村新一市長に引き継がれた。

平成22年（2010）5月27日、「相互乗り入れに関する事業検討会議」の第1回会議が開かれ、第1段階としてえちぜん鉄道の新田塚《にったづか》まで福井鉄道の片乗り入れを実施、その後、第2

段階として乗り入れ区間を西長田《にしながた》（現西長田ゆりの里）まで延伸して相互乗り入れとすることが確認された。

平成24年11月27日の第5回会議では、乗り入れ区間を鷲塚針原《わしづかはりばら》までに短縮することで合意。この変更により、太郎丸《たろうまる》、西春江《にしはるえ》、西長田の低床ホームの整備が不要になったことで2億円、車両の増備を当初計画の3編成から2編成に減らしたことにより3億円の合計5億円の事業費の削減となった。当初計画では、総事業費は23億～24億円であったが、これが約19億円となった。

低床ホームを整備するのは、福大前西福井《ふくだいまえにしふくい》、日華化学前《にっかかがくまえ》、八ツ島《やしま》、新田塚、鷲塚針原の各駅で、中角《なかつの》駅は九頭竜川《くずりゅうがわ》の堤防を乗り越える勾配の上に位置し、構造的に低床ホームが設置できないので直通列車は通過する。また、福井鉄道の浅水《あそうず》とえちぜん鉄道の福大前西福井、鷲塚針原には折り返し施設を整備した。

乗り入れに必要な車両はえちぜん鉄道が用意し、平成27年3月31日に2車体連接車2編成が搬入済みである。

相互乗り入れの工事費は、福井鉄道が田原町の線路工事、ホーム・上屋工事などに8・7億円、浅水駅の低床ホームの整備と折り返し設備の新設に1・0億円、えちぜん鉄道が、各駅の低床ホームの整備と鷲塚針原駅の折り返し設備の新設に3・3億円、低床車両に6・2億円の計19・2億円である。そのうち、6・4億円が国、10・14億円が福井県、2・7億円が福井市の負担となった。福井県と福井市の負担は、駅前線延伸、大名町交差点の短絡線整備など相互乗り入れ以外の事業を含めた全体事業費について、県2：市1となるように決められている。

平成27年春の乗り入れ開始を目指していたが、田原町の駅構内が狭隘で運行を続けながらの複雑な工事となるため事業者間の協議が難航し、相互直通運転は、平成28年3月27日から実施された。直通便は、福井鉄道越前武生〜えちぜん鉄道三国芦原線鷲塚針原間で1時間に1往復を基本に、朝の一部の便は福大前西福井折り返しである。また、福井駅前には乗り入れない。

直通運転後はえちぜん鉄道、福井鉄道ともに旅客数が増えた。とくに定期旅客の増加が大きかった。

3　宇都宮市LRT

栃木県と宇都宮市

日本でのLRTは、従来の路面電車に超低床の新型電車を導入することを意味していたが、宇都宮LRTは、線路から新しく敷くもので、フランスや北米のような本格的LRTである。

宇都宮でも、福田富一《ふくだとみかず》知事と佐藤栄一《さとうえいいち》市長がタッグを組んだ。

宇都宮市の佐藤栄一市長は、地元の実業家で、平成9年（1997）から宇都宮青年会議所の理事長を務めている。平成16年、市長の福田富一が県知事選出馬のために辞任、市長選が実施されて、佐藤が立候補し当選した。まちなかネットワークの代表を務めるなど、NPO活動にも参加している。

前市長の福田富一は、平成11年4月から16年10月まで宇都宮市長の職にあった。平成16年2月に栃木県知事選で、福田昭夫《ふくだあきお》を破って当選、現在4期目である。その福田昭夫は、平成17年の衆議院選挙で民主党から立候補して比例区北関東で当選し、現在は立憲民主党に所属する衆議院議員である。福田昭夫前知事は、LRTに反対していた民主党（当時）の所属であり、自民党員の福田富一知事が就任して、ようやく宇都宮市と連携できる環境が整うことになった。令和2年（2020）11月15日に栃木県知事選が実施され、現職の福田富一知事が当選した。選挙はLRTへの信任投票となった。

LRT計画

宇都宮市では現在LRTの建設が進んでいるが、この計画の起源は、平成9年度（1997年度）に設置された「新交通システム検討委員会」である。平成10年度末をめどにルート、機種、事業費、経費、経営主体について結論を出すことを目指した。途中経過として報道された内容によると、ルートは県道宇都宮向田《むかだ》線（柳田《やなぎだ》街道）と国道123号線（水戸街道）の2案で、機種はLRTかHSSTとした。建設費はLRTが総額200億円（1㎞当たり20億円）、HSSTは総額600億円（1㎞当たり60億円）であった。HSSTは、愛知県内の愛知高速

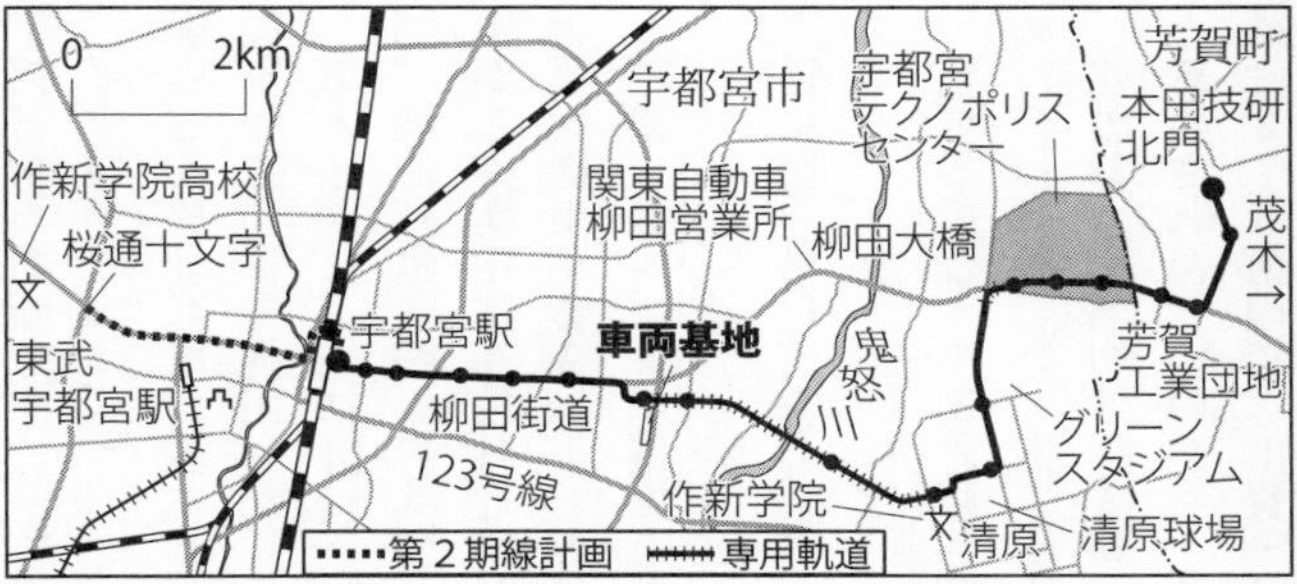

宇都宮市LRTのルート

鉄道リニモが採用している方式である。

国道123号は、かつて宇都宮〜水戸間のバスが走っていた県庁所在地を結ぶ幹線で、現在も茂木《もてぎ》と宇都宮を結ぶなど、路線バスの運行本数は比較的多い。途中清原《きよはら》には工業団地が造成され、その一角に作新《さくしん》学園、清原球場やグリーンスタジアムといった人が集まる施設がある。柳田街道は、宇都宮駅の東口の正面からまっすぐ東に延びるルートである。途中に関東自動車の柳田営業所がある。

平成13年4月には「新交通システム導入基本方針」が策定されたが、この段階では、検討ルートに3案あり、宇都宮駅東口から柳田街道を芳賀《はが》工業団地までが第1案、途中柳田街道から分かれて清原工業団地を経由する第2案、さらにこの路線を若干南にずれた作新学院大学を経由する第3案が示された。導入機種はこの段階ではLRTが有力とされていた。

平成13年度には「新交通システム導入基本計画策定委員会」を設置して、導入ルート、機種について比較検討をするためのデータとして「利用意識調査」を実施したほか、JR

宇都宮駅の横断方法について、地下案、高架案などをＪＲ東日本と協議した。

平成14年度には、ルート・機種の絞り込み、事業採算性、関連道路整備計画、事業化への課題などを整理して、基本計画の策定作業に入り、年度末に「新交通システム導入基本計画策定調査報告書」を提出した。

導入区間は、当初計画区間（約12㎞）が、ＪＲ宇都宮駅～宇都宮テクノポリスセンター地区間。延伸計画区間（約３㎞）は、桜通十文字《さくらどおりじゅうもんじ》付近～ＪＲ宇都宮駅間とする。さらに桜通十字路から作新学院高校付近までの延伸について、需要面を踏まえて検討するとした。途中、柳田大橋を経由するＡルートと鬼怒川に橋梁を新設して清原工業団地を経由するＢルートを比較した結果、Ｂルートが優位となったという。

そもそも桜通十文字方面のほうが輸送需要ははるかに多いが、関東自動車のほか、ＪＲバス、東野《とうや》交通（現在は関東自動車と統合）などバス路線が競合する会社が多く、それぞれ収益区間であるので手放すわけにはいかないという事情があった。

需要規模は、当初計画区間では、１日当たり利用客数約１万６０００人。延伸計画区間を含めた全体計画では、同じく約４万５０００人と算定された。

建設費は、当初計画区間が約２５０億円、延伸計画区間を含めた全体計画区間は３５５億円と想定された。このうち、インフラ部は80億円で道路管理者が公共事業として実施、インフラ外は２７５億円で、出資・補助金のほか借入金が充当されるとした。

採算性については、運賃収入で人件費・運行経費を賄うことが可能であるが、借入金の償還分は、当時の制度のなかでは運賃で回収できないとした。

この報告書の巻末に新交通システムの実現に向けた課題が整理されているが、平成15年度には「県と市の考え方の違いから、具体的な導入課題についての検討は実施できなかった」（平成17年3月、宇都宮市「報告書」）という記述がみられる。

栃木県としては、平成15年9月、整備スケジュールの検討を5年程度凍結し、鬼怒川渡河部の交通渋滞緩和や中心市街地の活性化など、直面するさまざまな課題の整理を優先すべきであること、市が速やかに整備に取り掛かりたい場合は、市が主体となって進め、県はそれに協力する形とする考えを示した。市が熱心なのに対して、県は慎重な姿勢を見せていたが、本音としては、県道である柳田街道の工事で費用負担したくないという意思表示だったのだろう。

そこで、平成15年12月に宇都宮市は「まちづくりと交通に関する懇談会」（4回）を開催してLRTに対する市民意識の高揚を図る活動を展開。平成16年3月に対象地域を拡大して「県央地域における新交通システム導入促進協議会」を開催して消極的な立場をとる県への対応を協議して、県に対して「年限を設定せず、課題解決に向け、引き続き市と一体となって取り組むよう」要請した。しかしこれが受け入れられず、平成16年度には宇都宮市単独で「新交通システム導入方策調査検討委員会」を設置することになる。この討議内容は平成17年3月に「新交通システム導入課題対応策検討調査報告書」として提出されるが、この内容は、宇都宮の中心市街地の活性化策として、また東西基幹公共交通軸としてLRTがいかにふさわしい交通機関であるかを、内外の事例を交えて説明していた。また、県に対するメッセージとして、宇都宮市の市域を越えて、県央地区の基幹公共交通ネットワークの整備を前面に打ち出すものになった。

LRT計画の具体化

平成16年（2004）に佐藤栄一市長と福田富一知事が就任して、平成17年4月、はじめて栃木県と宇都宮市は「新交通システム導入課題検討委員会」を設置した。元市長の福田が県知事に転じたことで、はじめて県が市主導の議論に参加したことになる。学識経験者を中心に、鉄道会社、バス会社などの既存の公共交通事業者が委員となった。平成18年3月、「新交通システム導入課題の検討結果報告書」が提出されるが、この「はじめに」に「諸課題を整理するとともに、その対応策や解決策について専門的な見地はもとより、幅広い観点から検討を行った」とある。しかし実際には、利害関係者が一堂に会すことで、むしろデリケートな課題があぶり出されることになった。

平成19年3月にも再度同じタイトルの報告書が提出されたが、この報告書では、LRT導入空間について詳細な内容になった。また基本計画では、LRTの沿線にトランジットセンターを設けて路線バスとの乗り換えターミナルとし、パークアンドライド駐車場が設置されるとしていたが、その設置場所については明確に示していなかった。これについて「LRT導入に伴う付属施設の仮設定」として、整備路線桜通十文字、テクノポリスセンター地区、それからJR宇都宮駅と清原工業団地の4か所にトランジットセンターを設置すると具体的に記載した。

この背景にあったのがバス事業者の意向であったことは、報告書に添付された「関東自動車(株)齋藤委員からの意見書」(平成18年12月4日)からうかがえる。つまり、LRTが導入されると、駅前大通、柳田街道ともに車道が1車線に絞られるため、路線バスの運行は不可能となる。バス路線はトランジットセンターで打ち切られるものと推測されるものの、具体的な内容が示されていなかった。そもそも中心市街地への直通路線が廃止されるとバス会社の経営にとって打撃となり、重要な問題であった。路線廃止となった場合の補償についても問題にした。

宇都宮市は、平成19年5月24日、「(仮称)宇都宮市都市・地域交通戦略策定協議会」「(仮称)LRT導入検討会議」の設置を公表した。関東自動車にも委員就任を打診したが、これに対して、関東自動車側は、委員会の審議がLRTの導入を前提に進められ、進め方が強引として、拒否することを明らかにした。

また、平成18年10月、民主党の「LRT勉強会」を母体に「LRTを反対する会」が発足した。3000億円の負債を抱える宇都宮市がLRTに巨額の負担をすることへの反発である。

平成19年3月の報告書では、国のLRT整備に対する助成制度の拡充により、車両以外のインフラ外事業費が平成19年度に創設された「都市交通システム整備事業」で補助対象となったことを説明した。すなわち、従来事業者の負担となっていた電気・信号施設や車両基地を自治体が整備することになった。これにより、事業者の負担額が旧制度の215億円から35億円に減少したことを指摘する。しかし、事業者負担が減ったものの、その減少分は、一部国からの補助金で埋められるとはいえ、ほとんどは地方負担となる。つまり、制度の拡充により事業者の採算性は確保されるが、地方自治体の負担額は225億円に上ることになった。

ここにきて、宇都宮市のLRT計画は、巨額の税金を投入するだけの意味があるのかという、計画の原点に議論が再び戻されたということになる。また、LRTに対する公共側のかかわりが拡大したわけであるが、同様に都市内の交通を担う民間のバス会社は採算性を維持しなければ経営を続けることができない。共通基盤がないということが問題を深刻にしていた。バス会社は公共性を理由に不採算路線の運行を続けており、その損失を都市部の収益で穴埋めしているのが現実である。

はじめて県が参加した基本方針

宇都宮市はそれまでの議論を整理して、平成25年（2013）3月、『東西基幹公共交通の実現に向けた基本方針～『円滑で利便性が高く・人や環境に優しい・誰もが利用しやすい・公共交通ネットワーク』の構築を目指して～』という長いタイトルの報告書をまとめた。整備機種はLRTで、まず、JR宇都宮駅～宇都宮テクノポリスセンター地区間の約12㎞を建設し、次にJR宇都宮駅〜桜通十文字付近の約3㎞、最後にJR宇都宮駅の東口と西口を結ぶ東北新幹線・東北本線の交差区間を整備するとした。JR宇都宮駅は、2階の乗り換えコンコースを挟んで、3階部分に新幹線、地平部分に在来線が走っており、LRTは駅部の北側を大きく迂回する形で、2階部分を通過することを想定していた。

整備方式は、公設型の上下分離とし、公共が整備し、別の運営主体が運行するというものである。ただし、この段階では営業主体について方針は決まっていなかった。

需要予測は、平成4年に実施された宇都宮都市圏パーソントリップ調査と平成13年のLRT利用に関する意識調査結果に基づき、東側区間は1日当たり約1万3740人、全体計画区間は約4万4900人とされた。

宇都宮市の東部の人の流れは、市中心部へ向かう交通よりもむしろ東側の丘陵地の大規模工場へ向けた流動が大きいという特異な形となっている。新しく交通機関を整備する場合にも、朝ラッシュ時の輸送力は、JR宇都宮駅方向ではなく、反対の郊外方向を重点に考えなければならないのである。需要予測の1万3740人も、郊外の工業団地に通う通勤客が中心である。なお、この数字には、東部地域からJR宇都宮駅に向かう住民や、茂木町《もてぎまち》方面から宇都宮の市街地に向かう通勤客などは含まれていない。そういう意味では、ごく手堅い内輪の予測であるということができる。

当時の概算整備費は東側区間が260億円で、全体計画では383億円（平成21年12月LR

T事業課題検討委員会において試算）であった。運賃は、現行の路線バスより割安な100〜400円に設定し、東側区間の開業時はわずかに黒字、全体計画区間では堅実な黒字経営となるとした。この場合、経費には整備主体に支払う使用料が含まれていたが、その後は、経費から施設使用料が外されている。

なお、宇都宮市が平成25年、「基本方針」を発表したタイミングで、同年10月23日に東隣の芳賀町《はがまち》から町長と町議会議長の連名で要望書が提出された。宇都宮市の市域の東端で終わっている計画路線を芳賀町まで延伸することを求めた要望書である。

宇都宮市では、このLRTが栃木県の県央部の東西方向の基幹路線という位置づけであること、芳賀工業団地、芳賀・高根沢《たかねざわ》工業団地の従業員の大多数が宇都宮市在住であること、路線延伸により旅客数の増加が見込まれ採算性が改善できることから、これを受け入れることにする。

もともと、計画路線は宇都宮テクノポリスセンターから東進し茂木方面に向かっていたが、芳賀町の要望を受け入れて、芳賀工業団地の管理センター辺りで北側に方向を変え、ホンダの北門前までとなった。

運営主体の決定

LRTの建設計画が佳境に入るとともに経営主体の選定を進めることになる。当初平成26年度（2014年度）中の決着を目指したが、本命として市が交渉していた東武鉄道が平成26年の年末に市の申し入れを固辞したことで、年度内の決定は不可能となった。

平成26年11月下旬から翌年1月までかけて、民間軌道事業者14社および地元公共交通事業者5社に対して「LRT事業に係る事業参画意向調査」を実施。この段階で4事業者が事業参画に関心を示した。報道によればこの4社とは、関東自動車、東野交通、ジェイアールバス関東、岡山電気軌道であったという。その後、具体的な運営組織や要員確保の方法についての追加ヒアリングを行い、単独での運営参画の意向を持つ事業者が2社に絞られた。関東自動車と岡山電気軌道である。岡山は、「是非お願いしたいということであれば運営を検討したい」、関東は「単独での運営としたいところであるが、公共との協調もありうる」との立場であった。そのほかの2社は、中核事業者としての参画は想定していないが、何らかの形で参画したいとしていた。

平成27年6月15日から7月6日までを期間としてLRTの運営主体の募集を実施。これに応じたのは関東自動車の1社だけであった。提出した企画提案書では、1億円の資本金（民間51%、公共49%）で会社を設立し、開業までの開業費19億円ないし22億円を資本金と行政からの借入金で賄う。民間出資分を関東自動車単独あるいは数社での合弁としたいとした。開業時には増資し、持株比率を3分の2まで引き上げることをめどとした。

しかし、関東自動車の提案は民間事業者が単独で運営する内容ではなく、公共側の出資を求める官民連携の新会社の設立というものであったため、これを不採用と決定したうえで、官民共同出資による第三セクターを検討することになる。

また、7月27日、宇都宮市議会の自民党、自民クラブ、公明党の3会派は、佐藤栄一市長に対して官民連携による新会社を設立することを求める要望書を提出した。後ろ盾を得て、翌日、佐藤宇都宮市長と見目匡《けんもくただし》芳賀町長は宇都宮市役所で会見し、LRTの運営主体として第三セクターを新設することを発表した。

これに対して、平成26年7月に設立された「宇都宮市のLRTに反対し公共交通を考える会」（上田憲一代表）は、8月21日に市長に対してLRT計画は無駄であるとして、計画の白紙撤回を求める申し入れ書を提出して抵抗した。

新会社の名称は「宇都宮ライトレール」で、当初は資本金1億5000万円で設立し、3〜4年後には10億円に増資する予定とした。

当初の資本金については、51%を宇都宮市と芳賀町が負担し、民間分は、出資比率の大きい順に、とちぎライトレール支援持株会22・8%、関東自動車10・0%、足利銀行5・0%、栃木銀行5・0%、東武鉄道4・0%、宇都宮商工会議所1・0%、芳賀町商工会0・2%である。

社長には、宇都宮市の高井徹《たかいとおる》副市長が就任する。また、元広島電鉄常務取締役電車カンパニー・プレジデントの中尾正俊《なかおまさとし》が安全統括管理者となることが発表になった。中尾は、広電の電車部門を率いていた人物で、路面電車にかかわる市民団体との付き合いも多い。近年は札幌市のLRT延伸・ループ化の仕事をサポートしていた。

出資者のうち「とちぎライトレール支援持株会」は、宇都宮市商工会議所が県内経済団体6団体を糾合して平成26年7月7日に設置した「栃木県LRT研究会」が、平成27年9月に設立した民法上の組合方式による持株会である。下野《しもつけ》新聞社、とちぎテレビ、宇都宮ケーブルテレビ、栃木信用金庫、フタバ食品など26社で構成されている。

なお、沿線の工業団地で操業する民間企業が株式を引き受けて増資する約束があり、その段階で公共比率は49％に引き下げられる。

新会社は、平成28年度の着工を目指して手続きを始めていたが、1年あまり遅れて平成30年5月に起工式を開催。平成31年の開業を予定していたが、現在は令和5年（2023）3月の開業を予定している。新型コロナの感染拡大で用地買収の交渉が遅れ、車両に使われるヨーロッパ製部品の輸入も遅れているという。

概算建設費も従来の458億円から226億円増の684億円を予定、着工後判明した軟弱地盤の対応、地下埋設物の処理、バリアフリー設備の増額による。

第10章　国の役割と地方分権

災害の激甚化と復旧

令和2年（2020）9月、菅義偉《すがよしひで》内閣が成立した。

菅首相の政治信条は、「国の基本は『自助・共助・公助』です。人と人との絆《きずな》を大切にし、地方の活性化、人口減少、少子高齢化等の課題を克服していくことが、日本の活力につながるものと確信します」という。政策集『自助・共助・公助、そして絆』には、「国難の新型コロナ危機を克服」「縦割り打破なくして日本再生なし」「雇用を確保、暮らしを守る」「活力ある地方を創る」「少子化に対処し安心の社会保障を」「国益を守る外交・危機管理」の6項目を掲げる。

国は、国民が安心して生活できるために、災害や今回の新型コロナのような予想外の出来ごとに対して、適宜迅速に対応できる制度を構築することが求められる。また、交通政策の地方への権限の委譲が進められている。身近な行政機関が実務を担当するのは合理的であり、基本方針については国が交通政策基本法で示している。しかし、その一方で財源の移転が十分ではなく、地方は理念と実際の間で困惑している現実がある。

近年自然災害が凶暴化して、とくに財政的に弱体化した地方自治体での被害復旧が深刻な問題となっている。いまや交通インフラとしては道路のほうが優先度が高く、鉄道は後回しになりがちである。国の支援制度の拡充が進められ、大きく前進しているものの、もう一歩の努力が望まれる。

国民のふだんの生活を、安心して過ごせるようにすることが、国の役割である。なにも生活水準を上昇させることではなく、単に前の日と同じ生活ができることでよいのである。自然災害が発生したなら、国は、迅速に元の生活を取り戻せる支援をセーフティネットとして整備する必要がある。

安倍内閣は、国土強靭化《きょうじんか》政策と題して、自然災害や疫病に対する国と地方の役割の明確化を政策の主軸に据えた。そして、その実現のために、社会インフラの整備の促進、社会インフラの冗長性（キャパシティに余裕をもたせて非常時の即応力を高めること）の必要性を強調した。菅内閣には安倍後継を自任する以上、この政策を継承する必要があるだろう。

海岸防災や中山間地での水害、土砂崩れ防止のための施設の整備。その一環として、鉄道そのものの防災工事は進んでいるが、その周辺部の、民地の防災に対する支援策がない。民地の崖地《がけち》が崩落しても復旧は所有者の責任となる。被害を最小限に抑えるという意味では、むしろ事前防災に公共の責任があるように思える。
社会インフラの冗長性については、道路は柔軟に迂回路を選べるが、鉄道の場合にはネットワークのなかの1か所切断されるだけで機能を失ってしまう。そういう点では、事前に重要なルートには、代替輸送や迂回ルートの設定、新幹線にはバイパスルートの整備が必要になる。

東日本大震災による山田線の被災

気仙沼線 BRT

東日本大震災では、東北地方の各地で鉄道が被災したが、そのなかでも三陸海岸沿いの各線の被害は大きかった。気仙沼線ははやばやとBRT（バス高速輸送システム）での運行を再開、三陸鉄道北リアス線、南リアス線も鉄道での復旧が決定したが、鉄道での復旧を希望したJR東日本の大船渡線と山田線は、JR東日本と地元自治体との長い交渉が続いた。

JR気仙沼線は、柳津《やないづ》までは鉄道の運行を復活したが、柳津～気仙沼間については、平成24年（2012）8月からBRTを暫定運行、12月からは本格運行に移行した。BRTは本来は大都市で導入される交通システムであるが、日本では、部分的でも専用道を使うバスを指す用語として定着しつ

気仙沼線・大船渡線 BRT、山田線・岩泉線

つある。

平成27年6月からは石巻《いしのまき》線との分岐駅である前谷地《まえやち》までBRTの運行区間を延伸し、前谷地~柳津間は鉄道とバスを併用して運行している。鉄道時代に比べて所要時間は伸びたが運行本数が増え、また街中の停留所での乗降ができるようになって利便性は向上した。その後も鉄

道事業の許可は保持していたが、柳津～気仙沼間はついに令和2年（2020）4月1日に鉄道事業を廃止した。これにより鉄道での復活はなくなった。

線路敷は、一部舗装されて専用道となったが、維持コストのかかる線路に比べると費用が大幅に削減されることになった。また直接維持・管理費用を負担しない一般道路を使うのも、省コストを実現する大きな要素である。

最後に、岩手県内の大船渡線気仙沼～盛《さかり》間と山田線宮古～釜石間が残ったが、大船渡線は平成25年3月2日に仮復旧としてBRTでの運行を開始した。あくまでも鉄道の復旧を前提としたBRTの暫定運行であったが、地元との協議の結果、大船渡線も令和2年4月1日に鉄道事業を廃止した。

山田線宮古～釜石間は、JR東日本からいったんはBRTでの運行再開の提案を受けたが、最終的に鉄道の復旧を実現した。

岩手県は、JR山田線復興調整会議を設置して、鉄道での復旧を目指して活動を進めていたが、平成24年5月にJR東日本がBRTも選択肢の1つとすることを提示した。そこでバス輸送などの代替交通手段について協議するため、別にJR山田線公共交通確保会議が設置された。宮古市、釜石市、山田町、大槌町《おおつちちょう》、JR東日本、東北運輸局が参加し、宮古市が事務局を担当した。

JR東日本が提案したのは、山田線宮古～釜石間55・4kmの一部約10kmを舗装してBRT専用道とし、他は一般道を利用するもので、ピーク時には20～30分間隔で走らせるというものであった。運賃水準は鉄道と同等とすることも示された。しかし現状で同区間には代行バスのほかに民間の路線バスも走っている。どこが違うのかという素朴な疑問が出された。

震災前、列車は10往復で、最短約1時間で走っていたが、バスは、直通バス2便と乗り継ぎが必要なバス13往復で、所要時間は最短1時間53分となった。便数は増えても、所要時間が倍になったことで、全区間を通して利用するには不便このうえない状況である。

沿線4市町は、平成24年7月9日の第2回公共交通確保会議で、JR東日本の提案するBRTでの運行再開を拒否したが、翌年の3月8日の第5回山田線復興調整会議で、JR東日本は、鉄道での復旧には210億円かかることを公表し、当面の対応として線路を専用道に使うBRTでの復旧を再度提案した。5月27日の達増拓也《たっそたくや》知事の定例記者会見では、JR東日本は、210億円の内訳として、原状復旧費を140億円とし、これを自社で負担すること、残りの70億円は国に支援を求めるとしていることを明らかにした。

平成25年9月25日の第6回復興調整会議で、JR東日本は、専用道を追加して25・3㎞としたうえで再度BRT化を提案した。専用道は全区間の約46％となり所要時間の短縮が可能になるはずである。しかし自治体側はこれにも興味を示さなかった。

のちに明らかになるのであるが、この段階で、JR東日本は岩手県に対して、三陸鉄道への移管により鉄道として復旧する意向を非公式に伝えていたという。BRTに対する自治体の反応を確認したかったということだったらしい。

この三陸鉄道移管案は、平成26年1月31日の第7回山田線復興調整会議で正式に表明された。JR東日本が復旧したうえで、線路などを自治体に無償譲渡、運行を三陸鉄道に引き継ぐというものである。それに加えて10年程度の赤字分を負担するという自治体に大幅に歩み寄った案であった。しかし、自治体は、実際の路線収支のデータがなく、自治体がどの程度の負担をすることになるのかわからないということで、この場では合意には至らなかった。

平成26年2月11日、宮古市内でのJR東日本、沿線4市町、県、三陸鉄道の会合で、JR東日本は老朽化した山田線の線路を三陸鉄道の新線区間並みに改良すること、赤字補塡は、運営移管後10年分とすること、鉄道施設は自治体に無償で譲渡し、車両など運行施設は三陸鉄道が持つ上下分離の方式を採用することが示された。JR東日本が復旧して保有し、これを三陸鉄道に賃貸するケースも比較検討されたという。

JR東日本による追加の負担として、車両8両と鉄道設備・用地の無償譲渡、今後の災害復旧費用の一定の支援、一定期間の赤字補塡、南北リアス線で分かれた指令・事務所統合など運営の効率化施策、老朽化した枕木、レールの改良・強化、出向による人的支援などが示された。さらに、赤字補塡は、10年分5億円を一括で支払うこととした。

これに対して、山本正徳《やまもとまさのり》宮古市長は「前向きに考えたい」としたが、簡単には決まらなかった。

ＪＲ東日本が、小出しに地元に有利な条件を出してくるので、待てばもっと引き出せると、欲が出たのであろう。平成26年４月７日の達増知事の定例会見では、「時間をかければかけるほど、より良いアイデアが出るかもしれないが、本末転倒にならないように、いたずらに遅くはしないことだ」（『岩手日報』）と述べている。

しかし、８月７日の段階でも、沿線市町は「条件がまだみえない」として移管条件をめぐって議論が続いた。達増知事は記者会見で、結論が出るにはまだ時間がかかりそうとの愚痴ともとれる言葉を発した。

会議がすべて非公開にされたため、外部には委員がリークすることでしか情報が出てこなかったので、細かなニュアンスは想像するしかない。延々と議論が続くなかで、平成26年９月24日、「ＪＲ山田線の早期復旧を求める４市町民の会」がＪＲとの復旧協議に関し情報開示などを求める要望書を県に提出した。しかし交渉相手があり、微妙な駆け引きが続けられていたので、公開するわけにはいかなかった。

この間、三陸鉄道は、東日本大震災以来復旧工事が続けられていた、南リアス線が平成26年４月５日、北リアス線が翌日、全線で運行を再開することになる。

平成26年７月28日、県、三陸鉄道、ＪＲ東日本が現地調査をしたが、震災からすでに３年４か月たっており、その間放置していたので傷みがひどかった。

11月25日、岩手県は、赤字補塡や運賃差額補塡など移管にともなう地元への協力金としてＪ

R東日本が30億円を支払うことを発表した。災害時や設備更新時の費用などが追加されたもので、具体的な使用法は自治体が決めるということであった。さらに車両8両の新造費用として12億円をJR東日本が負担することになる。

これを4市町のすべてが評価し、12月24日の沿岸首長会議で、三陸鉄道への移管案の受け入れを決定した。そして26日、山本宮古市長、望月正彦《もちづきまさひこ》三陸鉄道社長、達増知事は東京で、JR東日本に対して自治体で合意がなったことを報告した。

その前、JR東日本盛岡支社は、平成26年12月10日に南工区岩手船越《いわてふなこし》～釜石間と北工区宮古～浪板海岸《なみいたかいがん》間で工事を開始、17日に安全祈願祭が執り行われた。

平成27年2月6日、岩手県と4市町、JR東日本の間で山田線基本合意書および覚書を交わした。震災から4年後の3月7日、三陸鉄道でも、宮古市で安全祈願祭を開催した。

JR東日本は、当初宮古～豊間根《とよまね》（山田町）間、釜石～鵜住居《うのすまい》（釜石市）間の部分開業を想定して検討を進めていたが、ほかにも改修が必要な箇所が判明したため、この時点では全線を一気に運行再開することに変わっていた。

釜石駅構内は、駅舎など主要施設の管理をJR東日本が行うが、宮古駅は大部分の用地と鉄道施設を宮古市に無償で譲渡。その他の駅も所在地の自治体に無償譲渡されることになる。

このように山田線で復旧が議論されている間にも、平成22年7月31日に押角《おしかど》～岩手大川《いわておおかわ》間で土砂崩れにより列車が脱線したため運休を続けていた岩泉《いわいずみ》線は、自治体は復旧を希望していたが、JR東日本のなかで最も輸送密度が低い不採算線区のため、運行を再開しないまま、平成26年4月1日に廃止した。

平成31年3月23日に、山田線宮古〜釜石間は三陸鉄道に移管された。これで北リアス線、南リアス線とともに久慈〜盛間の線路が一体化し、新たに「リアス線」と命名された。全区間を通して利用すると4時間21分〜38分を要する。

ちなみに三陸鉄道は、昭和57年（1982）に建設を再開したが、時の総理大臣は山田町で生まれた鈴木善幸であった。北リアス線と南リアス線は、国鉄から久慈線、宮古線、盛線を引き継ぎ、新線区間を完成させて昭和59年4月1日に営業を開始した。

只見線の災害復旧

JR東日本の只見《ただみ》線は、東日本大震災の直後、平成23年（2011）7月の豪雨で3本の橋梁を流されるなど大きな被害をこうむって、会津川口《あいづかわぐち》〜只見間が不通になっていた。

平成29年6月に福島県との間で、復旧に関する協定を締結したことで、翌年6月から復旧工事を開始した。

復旧工事は、福島県（福島県と会津17市町村）が工事費の3分の2、JR東日本が3分の1を負担して、JR東日本が実施。完成後、運休中の区間は福島県に無償で譲渡され、福島県が第3種鉄道事業者（他社に使わせることを目的に線路設備を保有する事業者）として鉄道施設を保有し、JR東日本が第2種鉄道事業者（他社の線路を使用して列車を運行する事業者）として運行する。運行本数は、運休前の1日3往復を基本とする。

福島県が運休区間の維持管理を担当し、そのための経費を負担する。JR東日本が線路使用料を福島県に支払うことになるが、JRが運休区間の経営で欠損を出さないように減免するという。

令和4年度（2022年度）上半期に工事を完了し、同年中に運行を再開する予定である。

コロナ後の鉄道企業に対する〝公助〟

令和2年（2020）2月以降の新型コロナウイルスの感染拡大により、学校の休校、外出自粛要請で、通勤・通学輸送から新幹線を含む都市間輸送、観光需要など、すべての分野で旅客が減少した。新幹線では9割以上の旅客数の減少がみられ、令和2年度には巨額の損失が見込まれており、また手持ち資金を拡充するために社債発行や借入により、財務上の影響も大きい。単年度収支の回復は数年で可能であろうが、財務の問題は、さきざき深刻な問題につながりかねない。

令和2年11月20日、衆議院国土交通委員会は、議員立法により「交通政策基本法等改正案」を可決した。あわせて「交通政策及び国土強靭化に関する決議」を決定したが、その内容は公共交通が災害で被害を受けた場合の代替交通の確保、新型コロナによる影響について、運輸事業に対する柔軟かつ機動的な支援を求めるというものである。

ローカル私鉄については、国は、インフラ部を自治体が所有し維持するスキームを用意した。だが、自治体は負担が増えるので、私鉄が希望してもなかなか自治体が応じないケースもみられる。地元が真に必要とするならば、政治的な選択によって解決できる問題であり、こんご個別に当事者間で協議を進めていくべきであろう。

それに加えて、国による経営支援の仕組みがほしい。国は平成9年（1997）に経営補助を全面的に廃止したが、たしかに補助金に頼って効率化意欲を損ね、モラルハザードに陥ることがあった。しかし、そのような弊害を回避しながら、鉄道の経営を支える方法は考えられる。すなわち、利用者の数に対して一定のルールに基づいて、金銭を支給する方法である。通学定期の割引額の一定率を自治体を経由して支給する方法もある。私鉄の通学定期はJRに比べて2～3倍と高額である。現に、志望先の高校や大学の選択の範囲が狭められる結果となっているが、これは文教費のなかで対応してほしいところである。

鉄道は、費用の大半が建設時に支払い済みで、少しくらいの旅客の増加では総費用が増加しない。つまり旅客の増加につながる施策を講じることで、劇的に収支が改善する可能性がある。

また、JR東日本など本州3社や大都市の大手私鉄も、長期的に収益性が低下しそうである。依然として通勤混雑の問題が解決しないなかで、設備投資の原資となるべき利益が減少してしまう。これにも地方自治体を経由した国による支援が必要である。現在すでに、地下鉄を含む都市鉄道の輸送改善投資にはさまざまな支援制度が存在しているが、いずれも投資計画に対する支援策である。企業が投資意欲を高める方策として、都市鉄道においても旅客数なり旅客人キロに応じた資金の支給の制度が必要になるだろう。

また、公営交通ではすでに実施しているが、高齢者に対して低額の全線パスを提供し、利用実績に応じて割引額を自治体を経由して国の厚生労働省の予算で支給する方法も望まれる。

近年、急速に地方への権限委譲が進んだが、一方で財源の移譲がないために、地方が独自の政策を行う場合の障害となっている。予算規模が大きくなると、国からの交付金に頼らざるを得ず、相変わらず政治家を通じて霞《かすみ》が関《せき》への陳情が行われている。

それに対して、政治家のほうは、かつてはそれぞれ勉強して得意分野を開拓して、地方の陳情を受けて、政府に対して具体的な指導ができる議員が多かったが、いまは、選挙で有利になるように人気取りばかりに専心して、政策に関する勉強がおろそかになっているようである。かつてのような、あるテーマでは専門的知識の豊富な〝族議員〟といえる政治家が少なくなってしまった。政治家の存在感が希薄になり、票目当ての「御用聞き」化してしまった。

新型コロナウイルス問題では、医師免許を持つ与党議員が、国の方針を国民に浸透させることに大いに貢献するのを目の当たりにした。

交通は日常的な問題であり、アプローチは容易なものの、実は奥が深い、専門的知識が必要な分野である。政治家のなかで、交通問題に特に力を入れようという、意欲の旺盛な議員が増え、単なる利害調整ではなく、本質的な議論を展開して、真に国民の幸福につながる交通政策を行ってくれる政治家が増えることに期待する。

参考文献

根津翁伝記編纂会編『根津翁伝』根津翁伝記編纂会，昭和36年
野依秀市『正義は遂に勝てり　増補版』秀文閣書房，昭和14年
浜口雄幸『強く正しく明るき政治』春秋社，昭和５年
原奎一郎編『原敬日記　首相時代篇上・下』乾元社，昭和25年
林健久，今井勝人編『日本財政要覧　第４版』東京大学出版会，平成６年
早野透，松田喬和『田中角栄と中曽根康弘――戦後保守が裁く安倍政治』毎日新聞出版，平成28年
藤村修『民主党を見つめ直す』毎日新聞社，平成26年
堀内光雄『平成安国論――この国難を乗り切るために』文藝春秋企画出版部，平成23年
堀内光雄『自民党は殺された！』WAC，平成18年
堀内良平「日本に於ける鉄道と自動車の将来■講演の速記■」『東京講演同好会会報』昭和２年
前田蓮山編『床次竹二郎伝』床次竹二郎伝記刊行会，昭和14年
前野雅弥『田中角栄のふろしき――首相秘書官の証言』日本経済新聞出版社，令和元年
牧太郎『小説土光臨調――「行革維新」で闘う男たちの攻防』ビジネス社，昭和57年
牧久『昭和解体――国鉄分割・民営化30年目の真実』講談社，平成29年
幕内満雄『評伝三島通庸』暁印書館，平成22年
升味準之輔『日本政党史論　第２巻　日本政治研究叢書１』東京大学出版会，昭和42年
松下孝昭『鉄道建設と地方政治』日本経済評論社，平成17年
三塚博『国鉄を再建する方法はこれしかない』政治広報センター，昭和59年
南整編著『嗚呼「国鉄」――その再生への道』日本リーダーズ協会，昭和57年
薬師寺克行『証言 民主党政権』講談社，平成24年
山口二郎，中北浩爾編『民主党政権とは何だったのか』岩波書店，平成26年
山崎養世『日本列島快走論――高速道路を無料にして日本再生へ』NHK 出版，平成15年
山本熊太郎編『立憲政友会史　第十巻　中島総裁時代』立憲政友会史編纂部，昭和18年
山本正雄『東急コンツェルン』青蛙房，昭和32年
吉留路樹『国鉄残酷物語』エール出版社，昭和50年
立憲政友会「予算合評」『政友』337号，昭和３年
立憲政友会「政友会の四大政策要綱」『政友』389号，昭和８年
立憲政友会鈴木総裁編集部編『鈴木総裁』立憲政友会，昭和７年
立憲民政党『民政党の八大政策』立憲民政党，昭和５年
リヒャルド・ペーテルゼン述，戸二巻蔵訳『大市街ノ人衆交通ニ関スル問題及其解決ノ方法』市街建築講話１巻８号抜刷，明治41年

渋沢栄一述，梶山彬編『論語と算盤——創業者を読む１』大和出版，昭和60年
清水啓次郎『私鉄物語』春秋社，昭和５年
菅原恒覧『甲武鉄道市街線紀要』共益商社，明治30年
鈴木哲夫『若き政治家　下村博文』河出書房新社，平成13年
須之内文雄『地下鉄道』羽田書店，昭和18年
故大阪市長関一博士遺徳顕彰委員会『関市長小伝——銅像建立記念』故大阪市長関一博士遺徳顕彰委員会，昭和31年
関一『都市政策の理論と実際　地方自治古典叢書１』学陽書房，昭和63年
関一『住宅問題と都市計画　地方自治古典叢書６』学陽書房，平成４年
高木文雄『国鉄ざっくばらん』東洋経済新報社，昭和52年
高木文雄述，交通協力会編『私鉄経営に学ぶ——高木国鉄総裁・私鉄トップにきく』交通協力会，昭和57年
高野邦彦『国鉄「民営分割」への挑戦』ダイヤモンド社，昭和61年
高橋秀雄，秋山義継『国鉄の再建——その方策と提言』交通日本社，昭和53年
『国鉄に生きてきた　別冊宝島58』，昭和61年
田口卯吉『日本経済論』改造文庫，昭和４年
田口卯吉『日本開化小史』岩波文庫，昭和９年
立花隆『田中角栄研究　全記録　上・下』講談社文庫，昭和57年
谷内正往『戦前大阪の鉄道とデパート』東方出版，平成26年
筑井正義『堤康次郎伝』東洋書館，昭和30年
辻井喬『茜色の空——哲人政治家・大平正芳の生涯』文春文庫，平成25年
堤清二述，御厨貴，橋本寿朗，鷲田清一編『わが記憶，わが記録——堤清二×辻井喬オーラルヒストリー』中央公論新社，平成27年
帝国鉄道協会編『創立三十年記念帝国鉄道年鑑　復刻鉄道名著集成』アテネ書房，平成５年
手島仁『中島知久平と国政研究会　上・下』みやま文庫，平成17，19年
「人間としての床次先生」編纂会編『床次竹二郎』「人間としての床次先生」編纂会，昭和10年
富田信男，福岡政行ほか『日本政治の変遷——史料と基礎知識』北樹出版，昭和58年
中川一郎，河村勝，辻本滋敬，今井久夫「国鉄再建にはショック療法も辞さず」『月刊官界』９月号，昭和54年
永川幸樹『西武軍団を動かす堤義明の発想』ワニ文庫，昭和59年
永川幸樹『野望と狂気——「西武」の創始者—堤康次郎・波瀾の生涯』経済界，昭和63年
永川幸樹『堤義明・男の凄さ』三笠書房，平成３年
長澤規矩也『国鉄さん，これでいいの』同信社，昭和51年
中嶋忠三郎『「西武王国」：その炎と影　新装本』サンデー社，平成16年
西川一誠『「ふるさと」の発想——地方の力を活かす』岩波新書，平成21年
新田潤『上野発浅草行』壱番館，昭和54年

参考文献

大山勝男『「大大阪」時代を築いた男——評伝・関一〈第7代目大阪市長〉』公人の友社，平成28年
岡義武『近代日本の政治家』岩波文庫，令和元年
岡崎守恭『自民党秘史——過ぎ去りし政治家の面影』講談社現代新書，平成30年
海原卓『世評正しからず——銀行家・岩下清周の闘い』東洋経済新報社，平成9年
加藤寛『国鉄再建はこうなる』ダイヤモンド社，昭和60年
角本良平『この国鉄をどうするか』東洋経済新報社，昭和52年
鎌田慧『全記録　国鉄処分』柘植書房，昭和61年
鎌田慧『国鉄改革と人権』岩波ブックレット，平成2年
川勝平太『富国有徳論』中公文庫，平成12年
川勝平太『文明の海洋史観』中公文庫，平成28年
川勝平太「国策リニアに物申す」『中央公論』1644号，令和2年11月号
菊池久『壽魂の総理　鈴木善幸』山手書房，昭和55年
木村昌人『渋沢栄一——日本のインフラを創った民間経済の巨人』ちくま新書，令和2年
木本正次『東への鉄路　近鉄創世記　上・下』学陽書房，平成13年
共同通信社社会部編『国鉄を裸にする』共同通信社，昭和53年
草野厚『国鉄改革——政策決定ゲームの主役たち』中公新書，平成元年
草野厚『国鉄解体——JRは行政改革の手本となるのか？』講談社文庫，平成9年
倉山満『検証財務省の近現代史』光文社新書，平成24年
「現時点では国鉄堕落を助長するだけの陸上公共交通輸送整備特別会計」『ファイブル』第5巻11号，昭和53年
建設省編『国土建設の将来展望』ぎょうせい，昭和54年
「第十四議会報告書」『憲政党党報』号外，明治33年
故岩下清周君伝記編纂会編『岩下清周伝』近藤乙吉，昭和6年
河野武司，岩崎正洋編『利益誘導政治——国際比較とメカニズム』芦書房，平成16年
国鉄再建問題研究会編『国鉄再建への道』日本リーダーズ協会，昭和56年
国鉄自動車研究会，伊藤卓編『国鉄自動車四十年のあゆみ』自動車交通弘報社，昭和49年
『国民の国鉄にするために』国鉄労働組合，昭和36年
小島直記『日本策士伝　資本主義をつくった男たち』中央公論社，平成元年
小林一三『逸翁自叙伝——阪急創業者・小林一三の回想』講談社学術文庫，平成28年
斉藤淳『自民党長期政権の政治経済学』勁草書房，平成22年
サンケイ新聞国鉄特別取材班『これでよいのか国鉄』サンケイ新聞出版局，昭和50年
塩田道夫『富士を拓く——堀内良平の生涯』堀内良平伝刊行委員会，平成6年

『東京都交通局100年史』東京都交通局，平成24年
『新幹線のあゆみ2012』長崎新幹線期成会，平成24年
『南海70年のあゆみ』南海電気鉄道，昭和32年
『南海電気鉄道百年史』南海電気鉄道，昭和60年
『図表が描く国鉄財政の現状』日本国有鉄道，昭和31年
『鉄道輸送の現状——鉄道の輸送力は限界に来た』日本国有鉄道，昭和31年
『新線建設，運賃制度をめぐる論評』日本国有鉄道，昭和35年
『日本国有鉄道百年史　第３巻』日本国有鉄道，昭和46年
『日本国有鉄道百年史　第６巻』日本国有鉄道，昭和47年
『日本鉄道建設公団十年史』日本鉄道建設公団，昭和49年
『日本鉄道建設公団三十年史』日本鉄道建設公団，平成７年
『日本民営鉄道協会三十年史』日本民営鉄道協会，平成９年
『阪神急行電鉄二十五年史』阪神急行電鉄，昭和７年
『京阪神急行電鉄五十年史』京阪神急行電鉄，昭和34年
『75年のあゆみ　記述編』阪急電鉄，昭和57年
『100年のあゆみ　通史』阪急阪神ホールディングス，平成20年
『小林一三の贈り物——レール＆ステージ』阪急電鉄，平成27年
『阪神電気鉄道百年史』阪神電気鉄道，平成17年
『三井銀行八十年史』三井銀行，昭和32年
『三井不動産四十年史』三井不動産，昭和60年
『三井不動産七十年史』三井不動産，平成24年

青木槐三，山中忠雄編著『国鉄興隆時代——木下運輸二十年』日本交通協会，昭和32年
安部磯雄『都市独占事業論　地方自治古典叢書３』学陽書房，昭和63年
安藤義雄編『近代日本経済史要覧　第２版』東京大学出版会，昭和54年
石川達二郎『鉄道を考える』交通統計研究所出版部，平成13年
石川悌二編『馬車鉄から地下鉄まで』東京都公報普及版編集室，昭和36年
石川真澄『データ　戦後政治史』岩波新書，昭和59年
井上寿一『政友会と民政党』中公新書，平成24年
猪口孝，岩井奉信『「族議員」の研究』日本経済新聞社，昭和62年
NHK 取材班『戦後50年　その時日本は　第４巻　沖縄返還・日米の密約，列島改造・田中角栄の挑戦と挫折』NHK 出版，平成８年
蛯原弘編著『円陣：engine——私の大将，堤康次郎プリンスホテル・スクールと仲間たち』専門学校日本ホテルスクール，平成28年
江宮隆之『天下の雨敬，明治を拓く』河出書房新社，平成24年
老川慶喜『明治期地方鉄道史研究　鉄道史叢書１』日本経済評論社，昭和58年
大阪市史編纂所編『大阪市の歴史』創元社，平成11年
大谷健『国鉄は生き残れるか——再建への道を考える』産業能率短期大学出版部，昭和52年
『大野伴睦回想録』弘文堂，昭和37年

参考文献

Watarai Toshiharu, *Nationalization of Railways in Japan*, Columbia Univ., 1915
Munro, William Bennett, *Principles and Methods Administration*, Macmillan, 1916
Munro, William Bennett, *The Invisible Government*, Macmillan Co., 1928
『これからの旅客運賃』運輸経済研究センター，平成８年
『運輸省三十年史』運輸経済研究センター，昭和55年
『運輸省五十年史』運輸省50年史編纂室，平成11年
『大阪市電気局四十年史　運輸篇』大阪市電気局，昭和18年
『大阪市交通局五十年史』大阪市交通局，昭和28年
『大阪市交通局七十五年史』大阪市交通局，昭和55年
『大阪市地下鉄建設五十年史』大阪市交通局，昭和58年
『大阪市交通局百年史』大阪市交通局，平成17年
『50年のあゆみ』近畿日本鉄道，昭和35年
『近畿日本鉄道100年のあゆみ』近畿日本鉄道，平成22年
『京王電気軌道株式会社三十年史』京王電気軌道，昭和16年
『京成電鉄五十五年史』京成電鉄，昭和42年
『京成電鉄85年の歩み』京成電鉄，平成８年
『鉄路五十年』京阪電気鉄道，昭和35年
『京阪電鉄新発足20年』京阪電気鉄道，昭和44年
『京阪70年のあゆみ』京阪電気鉄道，昭和55年
『過去が咲いている今』京阪電気鉄道，平成２年
『京浜急行百年史』京浜急行電鉄，平成11年
『鉄道同志会史』私鉄経営者協会，昭和31年
『道路行政　平成３年度版』全国道路利用者会議，平成３年
『千葉県議会史　１～３巻，議員名鑑』千葉県議会，昭和40，44，52，60年
『千葉県史　明治編』千葉県，昭和37年
『千葉県の先覚』千葉県企画部，昭和48年
『日本鉄道史　中』鉄道省，大正10年
『東京横浜電鉄沿革史』東京急行電鉄，昭和18年
『東京急行電鉄50年史』東京急行電鉄，昭和48年
『東京電燈株式会社開業五十年史』東京電燈，昭和11年
『都史紀要三十三　東京馬車鉄道』東京都，平成元年
『電気局三十年史』東京市電気局，昭和15年
『東京都交通局四十年史』東京都交通局，昭和26年
『東京都交通局50年史』東京都交通局，昭和36年
『東京都交通局60年史』東京都交通局，昭和47年
『東京都交通局80年史』東京都交通局，平成４年
『都営交通100年のあゆみ』東京都交通局，平成23年
『都電――都営交通100周年都電写真集』東京都交通局，平成23年

図版制作・関根美有

佐藤信之（さとう・のぶゆき）

1956年，東京生まれ．亜細亜大学大学院経済学研究科博士後期課程単位取得．専攻は交通政策論，工業経済論．亜細亜大学講師，社団法人交通環境整備ネットワーク相談役，印西市公共交通会議副議長，公益事業学会，日本交通学会会員．Yahoo!オフィシャルコメンテーター．

主著『鉄道会社の経営』（中公新書，2013）
『新幹線の歴史』（中公新書，2015）
『通勤電車のはなし』（中公新書，2017）
『鉄道時代の経済学』（交通新聞社，2006）
『コミュニティ鉄道論』（交通新聞社，2007）
『JR北海道の危機』（イースト新書，2017）
『JR九州の光と影』（イースト新書，2019）
ほか

鉄道《てつどう》と政治《せいじ》
中公新書 *2640*

2021年4月25日発行

著　者　佐藤信之
発行者　松田陽三

本文印刷　三晃印刷
カバー印刷　大熊整美堂
製　　本　小泉製本

発行所　中央公論新社
〒100-8152
東京都千代田区大手町1-7-1
電話　販売　03-5299-1730
　　　編集　03-5299-1830
URL http://www.chuko.co.jp/

Published by CHUOKORON-SHINSHA, INC.
Printed in Japan　ISBN978-4-12-102640-8 C1221

中公新書刊行のことば

いまからちょうど五世紀まえ、グーテンベルクが近代印刷術を発明したとき、書物の大量生産は潜在的可能性を獲得し、いまからちょうど一世紀まえ、世界のおもな文明国で義務教育制度が採用されたとき、書物の大量需要の潜在性が形成された。この二つの潜在性がはげしく現実化したのが現代である。

いまや、書物によって視野を拡大し、変りゆく世界に豊かに対応しようとする強い要求を私たちは抑えることができない。この要求にこたえる義務を、今日の書物は背負っている。だが、その義務は、たんに専門的知識の通俗化をはかることによって果たされるものでもなく、通俗的好奇心にうったえて、いたずらに発行部数の巨大さを誇ることによって果たされるものでもない。現代を真摯に生きようとする読者に、真に知るに価いする知識だけを選びだして提供すること、これが中公新書の最大の目標である。

私たちは、知識として錯覚しているものによってしばしば動かされ、裏切られる。私たちは、作為によってあたえられた知識のうえに生きることがあまりに多く、ゆるぎない事実を通して思索することがあまりにすくない。中公新書が、その一貫した特色として自らに課すものは、この事実のみの持つ無条件の説得力を発揮させることである。現代にあらたな意味を投げかけるべく待機している過去の歴史的事実もまた、中公新書によって数多く発掘されるであろう。

中公新書は、現代を自らの眼で見つめようとする、逞しい知的な読者の活力となることを欲している。

一九六二年一一月

日本史

2107 近現代日本を史料で読む　御厨貴編
2554 日本近現代史講義　山内昌之・細谷雄一編著
2011 皇族　小田部雄次
1836 華族　小田部雄次
2379 元老―近代日本の真の指導者たち　伊藤之雄
2492 帝国議会―西洋の衝撃から誕生までの格闘　久保田哲
2528 三条実美《さんじょうさねとみ》　内藤一成
840 江藤新平(増訂版)　毛利敏彦
2051 伊藤博文　瀧井一博
2618 板垣退助　中元崇智
2550 2551 大隈重信(上下)　伊藤之雄
2103 谷干城　小林和幸
2212 近代日本の官僚　清水唯一朗
2294 明治維新と幕臣　門松秀樹
2483 明治の技術官僚　柏原宏紀

561 明治六年政変　毛利敏彦
1927 西南戦争　小川原正道
1584 東北―つくられた異境　河西英通
2320 沖縄の殿様　高橋義夫
252 ある明治人の記録(改版)　石光真人編著
161 秩父事件　井上幸治
2270 日清戦争　大谷正
1792 日露戦争史　横手慎二
2605 民衆暴力―一揆・暴動・虐殺の日本近代　藤野裕子
2509 陸奥宗光　佐々木雄一
2141 小村寿太郎　片山慶隆
881 後藤新平　北岡伸一
2393 シベリア出兵　麻田雅文
2269 日本鉄道史 幕末・明治篇　老川慶喜
2358 日本鉄道史 大正・昭和戦前篇　老川慶喜
2530 日本鉄道史 昭和戦後・平成篇　老川慶喜
2640 鉄道と政治　佐藤信之

中公新書

社会・生活